REDESCUBRIMIENTO DEL ESPÍRITU

Otros libros de Jim Cymbala:

Oración poderosa

La iglesia que Dios bendice

Fe viva

Poder vivo

Fuego vivo, viento fresco

La vida que Dios bendice

«Jim Cymbala nos invita, a ti y a mí, a subir nuestras velas y navegar impulsados por los vientos cálidos del Espíritu de Dios. Su cuidadoso estudio y credibilidad personal se combinan, creando así esta guía para alcanzar una vida llena de poder».

— **Max Lucado**
Pastor y escritor con gran éxito de venta

«La mezcla de una sólida enseñanza bíblica de un pastor ungido y los conmovedores testimonios personales le dan a este libro un poder espiritual extra. No importa que seas un creyente nuevo o un creyente maduro, *Redescubrimiento del Espíritu* te ayudará a experimentar una relación más profunda con el Espíritu Santo».

— **Warren W. Wiersbe**
Escritor, profesor y predicador

«En algunas ocasiones he tenido el privilegio de participar en el servicio de adoración del Tabernáculo de Brooklyn y siempre me marcho renovado y maravillado ante la obra de Dios en esta congregación. Yo he presenciado lo que el pastor Cymbala expresa en este libro y tanto allí como en los oscuros rincones del mundo hay personas sedientas de experimentar el movimiento del Espíritu de Dios, entregándose a la oración ferviente en espera de su obra transformadora. Este libro tan oportuno e importante, escrito por un autor extraordinario, te desafiará y te bendecirá».

— **Dr. Ravi Zacharias**
Escritor y orador

«¡Qué libro tan poderoso! *Redescubrimiento del Espíritu* es una lectura obligatoria para cualquiera que desee una vida llena de pasión, propósito y un amor transparente hacia Dios y hacia otras personas. Las historias de *Redescubrimiento del Espíritu* te impactarán... las lecciones para la vida te desafiarán... y el Espíritu Santo te cambiará mientras lees y experimentas las palabras transformadoras del corazón de mi amigo y mentor, Jim Cymbala».

— **Alvin Slaughter**
Artista de música Gospel, orador y escritor

JIM CYMBALA
CON JENNIFER SCHUCHMANN

REDESCUBRIMIENTO DEL
ESPÍRITU

CONÉCTATE AL PODER
DEL ESPÍRITU SANTO

AUTOR DE LA SERIE «*ELEMENTAL*»

La misión de Editorial Vida es ser la compañía líder en satisfacer las necesidades de las personas con recursos cuyo contenido glorifique al Señor Jesucristo y promueva principios bíblicos.

REDESCUBRIMIENTO DEL ESPÍRITU
Edición en español publicada por
Editorial Vida — 2012
Miami, Florida

© 2012 por Jim Cymbala
Originally published in the U.S.A. under the title:
Spirit Rising
Copyright © 2012 by Jim Cymbala
Published by permission of Zondervan, Grand Rapids, Michigan 49530

Traducción: *Signature Translations*
Edición: *Elizabeth Fraguela M.*
Diseño interior: *artServ*

RESERVADOS TODOS LOS DERECHOS. **A MENOS QUE SE INDIQUE LO CONTRARIO, EL TEXTO BÍBLICO SE TOMÓ DE LA SANTA BIBLIA NUEVA VERSIÓN INTERNACIONAL.**
© 1999 BÍBLICA INTERNACIONAL.

ESTA PUBLICACIÓN NO PODRÁ SER REPRODUCIDA, GRABADA O TRANSMITIDA DE MANERA COMPLETA O PARCIAL, EN NINGÚN FORMATO O A TRAVÉS DE NINGUNA FORMA ELECTRÓNICA, FOTOCOPIA Y OTRO MEDIO, EXCEPTO COMO CITAS BREVES, SIN EL CONSENTIMIENTO PREVIO DEL PUBLICADOR.

ISBN: 978-0-8297-6211-2

CATEGORÍA: Vida cristiana / Crecimiento espiritual

IMPRESO EN ESTADOS UNIDOS DE AMÉRICA
PRINTED IN THE UNITED STATES OF AMERICA

12 13 14 15 16 17 ❖ 6 5 4 3 2 1

A mi amigo ya fallecido
Dave Wilkerson
cuya dependencia del Espíritu Santo
al proclamar las buenas nuevas de Jesucristo
fue inspiración para muchos.

CONTENIDO

Prefacio por Francis Chan   11

PRIMERA PARTE: EL AGENTE DE DIOS EN LA TIERRA

[1] Interrupciones santas   15
[2] ¿Quién es el Espíritu Santo?   23
[3] El cristianismo es inútil sin el Espíritu   31
[4] ¿Te controla el Espíritu?   40
[5] Influenciado y controlado: La historia de Roma   50

SEGUNDA PARTE: CUANDO EL ESPÍRITU DE DIOS SE MUEVE

[6] La Palabra cobra vida   63
[7] Hay señales y símbolos de renovación   74
[8] Hay gozo   84
[9] Con derecho al gozo: La historia de Evelyn   94
[10] Una búsqueda para semejarse a Cristo   105
[11] Hay poder   115
[12] El poder del amor: La historia de Diana   125

TERCERA PARTE: CUANDO NOS RENDIMOS AL ESPÍRITU SANTO

[13] Amamos lo que no es digno de amarse   137
[14] Nos atrae el compañerismo   145
[15] Una vida de terror y anhelo de compañerismo: La historia de Terry   157
[16] Vencemos el temor   170
[17] Podemos sacudir el reino con nuestras oraciones   179
[18] Una respuesta a la oración: La historia de Annes   190
[19] Ya no somos espectadores   201

Conclusión: Y ahora... ¿qué?   213
Notas   221

PREFACIO

Hay millones de personas que cada domingo se sientan aburridos en los servicios de las iglesias. Incluso, hay iglesias que gastan una fortuna en la producción con el propósito de hacer un gran espectáculo y, sin embargo, con el tiempo dejan de satisfacer a las personas. Pero piensa en algo: ¿Será posible aburrirse del Espíritu Santo? Si realmente él se mueve, ¿miraríamos nuestros relojes alguna vez? Entonces... ¿no es el aburrimiento una señal segura de la ausencia del Espíritu? Este libro no trata de pedir la ayuda del Espíritu Santo, más bien trata de pedirle que él que se haga cargo. Es para aquellos que se niegan a seguir cumpliendo con las formalidades. «El Espíritu da vida; la carne no vale para nada» (Juan 6:63). Observa detenidamente ese versículo. ¿Lo crees? ¿Lo refleja tu vida de oración? El Espíritu Santo no es simplemente útil, es nuestra única esperanza. Él es el que da vida. Sin embargo, cuando las personas carecen de vida, a menudo la iglesia busca otras soluciones. Cuando los servicios de la iglesia carecen de vida, nos aferramos a muchos otros métodos para tratar de generar entusiasmo. Esto no es así en el Tabernáculo de Brooklyn, donde el Pastor Jim ha servido fielmente durante décadas. Su solución para todo es la oración. Y se nota. Una de las cosas que me gusta de este libro es que está escrito por un hombre de Dios. No es un chico con una teoría, sino un hombre de Dios que ha visto al Espíritu obrar con poder durante sus muchos años de fiel ministerio.

Recuerdo que hace años estuve en una conferencia y me sentí asombrado y un poco celoso de los oradores que me impresionaban con su conocimiento y carisma. Entonces el pastor Cymbala subió al escenario. Fue tan cautivador como los demás, pero habló de tal manera que se me olvidó todo lo relacionado a él porque hizo que me enfocara en Jesús. Al final del sermón sentí que Dios me sobrecogía. Estaba enfocado en su Palabra y no en la palabra del pastor.

Tanto la enseñanza como los escritos de Jim Cymbala dejan claro que él tiene un plan: asegurarse que Jesús sea la única persona glorificada. Aunque muchos otros "eruditos" se esfuerzan para asegurarnos que no somos lo suficientemente inteligentes como para entender las Escrituras sin su ayuda, Jim defiende a la persona ordinaria llena del Espíritu Santo. Nos anima a examinar las Escrituras por nosotros mismos con el poder del Espíritu. Él nos recuerda que solo se trata del Espíritu y él quiere capacitarnos, guiarnos, enseñarnos y usarnos. A todos.

Todos vemos los problemas en la iglesia. No necesitamos otro libro que señale esos problemas. Ahora necesitamos la fe para creer que la solución es así de sencilla. El Espíritu Santo.

—**Francis Chan**
Autor de *Loco amor*

[Primera parte]
EL AGENTE DE DIOS EN LA TIERRA

[Capítulo 1]
INTERRUPCIONES SANTAS

Yo no esperaba que el Espíritu Santo me acompañara a almorzar, sin embargo, eso fue exactamente lo que sucedió.

Mi esposa Carol estaba fuera de la ciudad, así que fui a una pequeña cafetería que me gusta en Long Island. Encontré una mesa tranquila junto a la pared, pedí mi ensalada de siempre y me puse a leer mientras disfrutaba mi saludable comida. Estoy suscrito al diario New York Times en mi Kindle y ya había leído varias historias cuando un titular captó mi atención: «El odio abruma a los cristianos en Pakistán». Para entonces ya había avanzado bastante con mi ensalada, pero dejé a un lado el tenedor mientras leía el artículo:

> Las paredes negras y ampolladas de la habitación de la familia Hameed cuentan un crimen inefable. El sábado murieron allí siete miembros de la familia, seis de ellos quemados vivos por una turba que irrumpió en su casa y mató al abuelo de un disparo, solo por ser cristianos.
> La familia se había amontonado en la habitación y hablaban en susurros, con sus espaldas apretadas contra la puerta, mientras la turba los insultaba.
> «Ellos decían: "Si salen, los matamos"», contó Ikhlaq Hameed, de 22 años, quien pudo escapar. Entre los muertos había dos niños, Musa, 6, y Umaya, 13.[1]

El artículo describía una matanza que perpetuó a una multitud de veinte mil musulmanes y que duró ocho horas en Gojra, Pakistán, donde los cristianos representan menos del cinco por ciento de la población. Además de los miembros asesinados de la familia Hameed, veinte cristianos resultaron heridos y la turba quemó y saqueó cien hogares cristianos, en algunos casos acabaron con el sustento de la familia.

¿Por qué?

El día antes, en una fiesta de bodas en una villa cercana, acusaron a los cristianos de quemar un Corán. Los oficiales que examinaron la acusación dijeron que los cargos eran falsos, pero los líderes religiosos de la localidad usaron la noticia para convocar a los musulmanes en contra de la minoría cristiana.

Los Hameed, una familia cristiana, no estaban involucrados en nada de eso. Ellos estaban desayunando en su casa mientras la turba se organizaba cerca de allí. Cuando el abuelo abrió la puerta para ver qué ocasionaba el ruido, los musulmanes entraron corriendo. Los Hameed trataron de refugiarse en una habitación trasera mientras la turba entraba a su casa y la saqueaban antes de prenderle fuego.

El Espíritu se mueve en mí

Yo no podía creer lo que estaba leyendo. No es frecuente que el maltrato a los cristianos reciba publicidad en la prensa nacional, sin embargo, esta historia estaba en el *New York Times*. Busqué información adicional en otros periódicos y supe que, al parecer, la policía pakistaní estuvo presente mientras ocurría la masacre y no hizo nada. El comentario de uno de los sobrevivientes fue lo que más me conmovió. Decía que no se vengaría porque la Biblia le enseñaba a orar para que sus enemigos vieran la luz.

Comencé a orar por los cristianos en Pakistán, pero mientras oraba empecé a llorar y tuve que volver el rostro contra la pared. Me preocupaba que otros en la cafetería vieran mis lágrimas y se preguntaran qué me pasaba. ¡Qué tragedia! Yo no podía imaginar el sufrimiento que aquellas personas atravesaban por su fe en Jesús. Me sentía tan unido a ellos, aquellos hermanos y hermanas a quienes no conocía personalmente pero con quienes un día pasaría la eternidad.

Me sentía tan unido a ellos, aquellos hermanos y hermanas a quienes no conocía personalmente pero con quienes un día pasaría la eternidad.

Como el señor Hameed, soy cristiano y abuelo, pero ahí terminan las similitudes. Nunca he abierto mi puerta a una turba airada ni he tratado de proteger a mi familia de los saqueadores. Nunca he visto a mi familia morir mientras tratan de escapar de las llamas de una casa ardiendo. Nunca he sufrido violencia física por mi devoción a Cristo. Solo podía tratar de imaginar cómo esas circunstancias probarían su fe... o mi fe.

Es posible que aquí en los Estados Unidos nosotros, los creyentes, pensemos que algo tan tonto como un embotellamiento del tránsito o un auto que no arranca está probando nuestra fe. La verdad es que todos estamos malcriados, y me incluyo. Yo tenía tanto y ellos tan poco; nuestras vidas y experiencias eran polos opuestos. Y, sin embargo, ahora yo sentía una gran carga por ayudarlos. Pero, ¿cómo? Yo no conocía a nadie en Pakistán. Yo era simplemente un hombre que almorzaba solo en una cafetería de Long Island.

El Espíritu Santo había tocado mi corazón de una manera inusual, y no podía dejar de orar por ellos. *Señor, sé con tu pueblo. Ayúdales a encontrar comida, trabajo y un techo sobre sus cabezas, una cama donde puedan descansar. Consuélalos en su dolor. Guarda sus mentes, no permitas que pierdan la fe por la violencia cometida en su contra.* Oré hasta que no supe cómo seguir orando. Cuando terminé, me sentía como si hubiera hecho todo lo que podía, sin embargo, el peso de su tragedia seguía en mi corazón.

Durante el resto de aquel lunes y gran parte del día siguiente seguí ocupado en mis asuntos, pero a menudo mi mente regresaba a aquellas personas y cada vez que lo hacía intercedía por ellas en oración. Un hombre vendía granos en una carretilla, pero la turba se la quemó junto con un baúl para la dote de su hija. ¿Adónde encontraría trabajo ahora que ya no tenía las herramientas para trabajar? De repente las familias se habían quedado desamparadas y en la calle, buscando un lugar donde vivir. Ni siquiera la gente de su iglesia los podría ayudar porque también habían quemado y saqueado otras cien casas. Solo Dios podía ayudarles a lidiar con semejante dolor y pérdida.

El Espíritu conecta dos mundos

Todos los martes por la noche el Tabernáculo de Brooklyn celebra una reunión de oración. Esa próxima noche, sentando yo en primera fila mientras cantaba y oraba con mi familia de la iglesia, todavía no podía sacar de mi mente a aquellos creyentes pakistaníes. Algo perturbaba mi espíritu. Sentía que tenía que hacer algo más, solo que no sabía qué hacer.

En algún momento de la reunión me levanté.

—Hay algo que pesa en mi corazón —le dije a la iglesia—. No puedo dejar de pensar en eso y quiero contárselo a ustedes. Luego vamos a orar. No sé qué más hacer.

Saqué mi Kindle y me preparé para leer:

—Estamos muy lejos de Pakistán y es muy probable que la mayoría de nosotros nunca vaya hasta allá, pero escuchen esto...

Mientras leía el artículo podía sentir el dolor de la congregación ante la idea de que una madre y su hijo fueran quemados vivos por su fe. Como yo, ellos también sufrían por aquellos cristianos que habían perdido familiares, hogares y trabajos.

—Ahora vamos a orar —dije luego de leer el artículo—. Dios dijo que en el día de la angustia le invocáramos y que Él nos respondería. Vamos a ponernos en pie y unirnos en grupos de tres o cuatro por todo el edificio. La Biblia también dice que el Señor es «Dios de toda consolación». Vamos a pedir a nuestro Padre que ministre a esos queridos hermanos al otro lado del mundo.

De inmediato el edificio se llenó de voces fervientes con el sagrado sonido de hombres y mujeres que invocaban el nombre del Señor.

Yo creo que la reunión de oración de los martes por la noche en el Tabernáculo de Brooklyn es el motor espiritual que mueve nuestra iglesia. Hace más de 35 años que mi esposa y yo comenzamos allí con un puñado de personas los domingos y menos de un puñado los martes en la noche. Pero ahora, años después, había por lo menos 1,500 personas presentes. Algunas habían llegado dos horas antes para tomar la delantera en el trono de la gracia.

Me uní a unos pocos hombres en la primera fila y añadimos nuestras voces a las de ellos. Pensé en recoger la ofrenda al terminar de orar en voz alta, pero todavía mi mente seguía buscando algo más que pudiéramos hacer. *Señor, hemos orado lo mejor que podemos. ¿Hay algo más que debemos hacer? Ya es la hora de recoger la ofrenda, sería maravilloso que pudiéramos enviarles algún dinero. ¿Podríamos tal vez tomar una parte de la ofrenda de esta noche para ayudar a estos creyentes? Pero Dios, ¿a quién se la enviaríamos? Yo no conozco a nadie en Pakistán. Ni siquiera conozco a nadie que conozca a un cristiano allá. ¿Debo decirle esto a la gente? Pero, ¿y si no puedo cumplir con hacer llegar los fondos adonde se necesitan? Oh Dios, dirígeme. Guíame para saber lo que debo hacer.*

Terminé de orar y regresé a la plataforma.

—Por favor, tomen asiento —dije.

Hice una pausa, esperando que se sentaran, y en eso vi que Craig, un líder de nuestra iglesia, venía caminando rápido por el pasillo del medio y agitando sus manos para llamar mi atención. Apagué el micrófono para escuchar lo que me tenía que decir.

—Pastor, hay una mujer sentada detrás, es de Pakistán.

¿Una mujer de Pakistán en nuestra iglesia del centro de Brooklyn un martes en la noche?

—Mándala para acá —le dije a Craig.

Craig la trajo adelante y frente a todos. Con el micrófono todavía apagado conversé con la mujer.

—¿Ha estado aquí antes? —le pregunté.

—No, esta es mi primera vez.

—¿Es usted de Pakistán?

—Sí, mi esposo es pastor allí. Mi esposo y mi suegro estuvieron entre los primeros cristianos de fuera que acudieron a Gojra para ayudar.

—¿Cómo?

—Sí, están allí ahora mismo.

Imagínate, ¡en ese mismo momento su esposo estaba en el pueblo por el cual nosotros estábamos orando! Estaba trabajando con otros representantes para llevar ayuda a las familias de los que habían perdido a sus seres queridos y sus casas. Esa era la primera vez que ella visitaba el Tabernáculo de Brooklyn, ¡justo la noche en que yo espontáneamente le había pedido a la iglesia que orara por los cristianos de Gojra, en Pakistán!

Le conté a la gente de la iglesia lo que ella me había dicho. Hubo un asombro audible y después el salón se llenó con una sensación de admiración y santo sobrecogimiento mientras que de forma espontánea las personas comenzaban a darle gracias a Dios por esta mujer, su esposo y su ministerio.

Habíamos clamado a Dios... y en unos minutos descubrimos que el Señor se nos había adelantado.

Yo estaba pasmado.
La iglesia estaba pasmada.
La mujer estaba pasmada.
Habíamos clamado a Dios, pidiendo alguna manera de consolar

y ayudar a los involucrados en esta catástrofe y en unos minutos descubrimos que el Señor se nos había adelantado.

Recogimos una ofrenda para los cristianos perseguidos en Pakistán y recaudamos miles de dólares para los creyentes pakistaníes. Le di instrucciones a Steve, nuestro jefe de finanzas, para que se asegurara acerca de los detalles de la historia de la mujer y se comunicara con su esposo. Todo era legítimo y su esposo parecía ser un hombre muy piadoso. Más adelante, esa semana, otro miembro de nuestra iglesia escuchó los detalles de lo sucedido en esa reunión de oración. Vino e hizo un cheque por diez mil dólares para que se sumaran a lo que ya habíamos recaudado. Enviamos el dinero a Gojra tan pronto como pudimos.

No te pierdas la bendición

¿Te resulta extraña una historia así?

¿Alguna vez has sido parte de semejante arreglo divino?

Es posible que todo este asunto te resulte difícil de creer. Tal vez, incluso, pienses que es el tipo de historia que un pastor cuenta y que embellece los detalles para dar más efecto. O peor, tal vez creas que lo inventé.

Pero sucedió.

Y no debiera sorprendernos.

No fue nada más que el Espíritu Santo dirigiendo a una persona, y luego a una iglesia, a orar y enviar ayuda a creyentes que estaban sufriendo al otro lado del planeta. Nadie tuvo que pensarlo ni solucionarlo, ni siquiera llevarse el crédito.

Sentado en aquella cafetería, leyendo sobre los cristianos en Pakistán, sentí por ellos una carga que Dios me dio a pesar de no conocerlos. En aquel momento yo no tenía idea de lo que sucedería en los días siguientes, simplemente me sentí conmovido por su sufrimiento y frustrado porque no podía ayudarlos. Ahora entiendo por qué mi corazón se vio tan afectado por su situación. Si yo hubiera obviado la profunda compasión que el Espíritu puso en mí por los pakistaníes, si yo hubiera ignorado la manera en que el Espíritu me incitaba a orar, nunca se hubiera producido la conexión que Dios tenía planeada ese martes en la noche entre nuestra congregación y los creyentes pakistaníes.

Qué gran pérdida si la gente de Gojra nunca hubiera recibido nuestra ayuda financiera. Pero qué pérdida, todavía mayor, hubiera sido para mí y para nuestra reunión de oración si no hubiéramos experimentado la obra del Espíritu Santo de una manera tan profunda y dramática. Dios intervino e hizo «muchísimo más que todo lo que podamos imaginarnos o pedir» (Efesios 3:20). Él es esa clase de Dios que responde a la oración de manera dramática, y nosotros pudimos habérnoslo perdido. Fue maravilloso ser parte de algo que el Espíritu Santo orquestó y cronometró de forma tan bella.

Pero si leyéramos con atención el Nuevo Testamento, ese tipo de interrupciones por parte del Espíritu Santo no debieran parecernos asombrosas. En los relatos de la iglesia primitiva a menudo aparecen ejemplos de la obra del Espíritu. Lamentablemente, en la actualidad muchos de nosotros nos hemos acostumbrados a vivir sin la presencia poderosa del Espíritu Santo obrando en nuestras vidas e iglesias.

> El Espíritu Santo es el agente de Dios en la Tierra, sin embargo, es el miembro de la Trinidad menos comprendido.

Piensa en estas preguntas sinceras:

- ¿Cuántos cristianos padecen de una vida espiritual que es seca y mecánica?
- ¿Cuántos sirven a un Jesús, a quien conocen por la Biblia, pero sin que él sea una realidad viva en su experiencia?
- ¿Acaso nos hemos preguntado alguna vez por qué las intervenciones del Espíritu Santo son tan inusuales en nuestras congregaciones?
- ¿Pudiera ser que por no estar relacionados adecuadamente con la persona y obra de Dios Espíritu Santo, nos estuviéramos perdiendo bendiciones maravillosas que se planearon para nuestras vidas e iglesias?

El Espíritu Santo es el agente de Dios en la Tierra, sin embargo, es el menos comprendido, del que menos se predica y el miembro de la Trinidad de quien menos se habla. Y es triste porque sin Él nuestras vidas espirituales siempre serán una lucha seca y mecánica.

Es por eso que me alegra tanto que estés comenzando este estudio acerca del Espíritu Santo. No puedo pensar en ninguna otra cosa que cambie tu vida de oración, tu estudio de la Palabra de Dios y tu experiencia durante la adoración en la iglesia más que invitar al Espíritu para que te acompañe de una nueva manera.

En las páginas siguientes aprenderás más acerca de quién es el Espíritu Santo, qué pasa cuando él se mueve y cómo rendirte a su dirección. En el camino conocerás a algunas personas que han sido transformadas de manera radical y cuyas historias son tan poderosas que quise que las escucharas directamente de las personas que las experimentaron, con sus propias palabras y en sus propios capítulos. Solo hay una cosa más poderosa que ver al Espíritu obrar en la vida de otra persona, y es verlo obrar en la tuya propia.

Si quieres poder, confianza, gozo, paz y más amor en tu vida, pídele al Espíritu que venga y haga algo nuevo *en ti*. Tal vez te sorprenda que el Espíritu Santo te acompañe a almorzar como lo hizo conmigo aquel día en la cafetería de Long Island. Pero te aseguro que si lo haces, tu vida espiritual dejará de ser seca y mecánica. En cambio, te llenarás de asombro ante el poder del Espíritu y la maravilla de la bondad de Dios.

[Capítulo 2]
¿QUIÉN ES EL ESPÍRITU SANTO?

Muchos cristianos solo tienen una noción muy vaga acerca de quién es el Espíritu Santo. Es posible que hayan oído de Él, pero luchan para comprender sus funciones y, por otra parte, algunas traducciones de la Biblia no han sido de mucha ayuda. El Espíritu Santo no es un «fantasma santo», en el sentido de un fantasma de Halloween. Tampoco es un gas que llena a las personas, no es una presencia etérea ni una fuerza como la de *La guerra de las galaxias*.

El Espíritu Santo es una persona real, el tercer e igual miembro de la Trinidad. Aunque a menudo se le pasa por alto o quizá haya muchos creyentes del siglo veintiuno que lo olviden, él es tan divino como el Padre y el Hijo (Hechos 5:3-4). Considera estos hechos:

- Él posee una personalidad divina y escoge personalmente a las personas para las tareas del ministerio (Hechos 13:2).
- Se comunica con nosotros (Apocalipsis 2:7) y explora las cosas profundas de Dios para darlas a conocer a los creyentes (1 Corintios 2:9-12).
- Él es quien hace a Cristo una realidad viviente para el creyente (Efesios 3:16-17) y, de hecho, se le llama el Espíritu de Cristo (Romanos 8:9).
- Es igual tanto al Padre como al Hijo, es parte del misterio del Dios trino.

Es importante comprender estos hechos bíblicos acerca del

Espíritu Santo dentro del relato bíblico más amplio acerca de quién es Dios: Padre, Hijo y Espíritu Santo, y cómo se relaciona con su pueblo.

Un Dios trino

El Dios trino es un misterio que no puede explicarse por completo. La Biblia revela a Dios como el único Dios, una entidad, quien de manera misteriosa existe en tres personas: Padre, Hijo y Espíritu Santo. Vale la pena dedicar un momento de nuestro tiempo a examinar cada una de estas tres personas para comprender más a cabalidad al Espíritu Santo, la persona que es el enfoque de este libro.

EL PADRE

Al leer nuestras Biblias sabemos que el Padre, Dios creador, se muestra en el Antiguo Testamento. Se le conoce como el gobernador soberano del universo. Él es Dios, el proveedor que con fidelidad responde a la oración. Es también el Santo de Israel que dio los Diez Mandamientos a Moisés para Israel, su pueblo escogido. Él sabía que la ley sería una protección para ellos y que les daría bendiciones cuando la obedecieran. Cuando Moisés bajó del monte y leyó los Diez Mandamiento, el pueblo respondió: «Haremos todo lo que Dios dice que hagamos». Pero, lamentablemente, pronto comenzaron a quebrantar cada mandamiento que habían prometido guardar.

Dios había planeado desde siempre una solución suprema para el problema humano.

Dios, conociendo las tendencias pecaminosas de su pueblo, proporcionó un sistema de sacrificios para Israel como parte de su adoración. Ellos ofrecían sacrificios cada mañana y cada noche, y lo que es más importante, sacrificios de sangre. Dios había declarado que sin derramamiento de sangre no habría remisión de pecados. El único problema con el sistema de los sacrificios era que sus tendencias pecaminosas continuas tenían como consecuencia sacrificios interminables.

Se traían animales a dondequiera que estuviera el tabernáculo, y después al mismo templo, y se sacrificaban como una especie de cobertura temporal por sus pecados. Pero la sangre de aquellos animales nunca podría limpiar sus conciencias, así que el pueblo siempre vivía bajo una nube de culpa y condenación.

Sin embargo, Dios había planeado desde siempre una solución

suprema para el problema humano. Él prometió que un día enviaría el sacrificio supremo y ese sacrificio sería el Mesías. Él libraría al pueblo de Israel de sus pecados, así como a cualquiera que confiara en Él. Y Dios enviaría al Mesías justo en el tiempo preciso, según el reloj de Dios, no el nuestro.

EL HIJO

El Hijo de Dios vino a la tierra como un bebé que nació de una virgen y lo llamaron Jesús. El Nuevo Testamento relata la historia maravillosa de su vida, sus enseñanzas y milagros, obras de poder que demostraron que él era divino, el Hijo de Dios.

Cuando Jesús vino a la Tierra no solo vino para enseñar y predicar, ni siquiera para hacer milagros. Vino fundamentalmente para *morir* por aquellos israelitas y por cualquier otra persona que quebrantara las leyes de Dios (y esto nos incluye a ti y a mí), este era el plan de Dios para rescatarlos del juicio. En la enseñanza cristiana a menudo nos referimos a esto como «ser salvos de nuestros pecados» o *salvación*.

La salvación requería que el Hijo asumiera la culpa y sufriera el castigo por nuestros pecados, pasados y presentes, para que fuéramos liberados de la condenación de la ley. En cambio, Jesús pagaría nuestra deuda por el pecado. Fue por eso que Juan el Bautista llamó a Jesús «el Cordero de Dios» que quitaría el pecado del mundo (Juan 1:29). Un Dios santo no puede castigar dos veces por el mismo pecado, así que si Jesucristo pagó el precio por nuestras andanzas, quebrantamientos de la ley y rebeliones, nunca tendremos que pagar el precio. Mediante el derramamiento de la sangre de Cristo, Dios podía perdonar y olvidar nuestros pecados y estaríamos acorde con Él. Seríamos «justificados», como si nunca hubiéramos pecado.

Fue una oferta radical de parte de Dios y cuando Cristo hablaba de ello, pocas personas entendían el significado. Incluso los discípulos, que habían estado con Jesús durante años, no podían comprender el plan de Dios para la salvación. No fue hasta que él se les apareció como el Salvador resucitado que ellos empezaron a entender lo que había sucedido cuando Jesús murió en la cruz.

Un problema

Pero todavía había un problema. Aunque Jesús borrara mi pasado de la memoria de Dios, aunque todo lo malo que yo haya hecho quedara perdonado, ¿qué del hoy? ¿Y del mañana? ¿Y qué pasará si me volviera a ver tentado a deshonrar a Dios y agraviar a Jesús luego de salvarme de las consecuencias que yo merecía? Es decir, ¿dónde está el poder que me ayude a vivir de manera diferente a como vivía antes? Si voy a ser una nueva criatura, entonces, ¿cómo? Por muy agradecido que esté a Jesús por limpiar mi pasado, y por mucho que desee ser como Cristo en el futuro, puedo decirte que en Jim Cymbala no hay nada que se parezca a Jesús. Sencillamente no hay manera de que yo pueda ser como Él. La cabra siempre tira al monte. ¿Cómo podría yo cambiar jamás para ser una persona piadosa y obedecer los mandamientos de Dios solo mediante mis propios esfuerzos?

Pero la muerte de Jesús en la cruz, por maravillosa que fuera, no era el fin del plan de Dios. Antes de morir, Jesús les habló a sus discípulos de alguien más que vendría.

Jesús promete enviar a un ayudador

Durante la última cena Jesús les dijo a sus discípulos, los alumnos que habían aprendido de Él y que fueron sus amigos durante tres años, que Él se iba. ¡Imagina cuánto debe haber perturbado a los discípulos escuchar algo así! Él era su líder. Él era el que hacía los milagros. Él era quien tenía la respuesta sabia y perfecta cuando los fariseos los acorralaban. Cuando hablaba lo hacía con una autoridad única, como la de ningún otro maestro a quien hubieran escuchado jamás. Nadie había hecho eso antes.

¿Cómo podía abandonarlos? ¿Cómo podía dejarlos ahora cuando más lo necesitaban? Y lo más confuso de todo, dijo que su partida les beneficiaría. «Pero les digo la verdad: *Les conviene* que me vaya» (Juan 16:7, énfasis añadido).

Esa declaración debe haber dejado pasmados a los discípulos. ¿Cómo podía *convenirles* que Jesús se fuera? Este era el maestro con quien ellos habían comido, con quien caminaron, con quien viajaron y de quien aprendieron. Sería imposible para ellos ver algún beneficio en su partida.

Afortunadamente, Jesús les explicó por qué. «Y yo le pediré al Padre, y él les dará otro Consolador para que los acompañe siempre: el Espíritu de verdad, a quien el mundo no puede aceptar porque no lo ve ni lo conoce. Pero ustedes sí lo conocen, porque vive con ustedes y estará en ustedes» (Juan 14:16-17). Entonces volvió a decirles: «Pero les digo la verdad: Les conviene que me vaya porque, si no lo hago, el Consolador no vendrá a ustedes; en cambio, si me voy, se lo enviaré a ustedes» (16:7).

Ahora todo el panorama comenzaba a mostrarse. El Padre envió al Hijo para que cumpliera una tarea específica, dar pruebas del amor de Dios. «Porque tanto amó Dios al mundo, que dio a su Hijo unigénito, para que todo el que cree en él no se pierda, sino que tenga vida eterna» (Juan 3:16). Dios mostraría ese amor al sacrificar a su Hijo en la cruz para pagar la pena por nuestros pecados. Y después que el Hijo cumpliera con su tarea en la cruz, se levantara de los muertos y subiera al cielo, el Hijo enviaría al Espíritu.

Aunque en aquel momento los discípulos no podían comprenderlo, sería mejor tener *en ellos* al Espíritu Santo invisible que tener al Jesús físico *con ellos*. La persona divina que venía les ayudaría a comprender todo lo que Él había dicho, pero ellos tendrían que esperar a que Jesús regresara al cielo para que el Espíritu viniera.

EL ESPÍRITU SANTO

Hechos 1 nos dice que después que Jesús resucitó de los muertos pasó cuarenta días apareciéndose a los apóstoles y hablando sobre el reino de Dios. Jesús también les dijo: «No se alejen de Jerusalén, sino esperen la promesa del Padre, de la cual les he hablado... Pero cuando venga el Espíritu Santo sobre ustedes, recibirán poder y serán mis testigos tanto en Jerusalén como en toda Judea y Samaria, y hasta los confines de la tierra» (vv. 4, 8).

Hicieron lo que se les dijo, se reunieron en una casa en Jerusalén para orar y adorar a Dios mientras esperaban por la promesa que Dios les había hecho. «Cuando llegó el día de Pentecostés, estaban todos juntos en el mismo lugar. De repente, vino del cielo un ruido como el de una violenta ráfaga de viento y llenó toda la casa donde estaban reunidos. Se les aparecieron entonces unas lenguas como de fuego que se repartieron y se posaron sobre cada uno de ellos. Todos fueron llenos del Espíritu Santo y comenzaron a hablar en diferentes lenguas, según el Espíritu les concedía expresarse» (Hechos 2:1-4).

De repente recibieron algo del cielo, algo que iba mucho más allá de su inteligencia, talentos y capacitación: la venida del Espíritu

> Después que el Hijo cumpliera con su tarea en la cruz, se levantara de los muertos y subiera al cielo, el Hijo enviaría al Espíritu.

Santo en poder. Por primera vez comprendieron por qué era bueno que Jesús se fuera. El Ayudador había venido y aunque Jesús no estaba, el Espíritu invisible ahora residía en ellos y les daba poder.

Mirar la vida de Pedro tal vez sea la mejor manera de comprender lo que quiso decir Jesús con que los discípulos estarían mejor *después* de su partida. En los Evangelios a menudo Pedro hablaba en el momento equivocado, no comprendía el significado de las enseñanzas de Jesús y tenía la tendencia de hacer alarde de su superioridad entre los demás discípulos. Pero cuando Jesús fue arrestado, Pedro no solo huyó sino que además maldijo ¡y hasta negó siquiera conocer a Jesús!

¿Por qué Pedro era tan débil y tan inclinado a los errores?

¿Cómo podía Pedro negar al Mesías que lo había seleccionado como parte de su círculo más íntimo y que hizo incontables milagros ante sus ojos?

¿Acaso Pedro no tuvo un maestro dotado? Sí, fue el propio Jesús.

¿No tuvo Pedro un excelente modelo y ejemplo que seguir? No, tuvo el modelo perfecto en Jesucristo hecho carne.

Entonces, ¿de qué le sirvieron a Pedro todos esos recursos educativos e inspiradores?

No fueron suficientes.

La noche en que Jesús fue traicionado y arrestado, Pedro huyó como todos los demás.

Con tres años y medio de un discipulado excelente en su haber, Pedro aprendió la cruda verdad que todos hemos enfrentado: una cosa es conocer la Palabra pero otra muy diferente es obedecerla. Ni siquiera el mejor curso discipular ni la responsabilidad espiritual habrían sido suficientes para Pedro porque *ninguna enseñanza exterior* se compara con el *poder interior del Espíritu Santo*. Si necesitas pruebas, mira a Pedro en el día de Pentecostés cuando el Espíritu fue derramado. Aunque el clima político no había cambiado desde el momento en que Jesús fue arrestado y crucificado, ahora Pedro predicaba con valentía a grandes multitudes acerca del nombre de Jesús. ¡Este era un nuevo Pedro! Estaba lleno del Espíritu. La promesa de Jesús acerca del poder del Espíritu Santo estaba ahí visible en la vida de Pedro. Aquel discípulo fracasado de repente estaba predicando con tal eficiencia que miles se convirtieron a Cristo. Jesús había estado *con* Pedro, pero ahora el Espíritu estaba *en* él.

Si siguiéramos la historia de Pedro a través del libro de Hechos, veríamos que sigue actuando con sabiduría y valor. Era un hombre diferente. Las palabras de Jesús se habían cumplido: «Pero les digo la verdad: Les conviene que me vaya» (Juan 16:7). Mediante su cuerpo físico Jesús podía ser un mentor, maestro y amigo de los discípulos, pero no podía producir un cambio de adentro hacia afuera. Esto lo lograría el Espíritu, tal y como Dios lo tuvo planeado desde toda la eternidad.

El nacimiento de la iglesia

La iglesia cristiana nació mediante el poder del Espíritu. Cuando leemos el resto del libro de Hechos y las epístolas del Nuevo Testamento, vemos una imagen de la iglesia primitiva tal y como Dios quería que fuera. «Se mantenían firmes en la enseñanza de los apóstoles, en la comunión, en el partimiento del pan y en la oración» (2:42). Eran una comunidad de creyentes que con libertad amaban la Palabra de Dios y estaban dedicados a la enseñanza de los apóstoles. Nadie necesitaba insistirles ni coaccionarlos para que amaran la Palabra. En cambio, los inspiraba el Espíritu dentro de ellos. El mismo Espíritu que escribió la Biblia creó un apetito en ellos por lo que esta decía. Compartían unos con otros el profundo amor que el Espíritu había puesto en sus corazones. Además, se convirtieron en testigos valientes de Cristo llenos de una sabiduría que iba más allá de su instrucción.

Sus corazones estaban llenos del Espíritu Santo y experimentaron sorpresas mientras Dios hacía cosas que nadie podía anticipar.

El Espíritu Santo no solo había sido enviado a la Tierra sino que además se *movía*. Actuaba en su pueblo y a través de este, demostraba su poder para glorificar a Cristo. La iglesia primitiva lo experimentó moviéndose en sus corazones y en sus vidas. Debido al ambiente hostil que los rodeaba ellos regresaban una y otra vez a Dios para obtener una fresca porción del Espíritu Santo y eran lo suficientemente sabios como para ceder a su dirección. ¿Se mueve el Espíritu Santo así en nuestras vidas? ¿Y en nuestras iglesias?

> **El mismo Espíritu que escribió la Biblia creó en los creyentes un apetito por lo que esta decía.**

A muchas personas les resulta fácil relacionarse con Dios el Padre y con Jesús el Hijo, pero cuando se trata del Espíritu Santo en sus vidas, no tienen una imagen clara de quién es Él o lo que hace. ¿Alguna vez te has sentido así? ¿Y qué de tu vida y tu iglesia? Al leer acerca del poder del Espíritu Santo en la vida de Pedro y en la iglesia primitiva, ¿recordaste tu propia experiencia con el Espíritu Santo? ¿O sentiste que anhelabas algo más?

A veces me pregunto si los primeros cristianos vivieran hoy, ¿reconocerían siquiera eso a lo que llamamos cristianismo? Nuestra versión es más blanda, casi completamente intelectual por naturaleza y carente del poder del Espíritu Santo que la iglesia primitiva experimentaba con regularidad. ¿Cuántas pérdidas sufrimos porque no esperamos que el Espíritu aparezca como se prometió? Todo lo que leemos acerca de la iglesia en el Nuevo Testamento se centraba en el poder del Espíritu obrando en los corazones de los creyentes cristianos. Aunque es triste, esta no ha sido la experiencia de muchos de nosotros.

Creo que es hora de regresar al tipo de fe que vemos en la iglesia del Nuevo Testamento. Ellos creían en la palabra de Cristo, esperaban que el Espíritu hiciera grandes cosas y Él hacía lo prometido.

Hoy, él hará lo mismo por nosotros.

[Capítulo 3]
EL CRISTIANISMO ES INÚTIL SIN EL ESPÍRITU

El mundo está lleno de libros acerca de Dios el Padre quien creó el universo, y se han escrito más libros de Jesús el Hijo de Dios que sobre cualquier otra persona que haya caminado jamás sobre este planeta. Pero, ¿no resulta interesante que se hayan escrito muchos menos libros acerca de Dios Espíritu Santo?

Cuando enseñaba sobre la oración, Jesús declaró: «Pues si ustedes, aun siendo malos, saben dar cosas buenas a sus hijos, ¡cuánto más el Padre celestial *dará el Espíritu Santo* a quienes se lo pidan!» (Lucas 11:13, énfasis del autor). Uno pensaría que esa promesa crearía un gran deseo de conocer más acerca de este Ayudador prometido, quién es y qué hace. Y sería todavía mejor si pudiéramos experimentarlo como una realidad viviente, tal y como lo hicieron los primeros creyentes.

Sabemos que Jesús el Hijo está sentado a la derecha del Padre (Lucas 22:69; Efesios 1:20; Colosenses 3:1). Así que eso significa que el Espíritu Santo es el único agente de Dios en la tierra. Él es la única experiencia que podemos tener con Dios Todopoderoso, la única manera en que podemos aplicar a nuestras vidas la obra de Jesucristo y la única manera en que podemos entender la Palabra de Dios. Sin el Espíritu Santo somos como los discípulos antes de Pentecostés, sinceros pero luchando con la confusión y la derrota.

Hace más de cien años Samuel Chadwick, un gran predicador metodista y líder de Inglaterra, lo resumió de manera concisa: «La religión cristiana es inútil sin el Espíritu Santo».[1] La iglesia primitiva ofrece la ilustración perfecta de esa inutilidad. Está compuesta de hombres y mujeres sencillos. Los líderes eran ex pescadores y recaudadores de impuestos que huyeron asustados cuando arrestaron a Jesús y cuando más él los necesitaba. No fueron valientes ni fieles. De hecho, les faltaban la fe y el valor. Eran los menos probables de estar a cargo de cualquier empresa cristiana.

Sin embargo, luego de los sucesos de Hechos 2, cuando el Espíritu Santo se derramó, aquellos mismos hombres que eran un don nadie de repente quedaron transformados. Con valor y fe pusieron patas arriba a su comunidad y con el tiempo, al mundo. Eso no se debió a su preparación en un seminario, ellos no tenían ninguna capacitación. No podían repartir copias del Nuevo Testamento porque todavía no se había escrito. Tampoco porque fueran ricos y tuvieran el mejor sistema de sonido y de luces en su iglesia. Eran gente pobre sin un edificio. De hecho, la iglesia cristiana no tuvo su primer edificio público hasta después de 300 años. La clase judía religiosa de aquel entonces se burlaba de aquellos primeros cristianos y los consideraban gente indocta e ignorante con pocos recursos. Para el imperio romano resultaban fanáticos y raros.

Pero lo que sí tenían era el poder del Espíritu Santo. Jesús les dijo que dependieran del Espíritu para todo, incluyendo el hablar de improviso. Para parafrasearlo, él dijo: «Ni siquiera preparen lo que vayan a decir cuando estén en situaciones de mucha presión, porque cuando abran la boca, se les dará. El Padre se los dará por medio del Espíritu Santo. Ustedes sabrán qué decir» (Marcos 13:11). Los primeros cristianos sabían muy bien que el cristianismo es inútil sin el Espíritu Santo.

Reconocer al Espíritu Santo

La iglesia del siglo XXI subestima y no predica lo suficiente del Espíritu Santo. Existen todo tipo de prejuicios contra el Espíritu Santo que impiden que muchos aprendan más sobre él. El cuerpo de Cristo a menudo está dividido en dos bandos. Un bando enfatiza la Palabra de Dios y se separa de aquello que considera el fanatismo emocional que a menudo se vincula con los que hacen énfasis en la obra del

Espíritu Santo. El otro lado a veces se conoce por caer en manifestaciones que no son bíblicas y en enseñanzas que no son ortodoxas al mismo tiempo que se lo atribuyen todo al Espíritu de Dios.

Al ver el abuso y las malas enseñanzas, muchos del primer bando dirán: «No me interesan las experiencias ni las manifestaciones del Espíritu Santo. Yo solo quiero estudiar la Palabra». Pero fue el Espíritu Santo quien inspiró la Biblia y hay muchas promesas relacionadas con su persona y su obra. ¿Cómo puede alguien atesorar la Palabra de Dios sin darle al Espíritu Santo el lugar que le corresponde?

A aquellos que se mueven en círculos y que hacen mucho énfasis en el Espíritu Santo hay que recordarles que todo debe ser probado según las Escrituras. El Espíritu nunca contradice la Palabra que él nos dio. Además, nunca pone el enfoque en el predicador porque el Espíritu Santo fue enviado para glorificar solo a Cristo (Juan 16:14).

En algún punto intermedio está el tipo de cristianismo que vemos en las Escrituras donde la Palabra de Dios se honra junto con una dependencia y apertura hacia el Espíritu Santo características de un niño.

Solo el Espíritu Santo puede hacer que las cosas de Cristo sean reales y vivas para las personas. El cristianismo no termina en la cruz donde Jesús murió y pagó el precio

> Solo el Espíritu Santo puede hacer que las cosas de Cristo sean reales y vivas para las personas.

por nuestros pecados. Después del viernes santo vino el domingo de resurrección cuando el Espíritu resucitó a Cristo. Sin embargo, muchos de nosotros vivimos con chorritos débiles y charcas poco profundas del Espíritu en lugar de los ríos de agua viva prometidos.

«En el último día, el más solemne de la fiesta, Jesús se puso de pie y exclamó:

—¡Si alguno tiene sed, que venga a mí y beba! De aquel que cree en mí, como dice la Escritura, brotarán *ríos de agua viva*. Con esto se refería al Espíritu que habrían de recibir más tarde los que creyeran en él. Hasta ese momento el Espíritu no había sido dado, porque Jesús no había sido glorificado todavía» (Juan 7:37-39, énfasis del autor). Todo lo relacionado al Espíritu habla de las corrientes poderosas de vida que nos refrescan y fluyen para bendecir a otros. Pero existe una enseñanza todavía más extraordinaria acerca del Espíritu. Pablo escribió: «Y si el Espíritu de aquel que levantó a Jesús de entre los muertos vive en ustedes, el mismo que levantó a Cristo de entre los muertos también dará vida a sus cuerpos mortales por medio de su Espíritu, que vive en ustedes» (Romanos 8:11). Imagina, ¡la misma medida de poder que se nos promete es aquella que levantó al cadáver de Jesucristo de los muertos!

Solo el Espíritu Santo

Recordemos cómo cualquier persona se vuelve cristiana. Antes de que una persona pueda sentir la necesidad de Jesucristo como Salvador, esa persona tiene que ser convencida primero de pecado. «Y cuando él [el Espíritu] venga, convencerá al mundo de su error en cuanto al pecado, a la justicia y al juicio» (Juan 16:8). El Espíritu Santo nos muestra nuestro pecado y nuestra necesidad de un Salvador. Eso es lo que todo creyente experimenta en su conversión a Cristo.

Jesús también enseñó que la entrada al reino de Dios («nacer de nuevo») solo puede suceder mediante la obra del Espíritu Santo. Jesús le dijo a Nicodemo: «Yo te aseguro que quien no nazca de agua y del Espíritu, no puede entrar en el reino de Dios» (Juan 3:5).

Considera las sabias palabras de R.A. Torrey, evangelista y maestro de la Biblia:

> El Espíritu Santo sí regenera a los hombres. Él tiene poder para levantar a los muertos. Tiene poder para dar vida a aquellos que están muertos o podridos en el sentido moral. Tiene poder para impartir una naturaleza completamente nueva a aquellos cuya naturaleza es tan corrupta que para los hombres parece no tener esperanza. Cuántas veces lo he visto demostrado. Cuántas veces he visto a hombres y mujeres completamente perdidos, arruinados y viles venir a una reunión apenas sin saber por qué vinieron. Al estar sentados allí, mientras se habla la Palabra, el Espíritu de Dios aviva la Palabra que se ha sembrado en sus corazones y en un momento ese hombre o mujer, por el sumo poder del Espíritu Santo, se ha convertido en una nueva creación.[2]

Es el Espíritu Santo obrando dentro de nosotros lo que hace que nos volvamos de nuestro pecado y fijemos los ojos en Jesús. Aunque puede que nos veamos tentados a pensar que nosotros podemos crear ambientes emocionales para que esto suceda, la verdad es que ese tipo de renacer o transformación solo puede suceder mediante la obra del Espíritu Santo.

El apóstol Pablo enseñó que los creyentes son «templos del Espíritu Santo» (1 Corintios 6:19), y ya que el Espíritu vive dentro de nosotros, eso nos hace diferentes al resto del mundo. Si el Espíritu Santo no vive dentro de una persona, ser miembro de la iglesia o cualquier otro esfuerzo sincero que haga esa persona por vivir una buena vida será inútil para hacer que sea cristiana. Solo la verdadera fe en Jesucristo como Salvador, confirmada por el Espíritu Santo que vive dentro de nosotros, nos hace una nueva criatura. El Espíritu que habita en cada creyente es solo otra manera de decir «Cristo en nosotros» porque la presencia del Espíritu Santo representa a Jesús.

Cuando Dios mira a la tierra, él no se enfoca en las etnias y nunca reconoce las denominaciones religiosas. Él solo ve dos tipos de personas: sus hijos, que tienen al Espíritu viviendo dentro de ellos, y los no creyentes quienes no tienen al Espíritu viviendo dentro de ellos. Es así de sencillo. Hoy discutimos por posiciones doctrinales para validar nuestra fe, pero para la iglesia primitiva la definición era más simple. O somos templos o no lo somos. «Y si alguno no tiene el Espíritu de Cristo, no es de Cristo» (Romanos 8:9). Hubiera sido imposible para los apóstoles considerar a alguien un verdadero creyente en Jesús sin el testimonio y la obra del Espíritu Santo. El Espíritu de Dios era lo básico.

Hubiera sido imposible para los apóstoles considerar a alguien un verdadero creyente... sin la obra del Espíritu Santo.

Gojra, continuación

¿Recuerdas la historia de los creyentes pakistaníes cuyas casas fueron saqueadas y quemadas, y cómo la esposa del pastor que los estaba ayudando apareció en nuestro servicio de oración? Bueno, la historia no termina allí. El Espíritu no había terminado con lo que quería lograr.

Meses después, un sábado en la noche, recibí una llamada de nuestro CFO (jefe de las finanzas).

—El pastor de Pakistán acababa de llamar. Ahora hay un problema en su ciudad.

—¿Qué pasa? —le pregunté.

—En el llamado de oración de los musulmanes a las 5 de la tarde, algo los provocó y ahora están gritando: «¡Que mueran los cristianos! ¡Quemen sus casas! ¡Que mueran los cristianos!» Él estaba realmente preocupado.

—Está bien. Yo voy a orar esta noche. Ora tú también, Steve. ¿Qué otra cosa podemos hacer? Vamos a orar.

Así que oré esa noche.

Antes de cada uno de nuestros tres servicios yo siempre me reúno con el grupo de oración. Son un grupo de creyentes comprometidos que oran conmigo y luego se reúnen en un salón para interceder por los que asisten a cada servicio. Nuestro primer servicio de domingo comenzaba a las nueve de la mañana y cuando terminé de orar con el grupo, el servicio ya había empezado. Apreté el botón para que el elevador bajara al templo y cuando se abrió, Steve estaba en el elevador. Tenía en la mano su teléfono celular y por la expresión de su rostro supe que algo andaba mal.

—Me acaba de llamar otra vez. La situación está peor. Él está en el techo de la casa con su esposa e hijos y algunos de los cristianos de la localidad. Hay miles de personas en la plaza gritando: «¡Que mueran los cristianos!» Pude escuchar el temor en su voz y a la multitud gritando en el fondo, así que sé que lo que está diciendo es verdad.

Sentí como si me hubieran dado un puñetazo y me hubieran dejado sin aire. No sabía qué hacer. Entré al elevador y bajamos. Mientras entrábamos al templo, la congregación estaba cantando y alabando a Dios. Cuando la canción terminó, interrumpí y le dije a la congregación: «En un momento vamos a regresar a adorar a Dios, pero hay una situación de emergencia por la que tenemos que orar».

Le dije a la iglesia lo que sabía. Mientras transmitía la difícil situación, mi corazón explotaba al pensar en los padres y los hijos escondiéndose en el techo de la multitud que estaba abajo. Entonces comencé a llorar al pensar cómo sería estar allí arriba con mis hijos y mis nietos. Abrumado por la emoción le pedí a nuestro líder de adoración, Onaje, que guiara a la iglesia en oración. De pronto, un gran clamor en coro ascendió a Dios a favor de los creyentes pakistaníes. Fue justo como lo que pasó en el libro de los Hechos: «alzaron unánimes la voz en oración a Dios» (4:24).

Al final de un largo día hablé con Steve y le pregunté qué había pasado.

—No lo vas a creer —dijo él—. El pastor me llamó de nuevo.

—¿Está bien? —Yo estaba emocionado. ¡La situación había sido tan peligrosa!

—Mientras estaban en el techo de repente aparecieron unas nubes. Se oscureció todo y comenzó a llover, pero no simplemente lluvia, un aguacero torrencial. ¡Llovió tanto que la multitud se dispersó! Todo el mundo está salvo y pudieron bajar del techo y regresar a sus casas.

—¡Oh, gracias, Jesús! ¡Alabado sea Dios! —Me moría de las ganas por contárselo a la iglesia. Dios rescató al hombre, a su familia y a los demás cristianos mediante las oraciones de su pueblo al otro lado del mundo. ¿Acaso no prometió Dios que orarle con fe traería respuestas del cielo?

El Espíritu Santo estaba obrando en Pakistán, protegiendo a aquellos creyentes de la turba pero, al mismo tiempo, el Espíritu Santo también estaba moviéndose entre la gente de nuestra iglesia, ayudándole a orar fervientemente y con una fe atrevida que solo Dios podía dar.

Manifestaciones genuinas del Espíritu Santo

Para muchas personas esta historia acerca de Pakistán pudiera parecer «exagerada», pero tal vez sea porque el Espíritu de Dios no se ha movido fuertemente entre nosotros y muchos nos hemos vuelto faltos de fe y cínicos. Hemos visto tanto auto-engrandecimiento ministerial y tantos reclamos financieros dudosos ligados a una supuesta «unción del Espíritu Santo» que le hemos dado la espalda asqueados porque muy poco de eso nos recuerda a Jesús.

¿Pero acaso las falsas peticiones no prueban que realmente existe algo verdadero? William Booth, fundador del Ejército de Salvación, dijo: «No somos tontos como para rechazar billetes buenos del banco solo porque haya billetes falsos circulando; y aunque aquí y allá veamos manifestaciones de lo que nos parece que no

Dios ha prometido a cada uno de nosotros una manifestación del Espíritu Santo. Es parte de ser cristiano.

es más que puro fuego terrenal, de cualquier manera apreciamos, valoramos y buscamos el fuego genuino que proviene del altar del Señor».[3] ¡Lo falso demuestra que debe haber una genuina manifestación del Espíritu Santo! Existe un evangelio falso, pero también existe un verdadero mensaje de salvación. Existen falsos retratos de Jesús, pero también existe el verdadero Hijo de Dios, el Salvador del mundo. Y lo mismo sucede con el Espíritu Santo. Los abusos no deben espantarnos.

A los corintios Pablo les dijo: «A cada *uno* se le da una manifestación especial del Espíritu para el bien de los demás» (1 Corintios 12:7, énfasis del autor). Ahí está muy claro. ¿Qué vamos a hacer entonces con este versículo? La infalible Palabra de Dios dice que la manifestación del Espíritu Santo se dio a cada uno para el bien de los demás. A cada uno, no solo a los apóstoles. Piensa en el impacto de ese versículo. ¿Se trata de algo que debemos predicar? ¿Lo creemos? ¿Oramos al respecto? ¿Lo esperamos? Dios nos ha prometido a cada uno una manifestación del Espíritu Santo que es, por definición, sobrenatural. Es parte de ser cristiano. Suavizar eso para decir que solo se refiere al talento humano es no creer en Dios Espíritu Santo. Una de las maneras en que el Espíritu glorifica a Cristo es al edificar a su cuerpo para el bien de todos. Así es como Dios fortalece a su iglesia. Ya que la iglesia es un organismo espiritual, necesita un ministerio espiritual que la edifique. El ministerio espiritual solo puede venir si el Espíritu se muestra a sí mismo mediante seres humanos. Su poder fluye a través de vasos humanos. ¿Estás de acuerdo con que aquellos que se involucran en demostraciones y enseñanzas falsas del Espíritu han espantado a mucha gente sincera que ama su Biblia? Alguien que realmente ama la Palabra de Dios ve esas demostraciones y dice: «No, gracias. Vamos solo a cantar alabanzas de una manera que no corramos riesgos y tengamos un buen estudio bíblico, y luego todos nos vamos a casa». Pero nuestro Señor Jesucristo nunca tuvo la intención de que su iglesia operara sin las visitas y las bendiciones del Espíritu de Dios. ¿Para qué mandaría él un Ayudador si no fue para que nos ayudara? Dale un vistazo a nuestro mundo. ¿Acaso no vemos la obvia necesidad de algo fresco de parte de Dios para vencer las influencias poderosas del maligno?

La iglesia primitiva estaba viva y activa debido al Espíritu Santo. No hay versículo, ni siquiera uno, que relegue la importancia y la vitalidad del Espíritu solo para la iglesia del Nuevo Testamento. Esa es la clave, tenemos que creer que hoy el Espíritu Santo está presente para nosotros. Solo podemos recibir de acuerdo a nuestra fe. Si no creemos, no oraremos, y cuando no pedimos, no recibimos las bendiciones que Dios tiene para nosotros.

Si queremos ver la obra de Dios de manera extraordinaria, tenemos que seguir las señales que nos dé el Espíritu Santo, tal y como hice yo en aquella cafetería cuando lloré por gente que no conocía, tal y como hizo la iglesia la noche en que la esposa del pastor pakistaní pasó adelante.

Una lluvia torrencial vino y ayudó a aquellos creyentes en el techo.

Nosotros también necesitamos lluvia, pero de otro tipo. Cuán fácil es para nosotros volvernos áridos y secos. Necesitamos lluvias frescas de bendiciones que ablanden nuestros corazones y que produzcan fruto en nuestras vidas. Fue por eso que el profeta del Antiguo Testamento clamó a Dios: «Rasga los cielos y desciende» (Isaías 64:1, 3).

Ven sobre nosotros, Espíritu Santo, porque realmente somos inútiles sin ti.

[Capítulo 4]
¿TE CONTROLA EL ESPÍRITU?

Todos recibimos influencias a través de la vida y esas influencias han moldeado la manera en que pensamos y nos vestimos y hasta las metas que nos establecemos. Algunas de esas influencias se han arraigado profundamente en nosotros, mientras que hemos rechazado otras. Pero el hecho es que todos somos el producto de múltiples influencias.

Sin embargo, de vez en cuando algo que comenzó solo como una entre tantas influencias se vuelve más dominante y tal vez hasta comience a controlarnos de una manera sutil. Este control puede moldear nuestras personalidades de una manera poderosa: la manera en que vemos las cosas y la manera en que reaccionamos a las situaciones. Todos hemos conocido personas que reaccionan ante el mundo bajo el control de cosas como las drogas, el alcohol, el dinero, pensamientos obsesivos, problemas con el peso, sueños fracasados o temor. Cuando una idea, sustancia u otra persona nos controla, se afecta prácticamente todo lo que hacemos. Un consejero cristiano que entiende qué o quién controla a una persona puede ayudar a esa persona a enfocarse en el problema.

Hace poco yo estaba en el banco esperando para terminar mi transacción. La cajera que estaba en la ventanilla siguiente hizo una seña para que se acercara la próxima persona. El hombre que estaba esperando vino pisando fuerte, masculló algo entre dientes y tiró los papeles sobre el mostrador.

—¡Su estúpido cajero automático no funciona! —dijo lo suficientemente alto como para que todo el mundo lo escuchara.

La cajera pensó que era la caja que estaba afuera del banco.

—Lo siento, señor. Vamos a mandar a alguien para que lo revise.

—¡No! ¡Es esa! —dijo señalando la máquina que estaba junto a la puerta—. ¡Esa que está ahí mismo! ¿La ve? ¡Ahí mismo!

El hombre seguía apuntando y haciendo el ridículo. Una mujer con un cochecito de niño pasó por delante de la máquina y él le gritó:

—¡Quítese del medio! De lo contrario ella no podrá verla, ¡y nunca la arreglarán!

Cuando miré a mi alrededor, su enojo hirviente parecía haber afectado a todo el que estaba lo suficientemente cerca como para escucharle. Es evidente que algo le había sucedido antes de ir al banco, minutos, horas o tal vez años antes, algo que no tenía ninguna relación con el cajero automático problemático. Pero ahora la ira lo controlaba por completo.

Todos hemos conocido a personas como él, sufrieron una injusticia leve o incluso grave en el pasado y se han vuelto gente furiosa. Nunca lidiaron con su ira y nunca la resolvieron. Pasaron el resto de sus vidas controlados cada vez más por esa ira. Si salían a comer, estaban enojados al hacer su pedido. Enojados cuando hablaban de su pasado y enojados al mirar al futuro. En algunos casos su enojo afectaba a sus cónyuges o a sus hijos hasta que todos a su alrededor quedaban dolorosamente marcados o desarrollaban sus propios problemas con la ira.

En el próximo capítulo leerás la historia de Roma. Roma es un miembro del Tabernáculo de Brooklyn; él creció en Harlem en los años 1970 y los sucesos que presenció en las calles influyeron mucho en él. Algunas de esas influencias, como las drogas, el alcohol y la avaricia, acabaron controlándolo. Pero también tuvo otras influencias en su vida que luchaban contra todo lo negativo que encontraba en las calles, incluyendo a su madre que oraba por él, un hermano a quien admiraba y las películas que cada semana lo ayudaban a escapar de la vida callejera durante algunas horas. A medida que Roma cuenta su historia verás cómo él tuvo que tomar decisiones con respecto a todas esas influencias. Él tuvo que escoger qué lo controlaría, y como nos cuenta, no siempre tomó las mejores decisiones.

Tú y yo somos como Roma, hemos recibido influencia de personas y experiencias. No crecimos en una burbuja. Nuestras personalidades no se moldearon en una isla desierta. Por eso es tan importante asegurarnos de recibir influencias piadosas en nuestras vidas, rodeándonos de gente buena. Las buenas influencias son regalos de Dios y nos ayudan a convertirnos en la persona que él quiere que seamos.

Pero el asunto es este: aunque las influencias que hayamos recibido fueran buenas o malas, de todos modos tenemos que decidir qué va a influir en nuestro futuro. Es devastador conocer a personas que en lugar de buscar la fortaleza de Dios durante las batallas de la vida se han endurecido y amargado, se han vuelto implacables y cínicos. Es probable que conozcas gente así. Uno les dice: «Qué lindo está el día» y te responden: «Bueno, seguro que no durará mucho». Para ellos el vaso siempre está medio vacío y el aire que respiran es el negativismo. Esas personas no comenzaron su vida así. No nacieron endurecidos, pero de alguna manera dejaron que las influencias negativas de sus vidas les controlaran.

> Las buenas influencias son regalos de Dios y nos ayudan a convertirnos en la persona que él quiere que seamos.

Mudarse y establecer un hogar

Como cristianos, nuestras vidas fueron compradas por un precio y ahora le pertenecemos a Dios. El precio fue la sangre de Jesucristo que él derramó en la cruz. Así como los israelitas en el Antiguo Testamento le pertenecían a Dios mediante un pacto, los cristianos le pertenecemos a Dios a través de la salvación que hemos experimentado. Ahora nosotros somos el pueblo de Dios. Le pertenecemos a él, rescatados de las garras del pecado, la culpa y la condenación y adoptados en su familia. En este caso ser comprados y poseídos por alguien no es algo negativo, es algo bello.

Dios nos salvó con el objetivo de hacernos templos humanos en donde habita su Espíritu. Durante los días del Antiguo Testamento Dios moraba en el atrio interior del templo, un espacio llamado el Lugar Santísimo. Era allí donde él habitaba. Cuando Pablo dijo que los cristianos eran el «templo del Espíritu Santo» (1 Corintios 6:18), la palabra que él usó para templo no era la que se usaba para los atrios exteriores del templo en el Antiguo Testamento. Fue la palabra *naos*, que se refería al santuario interior, el lugar donde había una manifestación visible de la gloria *shekinah* de Dios.

El hecho que Dios more así mediante el Espíritu Santo hace que los cristianos sean diferentes a cualquier otro tipo de personas religiosas en la tierra. Ninguna de estas religiones, el judaísmo, el islam y el budismo, afirma que su Dios habita en sus seguidores. Los líderes de esos sistemas de creencias pudieran tratar de ganar prosélitos con su doctrina, pero el evangelio de Cristo es diferente. ¡La fe en Jesús nos convierte en milagros caminantes que han sido cambiados mediante el Espíritu Santo que mora en nosotros!

El plan de Dios para la redención era que viviéramos una vida llena del Espíritu Santo. «No se emborrachen con vino, que lleva al desenfreno. Al contrario, sean llenos del Espíritu» (Efesios 5:18). La metáfora aquí es que seamos llenos del Espíritu al punto que se desborde, que se derrame en otros con amor y gracia. Esa es una imagen bella, ¿no es cierto? Pero no es la explicación más clara de la relación del Espíritu Santo con el creyente. Cuando uno considera que el Espíritu Santo es una persona, la tercera persona de la Trinidad, ¿qué significa estar lleno de una persona? Él no es un gas. No es un líquido. Es tan persona como el Padre y el Hijo. Así que creo que una mejor descripción de «estar lleno» sería decir que el Espíritu nos controla.

Aunque es lamentable, hoy existen demasiados creyentes que profesan la fe en Cristo, pero no se han rendido al control del Espíritu. Yo no tengo ningún interés en entrar en un debate doctrinal y comprendo que los cristianos tienen opiniones diversas, pero debido a lo crucial del momento y al estado en que están las cosas en nuestras iglesias, creo que debemos analizar las diferencias obvias entre los cristianos nacidos de nuevo y aquellos que viven una vida que el Espíritu controla.

Controlados por el Espíritu: Un imperativo bíblico

La Biblia nos muestra la importancia de llevar una vida que el Espíritu controle. Cuando miramos los pasajes de Hechos 6 y Apocalipsis 3 vemos la importancia de profundizar más con Dios.

HASTA LOS CAMAREROS DE LA IGLESIA PRIMITIVA NECESITABAN AL ESPÍRITU

En Hechos 6 los apóstoles tuvieron que escoger lo que muchos han llamado los primeros diáconos. Hubo una disputa entre los judíos griegos y los judíos hebreos acerca de la justicia en el sistema de distribución de los alimentos. Los apóstoles decidieron designar a algunos hombres para que manejaran esa tarea de manera que la distribución de la comida recibiera una atención adecuada mientras que los apóstoles continuaban enfocándose en «la oración y el ministerio de la palabra» (v. 4).

Los apóstoles dijeron: «Hermanos, escojan de entre ustedes a siete hombres de buena reputación, *llenos del Espíritu* y de sabiduría, para encargarles esta responsabilidad» (v. 3, énfasis del autor). Repartir alimentos era una tarea de poca importancia y muy clara, sin embargo, los apóstoles sentían que estar llenos o controlados por el Espíritu era un requisito necesario para manejar con sabiduría ese sencillo trabajo.

Compara eso con los procedimientos que usan algunas de nuestras iglesias contemporáneas al contratar su personal. Al escoger personas para los puestos del ministerio en el ámbito profesional, lo que primero buscamos, por lo general, son las calificaciones educativas. Aquellos que tienen un título de un seminario se convierten en los primeros candidatos para guiar al pueblo de Cristo sin que nadie discierna si en primer lugar estos posibles líderes muestran evidencias de estar controlados por el Espíritu. Después, con frecuencia, se les da a los candidatos un grupo de exámenes psicológicos para ver si son compatibles con el ministerio, como si la ciencia fuera el factor determinante en cuando a la sabiduría. Sin embargo, en la iglesia del Nuevo Testamento hasta el trabajo de distribuir alimentos a las viudas requería de líderes que el Espíritu controlara y que estuvieran llenos de sabiduría.

> **En la iglesia del Nuevo Testamento hasta el trabajo de distribuir alimentos a las viudas requería de líderes que el Espíritu controlara y que estuvieran llenos de sabiduría.**

Anteriormente mencioné a R.A. Torrey, quien fue un evangelista extraordinario. En 1899, D.L. Moody lo escogió para que fuera el primer presidente del Instituto Bíblico Moody en Chicago, donde se educa a las personas para el ministerio. Dada la experiencia única de Torrey como educador, es interesante leer esto:

> Pensamos que si un hombre es piadoso y tiene una educación universitaria y de seminario, y como resultado es bastante ortodoxo, ya está listo para que le impongamos las manos y le ordenemos para predicar el evangelio. Pero Jesucristo dijo:

«No». Existe otra preparación muy fundamental y un hombre no debe asumir su trabajo hasta que no la haya recibido. «Quédense [literalmente significa 'siéntense']... hasta que sean revestidos del poder de lo alto» (Lucas 24:49).[1]

Si todos los creyentes hubieran estado llenos del Espíritu Santo, si todo el mundo en la comunidad hubiera estado controlado por el Espíritu, entonces, los apóstoles no hubieran tenido que establecer tal requisito. De hecho, habría sido completamente tonto. Imagínalos decir: «Escojan a siete personas que estén respirando». Ser cristiano no garantiza que necesariamente una persona lleve una vida controlada por el Espíritu. El ejemplo anterior se ilustra más en una carta de amor que Jesús les envió a ciertos creyentes de hace dos mil años.

UNA IGLESIA TIBIA

Jesús, en Apocalipsis 3, habló a la iglesia de Laodicea. Esta era una iglesia cristiana, uno de los candelabros de oro en el cuadro profético. Eran gente de Jesús. Sin embargo, él les dijo: «Conozco tus obras; sé que no eres ni frío ni caliente. ¡Ojalá fueras lo uno o lo otro! Por tanto, como no eres ni frío ni caliente, sino tibio, estoy por vomitarte de mi boca» (vv. 15-16).

No estamos seguros de lo que quiso decir Jesús con frío o caliente. Lo que sí sabemos (y hablaremos de eso en un capítulo posterior) es que uno de los símbolos del Espíritu Santo es el fuego y, por supuesto, el fuego es caliente. Es fácil imaginar cómo una iglesia controlada por el Espíritu pudiera estar «ardiendo». Y podemos imaginar que frío significa lo contrario, sin ninguna evidencia del Espíritu Santo: sin fuego, sin llamas. Pero esta iglesia no era ni fría ni caliente. Era simplemente tibia y por eso Jesús estaba a punto de vomitarlos de su boca.

> Si el Espíritu Santo no nos controla, perderemos lo que Dios quiere que seamos.

Ahora bien, si algunos —debido a su posición doctrinal— se veían obligados a insistir en que los cristianos de Laodicea en realidad estaban llenos del Espíritu Santo porque afirmaban que ser cristiano es estar automáticamente lleno del Espíritu, entonces lo que estaban diciendo era esto: Jesús estaba vomitando de su boca a creyentes llenos del Espíritu, controlados por el Espíritu. De haber sido así, entonces la tibieza no significa nada y las palabras de las Escrituras carecen de significado.

Cuando examinamos el panorama cristiano actual, vemos que muchas iglesias están haciendo grandes cosas para Dios: la gente encuentra a Cristo y se bautiza, se celebran reuniones de oración que traen las bendiciones de Dios y un espíritu de amor inunda la atmósfera. El Espíritu de Cristo está en esas iglesias y la emoción está en el ambiente.

Pero también vemos otras iglesias que probablemente le están dando muy mala fama a Jesús. Son tibias. Deshonran al Señor con sus acciones y sus actitudes. El pastor puede predicar sermones bíblicos, pero hay una evidencia muy pobre del incondicional y tierno amor de Dios y muy poco sentido del Espíritu de Dios. Están ausentes las señales inevitables de que el Espíritu de Dios tiene el control; de hecho, el ambiente está cargado de un frío espiritual.

El apóstol Pablo le dijo a la iglesia de Éfeso: «No se emborrachen con vino, que lleva al desenfreno. Al contrario, sean llenos del Espíritu» (Efesios 5:18). Si todos los cristianos ya estuvieran llenos del Espíritu, siempre, ¿para qué serviría este fuerte mandato de Pablo?

Justo unos versículos antes Pablo dijo: «Así que tengan cuidado de su manera de vivir. No vivan como necios sino como sabios, aprovechando al máximo cada momento oportuno, porque los días son malos. Por tanto, no sean insensatos, sino entiendan cuál es la voluntad del Señor» (vv. 15-17). Me parece que Pablo estaba diciendo que si queremos vivir sabiamente, necesitamos que el Espíritu nos siga controlando para comprender la voluntad del Señor para nuestras vidas y para aprovechar al máximo cada oportunidad. Si el Espíritu Santo no nos controla, perderemos lo que Dios quiere que seamos.

Así que la pregunta es esta: Si la Biblia deja claro que estar controlado por el Espíritu es algo tan vital, ¿qué impide que tantos de nosotros nos rindamos por completo al Espíritu Santo?

Soltar el control y ganar poder

Algunos de nosotros tememos abrirnos al Espíritu Santo porque preferimos mantener el control. Eso es comprensible. Es un instinto de conservación, así que ceder el control puede dar miedo. No estamos seguros de sentirnos cómodos con lo que Dios hizo en Hechos 2 cuando la gente habló en idiomas que nunca antes habían aprendido. En aquel momento las manifestaciones de alegría y expresiones eufóricas de los primeros cristianos hacía que la gente dijera con burla: «¡Esta gente esta borracha!» Y entendemos su idea. ¿Por qué inspiraría Dios tal algarabía santa? Muchos de nosotros queremos más de Dios, pero no al punto de ser ridiculizados. Nuestras mentes occidentales piensan: Yo serviré al Señor, pero mantendré el control mientras lo haga. Sin embargo, ya sea que nos guste o no, así no fue como comenzó la iglesia. La iglesia comenzó con cristianos que se rendían a Dios y que el Espíritu controlaba. Sí, eso es radical, pero así fue como el Señor lo hizo.

Algunos pudieran decir: «Sí, pero hemos mejorado ese estilo de cristianismo del Nuevo Testamento». Si eso es verdad, yo quiero ver el fruto espiritual que nuestras mejorías han producido. La gente puede haberse burlado de aquellos primeros cristianos «poco sofisticados», pero en los primeros cuatro capítulos de Hechos se salvaron miles. La Palabra de Dios se atesoraba. Las iglesias estaban llenas de un amor sacrificado. Una emoción santa permeaba la atmósfera. ¿Realmente hemos mejorado eso?

En Hechos 2, mientras los discípulos se reunían en un lugar, el Espíritu Santo vino sobre ellos y hablaron en idiomas que no conocían. No quiero debatir el hablar en lenguas, pero sí quiero señalar que cuando el Espíritu vino sobre ellos, inmediatamente comenzaron a hacer algo que no podían hacer de modo natural. «Al oír aquel bullicio, se agolparon y quedaron todos pasmados porque cada uno los escuchaba hablar en su propio idioma. Desconcertados y maravillados, decían: "¿No son galileos todos estos que están hablando? ¿Cómo es que cada uno de nosotros los oye hablar en su lengua materna?"» (Hechos 2:6-8). Estaban hablando en idiomas reales que no conocían. Estaban haciendo algo que no tenía otra explicación que el hecho de que Dios era la fuente. Las circunstancias serán diferentes entre una persona y otra, pero la expresión innegable de una vida que controla el Espíritu es que iremos por encima de los límites de simples talentos y capacidades naturales.

La ironía de una vida llena del Espíritu es que tenemos que renunciar al poder para obtener un poder mayor. ¿Cuántas veces en tu vida cristiana llegaste hasta el punto de luchar para hacer algo así y simplemente te esforzaste más? ¿Alguna vez te has esforzado más para tener autodisciplina y leer más tu Biblia o para orar durante más tiempo? ¿Alguna vez te has esforzado más para amar a una persona difícil? ¿Alguna vez te has esforzado más para ser audaz cuando sentiste temor? ¿Qué tal te resultó? Esforzarme más a mí nunca me ha dado buenos resultados.

El cristianismo no es una religión de esfuerzo propio, sino una de poder, capacidad y poder del Espíritu. «Pues Dios es quien produce en ustedes tanto el querer como el hacer para que se cumpla su buena voluntad» (Filipenses 2:13). El Espíritu es el único que puede producir autodisciplina, amor y valentía. Pero para hacerlo tiene que controlarnos cada día. No podemos depender de una experiencia religiosa que hayamos tenido hace años o incluso hace meses.

Mantener vivo el fuego

La última carta que escribió Pablo fue para Timoteo, un joven ministro que él había ordenado. En la carta Pablo le dijo: «Por eso te recomiendo que avives la llama del don de Dios que recibiste cuando te impuse las manos. Pues Dios no nos ha dado un espíritu de timidez, sino de poder, de amor y de dominio propio» (2 Timoteo 1:6-7). Tenemos la imagen de un fuego que está casi apagado, ascuas que hay que avivar para mantener el fuego ardiendo. Pablo quería que Timoteo avivara las llamas del Espíritu. Él le advirtió a Timoteo que no las descuidara sino que por el contrario avivara el fuego y lo mantuviera encendido. No importa lo que Timoteo hiciera, pero por encima de todo debía impedir que el fuego se extinguiera; tenía que prestar atención a la obra del Espíritu dentro de sí. Sin esa unción, Timoteo nunca cumpliría con los propósitos de Dios para su vida.

Charles Finney, un ministro presbiteriano del siglo XIX y ex presidente del Instituto Oberlin, predicó una serie de conferencias acerca de los avivamientos de la religión que luego se convirtieron en un libro que ahora se considera un clásico espiritual. En este él describe tres puntos clave sobre el Espíritu Santo:

- Jesús prometió la plenitud del Espíritu. «Pero cuando venga el Espíritu Santo sobre ustedes, recibirán poder y serán mis testigos tanto en Jerusalén como en toda Judea y Samaria, y hasta los confines de la tierra» (Hechos 1:8).
- Las Escrituras mandan a los cristianos a estar llenos del Espíritu Santo. «No se emborrachen con vino, que lleva al desenfreno. Al contrario, *sean llenos del Espíritu*» (Efesios 5:18, énfasis del autor). Al igual que hay mandamientos para amarnos unos a otros y para no robar, no hay diferencia con «sean llenos del

Espíritu». Está expresado en modo imperativo, lo que quiere decir que es un mandamiento igual que cualquier otro mandamiento bíblico.

- La plenitud del Espíritu es una necesidad en nuestras vidas. Cuando Jesús declaró: «separados de mí no pueden ustedes hacer nada» (Juan 15:5), lo dijo en serio.[2]

Cuando Dios toma control de una vida o de una iglesia, toma control mediante el Espíritu Santo porque el Espíritu Santo es el Ayudador que Jesús envió a hacer la obra. Cuando tememos cederle el control al Espíritu, realmente tememos el control de Dios sobre nuestras vidas. Cuando rehusamos rendirnos al Espíritu nos perdemos la emoción santa de vivir más allá de nosotros mismos.

Como le dijera Pablo a Timoteo, Dios no te dio un espíritu de timidez sino que te dio poder, amor y dominio propio. Fíjate que Dios es quien da esos dones y solo los recibimos a través del Espíritu Santo obrando en nuestros corazones. No podemos vivir la vida que Dios quiere para nosotros sin la presencia del Espíritu Santo pero con él controlando nuestras vidas, nuestra esperanza está en su poder y sus dones están disponibles para que los recibamos. ¿Quisieras amar más profundamente y con mayor libertad? ¿Quieres tener más autodisciplina? ¿Tu vida y ministerio están produciendo fruto? Para que esas cosas sucedan tienes que rendirte al Ayudador. Pero, ¿qué recompensas vendrán cuando entregues el control de tu vida al Espíritu Santo? El Espíritu espera para cumplir la misión para la cual fue enviado: gobernar los asuntos de todo creyente nacido de nuevo. Te animo a estar hoy a solas con Dios y pasar algún tiempo orando acerca de qué o quién tiene el control de tu vida. Algo nos controla a ti y a mí. No hay dudas al respecto. Así que antes de seguir adelante, decide ahora ante quién vas a ceder. Hazle a Dios tus preguntas en cuanto a dejar que el Espíritu te controle. Preséntale tus esperanzas y anhelos de algo más. El primer paso en el proceso es darle a él el control.

> **Cuando rehusamos rendirnos al Espíritu nos perdemos la emoción santa de vivir más allá de nosotros mismos.**

[Capítulo 5]
INFLUENCIADO Y CONTROLADO: LA HISTORIA DE ROMA

Roma Black es un hombre de nuestra iglesia que solía ser un jugador importante en los escenarios de drogas y apuestas en la ciudad de Nueva York. Creció bajo la influencia de la calle y cuando fue lo suficientemente mayor como para tomar sus propias decisiones, le dio el control de su vida a la maldad que lo rodeaba.

Pero Roma tenía una madre que oraba y un Dios que lo persiguió por todos los lugares horribles en que él acabó. A su vida también llegaron cristianos que le mostraron un amor que él nunca había experimentado. Por último, Roma tuvo que tomar una decisión dramática. ¿Se rendiría al llamado del Espíritu o dejaría que al final el mal lo destruyera? Voy a dejar que él mismo te lo cuente con sus propias palabras.

Roma

Crecí bajo la influencia de los gánsteres y los traficantes de drogas en las infestas calles de Harlem durante los décadas de 1960 y 1970. Fui el séptimo de nueve hijos nacidos de una madre soltera, nunca conocí a mi padre. La mayoría de las mañanas, mientras íbamos para la escuela, caminábamos alrededor de adictos a la droga que estaban desmayados en las escaleras de nuestro edificio de apartamentos. Apostábamos dinero a si se iban a caer o no mientras mirábamos. A veces yo los empujaba para ganar la apuesta. Al caminar por la calle no era raro encontrar un cadáver en el patio donde le habían volado los sesos a alguien y estos se congelaban durante la noche. Había una guerra en las calles y la muerte no se ocultaba de los niños que vivían allí.

Aunque éramos pequeños veíamos lo que sucedía a nuestro alrededor. Afuera los hombres jugaban a los dados y si el perdedor no tenía dinero suficiente, el ganador podía sacar una pistola y matarlo. El que disparaba se iba tal y como vino. Sin emoción ninguna. La vida no significaba nada. Veíamos la sangre salir de la cabeza de la víctima. Estábamos tan acostumbrados a la muerte que nos quedábamos parados para contar cuántos alientos tomaba el moribundo antes de morir. Entonces nos dispersábamos antes de que llegara la policía.

Uno nunca quería ser testigo. En Harlem, si uno soplaba, moría. Si alguien quería que te mataran, lo único que tenía que hacer era echar a rodar el rumor de que eras un soplón. Con eso bastaba. Entonces te mataban. Así de peligroso era en aquella época.

En las calles uno crecía rápido. Yo comencé a ser apuntador de lotería cuando tenía diez años. Los apuntadores (los que hacen loterías ilegales en sus negocios) me daban una bolsa de dinero y después le daban mi descripción a un policía. Yo tomaba el dinero y salía a jugar a la calle hasta que un policía detenía su auto y yo escuchaba: «¡Oye, tú! ¡Ven acá!» Entonces yo llevaba la bolsa hasta su auto, me inclinaba hacia adentro y soltaba la bolsa en el piso. Sabía que no podía dársela al policía directamente. Entonces el policía decía algo así como: «Sé un buen chico y ve para la escuela. Y recuerda, hay que respetar a los policías». Me ganaba diez dólares por mi esfuerzo. ¿Pero cómo podía yo respetar a alguien que aceptaba sobornos? A pesar de ser un chico conocía policías corruptos, políticos deshonestos y predicadores inmorales. Así que obviamente no crecí respetando a muchas personas que tenían autoridad.

Los chicos de los barrios residenciales, de las zonas opulentas, querían ser médicos o abogados porque esas profesiones se respetaban y se ganaba dinero. Pero al crecer en un barrio marginal la única profesión que yo quería era la de gánster. Los gánsteres y buscavidas eran mis héroes. Yo los admiraba y respetaba. Ellos representaban la riqueza, el carisma, el poder y el prestigio. Los veíamos pasar por la calle con autos lujosos y mujeres bellas. Veíamos cómo se encargaban de las autoridades al darles dinero. Así que yo quería ser como ellos. Cuando jugábamos, imitábamos a esos gánsteres, replicábamos su manera de caminar, de hablar y de pavonearse.

A mí no me gustaba la escuela. Faltaba muchísimo pero si iba, me ponía a molestar. Cuando me metía en problemas mi madre venía a la escuela y me daba una paliza. En aquel entonces no se le llamaba abuso, era disciplina. Ella se aparecía en mi aula y yo me ponía en posición, inclinado sobre un escritorio, esperando el dolor.

La primera vez que la vi llorar fue después que yo falté a la escuela en séptimo u octavo grado. En lugar de ir a la escuela me pasé el día con un amigo robándole a siete choferes de taxi. Los viejos del barrio nos vieron. Cuando fuimos tras el último taxista, nos agarraron, nos llevaron a la comisaría y nos denunciaron. Allí, todavía yo tenía todo el dinero metido en los bolsillos. Le pregunté a un policía si podía usar el baño y una vez allí escondí todo el dinero detrás del inodoro para poder sacarlo después. Pero cuando regresé ya no estaba.

En la comisaría estaban todos los taxistas y estaban enojados. Escuché que le decían al policía:

—¡Vamos a acusar a este muchacho!

Esa noche en mi casa mis hermanos y hermanas supieron lo sucedido y se burlaban.

—¡Por fin te vas a largar!

—¡Cuando él se vaya, yo cojo la cama de arriba!

—¡Te van a poner en un reformatorio!

Fui a la habitación de mi madre para verla, pero cuando entré, estaba de rodillas orando y llorando. Mientras la observaba, cayó postrada en el piso, pero seguía orando en medio de sus sollozos. Yo nunca la había visto así, salí de la habitación despacio y en silencio.

El día de la audiencia estaba nervioso. Mientras esperaba en la sala del tribunal supe que mi futuro estaba a punto de cambiar para siempre. Pero los taxistas nunca llegaron. ¡Ni uno de los siete! Lo único que yo pensaba era: las oraciones de mi madre me salvaron.

Sin embargo, el juez estaba enojado. «¿Dónde está esta gente? Lo vamos a posponer y lo haremos de nuevo».

Él puso otra fecha. Otra vez me senté nervioso a esperar que comenzara el acto judicial, pero una vez más, ¡ninguno de los taxistas apareció! Me habían atrapado con las manos en la masa, pero sin testigos el tribunal no podía hacer nada y me dejaron ir a casa.

Aunque en aquel momento nunca hablamos al respecto, yo sabía que estaba libre gracias a las oraciones de mi madre. Hasta entonces mi única experiencia con Dios había sido ir a la iglesia el domingo y que me dieran un manotazo en la cabeza cuando mi hermano y yo hablábamos durante el servicio.

Pero yo no estaba listo para dar mi vida a ninguna otra cosa que no fueran las calles. Cuando llegué a los catorce años ya vendía drogas. Tenía mi propio equipo y vendíamos al doblar de mi escuela intermedia. Las bolsitas pequeñas de heroína se vendían por dos dólares y quince bolsitas amarradas en un manojo se vendían por treinta dólares, que en aquel entonces era bastante dinero. Yo tenía dos bolsas de tiendas, de las más grandes que puedas imaginar, llenas hasta el tope con esos manojos. Me sentaba en la entrada y los sostenía hasta que los traficantes que cobraban el dinero me hacían una señal de cuántos manojos darle al comprador. De esa manera si agarraban al traficante, no tenía ninguna droga consigo. En aquellos tiempos no mandaban a los chicos a la cárcel por traficar drogas, lo más que recibíamos era una advertencia o un reformatorio.

Mi familia se mudó a Harlem, en la calle 118 entre Quinta y Madison, y yo vendía drogas a una cuadra, en la 117. Le decían el paraíso de los drogadictos. Si uno doblaba la esquina pensaba que se había encontrado un desfile porque de una punta a la otra de la calle había gente en fila para comprar drogas. Los traficantes llenaban toda la calle. En menos de una hora, mientras estaba sentado en la escalera hablando con las chicas, yo vendía dos bolsas de tienda llenas de manojos. Tenía amigos que trabajaban para mí y que vigilaban, asegurándose de que nadie saliera del edificio por detrás de mí para quitarme algo. Teníamos guardias por todas partes.

Las películas eran un escape para mí, un escape de la violencia de las calles. A menudo me sentaba durante horas en el cine, anhelando una vida diferente a la que vivía. A veces hasta lloraba. Sabía que tenía algún problema, los tipos duros no lloraban. Pero las películas me recordaban que yo era humano, que podía sentir emociones y que allá afuera en alguna parte me esperaba otra vida.

Seguía faltando a clases porque detestaba la escuela y por fin, en décimo grado, dejé la escuela. Una noche, después de dejarla, todos regresamos a la escuela intermedia, allí solían dejarnos jugar baloncesto toda la noche. Después del juego estábamos ahí con los gánsteres y uno de ellos vio a un drogadicto que le debía dinero. Big Zig, que era uno de los que hacían los trabajos sucios, agarró al drogadicto y lo tiró contra una pared.

—¿Dónde está nuestro dinero?

—No lo tengo —dijo el hombre.

Así que Big Zig agarró un tubo de hierro, hierro macizo, le dio al hombre en la cabeza y este cayó al suelo. Después de todos estos años todavía puedo oír el batacazo repugnante. Cuando aquel tubo golpeó la cabeza, algo dentro de mí se hirió. Me afectó tanto que les dije a los demás que me iba a casa.

—No, vamos a drogarnos.

—Vamos al cine.

Pero me negué y me fui de inmediato porque no quería que me vieran llorando. Yo podía ser brutal y dañar a las personas pero dentro de mí también había algo tierno. Cuando empezaba a sentir algo pensaba: «debo ser medio flojo. ¿Por qué estoy llorando? Uno no puede mostrar esas emociones en la calle...» Así que trataba de separarme de mis sentimientos de compasión.

Cuando tenía como dieciséis años me gradué como vendedor de drogas, cerca de mi escuela intermedia, y me fui a un nuevo lugar en la calle 116 y la Octava Avenida, mucho más allá, en el lado oeste. Era un mercado de drogas muy, pero muy peligroso. Durante aquel tiempo recuerdo que mi mamá me decía: «Hijo, va a llegar un momento en que el dinero no te va a ayudar. Si te mueres en tu pecado, te irás al infierno». Pero eso no me conmovía. Ella era anticuada.

Los taxistas nunca aparecieron... Lo único que yo pensaba era: *Las oraciones de mi madre me salvaron.*

Pero sí sabía que estaba en un lugar peligroso para traficar con drogas, así que me fui a Brooklyn y me quedé tranquilo durante un tiempo. Allí vivía con mi hermana, con el propósito que me pagara por cuidar a sus hijos mientras yo dejaba la vida de la calle. Pero en lugar de mejorar me hundí más. Mi hermana estaba en la bolita, así que yo también me metí. Su novio controlaba cuadras enteras en Brooklyn, y cobraba sobornos por las actividades ilegales que allí se hacían. Él me consiguió una tienda en una de esas cuadras. Me sentaba frente a la tienda con una botella de champán y olía cocaína a plena luz del día mientras corría los números en la tienda. Me drogaba tanto que caminaba por encima de los autos de la gente. Estaba tan cargado de cocaína que mostraba una tremenda confianza y eso atraía a las mujeres. Mira, tenía una mujer para cada día.

Pero por dentro estaba vacío.

Mi compañero era traficante de cocaína pero su padre era predicador. Un día yo estaba en mi tienda y entró el reverendo Smith. Uno siempre sabía que era él porque usaba el collarín de lunes a domingo.

—Roma Black —me dijo—, Dios te ha llamado a ser predicador.

Yo me quedé petrificado. Pensé que el hombre estaba loco.

—¿Sabe? —le dije—, yo sé un poquito de la Biblia y ahí dice que no hay esperanza para el diablo.

Yo me llamaba a mí mismo diablo, literalmente, porque estaba bajo su influencia. Sabía que trabajaba para Satanás. Y sabía que si moría me iría directo al infierno. Y lo sabía.

El reverendo Smith no desistió. Me miró a los ojos y me dijo:

—No, Dios te está llamando a predicar.

Pero él no conocía el tipo de iniquidad que ocurría en mi tienda: venta de drogas, se fumaba cigarros de cocaína, se vendía mercancía robada, todo tipo de actividad ilegal. Ahí pasaba de todo. Teníamos un negocio ilegal de un millón de dólares al año. Sin mafia. Sin conexiones con los italianos.

Un día yo estaba en la parte de atrás de la tienda y una joven entró. Tenía rostro de ángel. Extendió un tratado y me dijo:

—El Señor me dijo que te diera esto.

Me lo dio y me dijo:

—Jesús te ama.

Tomé el tratado, lo hice una bola y se lo tiré, le di en la cara.

—Sal de mi tienda. Yo no necesito a Dios. Yo gano mi dinero. La iglesia es para los débiles y los cobardes y yo no necesito a Dios.

Unos días después vino otra joven y dijo:

—Quiero que leas esto.

Así que le hice lo mismo.

—¡Sal de mi tienda! —le dije y le golpeé la cara con su propio tratado.

Pero después de eso comencé a pensar en aquellas dos damas. Me fascinaban. Ambas reaccionaron de la misma manera cuando tomé sus tratados y se los tiré a la cara, ambas me miraron con amor. Yo venía de la calle. Vivía una vida violenta. Estaba acostumbrado a ojo por ojo. Pero incluso cuando les falté el respeto y las maldije, ellas me miraron con amor. Su reacción me intrigaba.

El reverendo Smith venía de vez en cuando y llegué al punto en que me gustaba verle. Lo veía venir y le gritaba a mi gente que guardaran las drogas. Ellos me suplicaban que no me demorara hablando mucho rato, pero a veces me quedaba en la tienda hablando durante horas con el reverendo Smith. Mi gente se enojaba conmigo pero, ¿qué podían hacer? Yo era duro y los golearía si se quejaban.

Pero las cosas se pusieron muy peligrosas. Un día yo estaba en la tienda cuando un viejo gánster entró para apostar. Cuando oí su nombre:

—Oye, yo conocí a un tipo en Harlem con ese nombre. Es un sicario, un gánster.

—Sí, es mi hijo —dijo el gánster viejo y empezamos a hablar.

Como un mes después se detuvo frente a mi tienda un Mercedes negro nuevo de paquete y ¿quién se bajó? Su hijo. Vino a la tienda y empezamos a hablar.

—Conozco a tu papá —le dije.

Hablamos un poco y luego me dijo:

—Vamos afuera.

Así que salimos y nos sentamos en su Mercedes para oler cocaína. Allí sentados pude ver que tenía la pistola en el lado derecho de sus pantalones.

Unas semanas después yo estaba en otra tienda y el Mercedes negro se apareció allí. Yo sabía que este gánster era un tipo muy peligroso. Era un asesino por cuenta propia a quien contrataban los gánsteres y la mafia. Y de pronto él me estaba rondando mucho. Además, supe que andaba indagando sobre mí. Yo les decía a los tipos en mi tienda: «No le digan a nadie dónde estoy». Estaba empezando a preocuparme.

Incluso cuando les falté el respeto y las maldije, ellas me miraron con amor. Su reacción me intrigaba.

Pero el hombre me seguía rondando. Todas las semanas nos sentábamos en su auto, hablábamos y olíamos cocaína, pero yo sabía que él era un gato peligroso. Sabía lo que hacía. Un día él y su papá vinieron al club que teníamos al fondo de la tienda. Le dije al cantinero que los atendiera.

—Dales una botella de champán.

Ellos se sentaron allí, pero yo estaba nervioso. Sentía que me observaban toda la noche. No estaban allí para disfrutar, estaban para estudiarme.

Me fui del club a escondidas porque no sabía qué querían de mí. De regreso a casa solo pensaba *¿qué estará pasando?* Tenía miedo y podía sentir la muerte. Pero todavía era un misterio. Yo sabía quiénes eran y sabía que ellos me estaban estudiando. ¿Seré yo un blanco? ¿Me estarán chequeando porque alguien quiere matarme? Job dijo en la Biblia: «Lo que más temía, me sobrevino». Unos días después tuve una experiencia como la de Job. El Mercedes paró frente a la tienda y el asesino a sueldo me llamó. A esas alturas ya yo estaba frustrado, así que le dije:

—¿Qué quieres de mí?

Mientras yo estaba ahí, sentando en su auto, él se volvió hacia mí, asegurándose de que se viera la pistola que llevaba en la cintura:

—Tienes una novia bonita. Tienes una niña muy linda. Linda de verdad. ¿Cómo está tu mamá? La mano comenzó a temblarme cuando me di cuenta de cuánto él sabía de mí.

—He visto tu casa en Ocean Avenue. Y tu negocio... Estoy impresionado. ¿Cuánto estás haciendo? ¿Cómo un millón al año? Me sorprende. Sin conexiones en la mafia, todo en familia. Es impresionante.

Él sabía todo de mí porque eso es lo que ellos hacen. Los asesinos a sueldo te estudian. Mientras me decía todo lo que sabía la mano me temblaba tanto que temí que él se diera cuenta. Yo traté de parecer calmado y no dejarle ver que me asustaba, así que me puse la mano debajo del muslo. Pero él sabía.

—Anduve preguntando por ti en Harlem y todo el mundo dice que eres un tipo duro. Sabes mantener la boca cerrada. Así que esto es lo que vamos a hacer...

Lo que vino después fue una orden no un pedido. Hablar de mi familia era una amenaza. Él los mataría, uno por uno, y luego me mataría a mí. Él sabía dónde vivía yo y dónde vivía mi madre, lo sabía todo. Yo tendría que hacer lo que él me dijera. Tragué en seco y traté de que no se viera el miedo que tenía.

—Vamos a crear un equipo de matones. Como Murder Incorporated, allá por los años 30 —dijo refiriéndose a un grupo de crimen organizado responsable de cientos de asesinatos vinculados con la mafia—. Pero vamos a ser más grandes que ellos. Yo quiero que reclutes a jóvenes y luego los entrenaremos para que sean asesinos a sueldo. Tú serás mi tipo en Brooklyn. Ya tengo un tipo en Harlem. Tengo un hombre para el Bronx. Vamos a hacer millones.

No había salida... En mi corazón yo oré a Dios: Si eres real, te necesito ahora.

Mientras me decía eso todo pasasaba velozmente por mi mente. El reverendo Smith cuando dijo: «Vas a ser predicador». Aquellas chicas dándome los tratados. La gente que pasaba por la calle y me decía «Dios te está llamando».

Pero no había salida. Yo era malo, violento, brutal, cualquier palabra que quieras usar, pero nunca había matado a nadie. Ahora que él me había dicho su plan, yo no tenía opción. Tenía que convertirme en un asesino a sueldo.

En mi corazón yo oré a Dios: «Si eres real, te necesito ahora».

En cuanto lo dije, la presencia del Señor vino a aquel auto. Yo la sentí. El Mercedes se llenó de una presencia increíble. Se me erizó el cabello detrás de la nunca. El temor se desvaneció al instante y de repente me sentí valiente. Me volví al asesino y apuntándole con el dedo le dije:

—No quiero nada contigo ni con tu plan. Además, le voy a entregar mi vida a Jesucristo.

Y cuando dije eso, cambió toda la atmósfera en aquel auto. De repente aquel tipo duro se volvió un debilucho y con una vocecita como de niña, me dijo:

—Está bien.

Abrí la puerta del auto y mientras salía y regresaba a mi tienda me preparé porque sabía que él me iba a disparar. Tenía que hacerlo. Acababa de contarme sus planes con detalles. Pero cuando entré a la tienda y me volví para mirar por la puerta, el Mercedes ya no estaba.

No he vuelto a verlo desde entonces.

Entré y llamé a mi madre.

—Tuve una experiencia con Jesús y no sé cómo contártelo, pero voy a ir a la iglesia.

Me senté en la tienda y mientras todo el mundo apostaba a los números, yo estaba solo perdido en otro mundo. Recordé la oración de mi madre y las lágrimas corrieron por mis mejillas. Me las sequé y me dije: Dios es real.

Pero el diablo no había terminado conmigo. Trató de hacerme regresar de muchas maneras. Yo traté de limpiar mi vida por mi cuenta, pero fracasaba. Oraba: «Dios, quita de mi vida cualquier cosa que sea pecaminosa o cualquier cosa que me lleve de vuelta adonde estaba antes».

Dios respondió a mi oración. De pronto la gente no hacía negocios conmigo y mis hermanas que tenían dinero, no me hablaban.

Hasta mi mamá dejó de hablarme cuando la llamaba para decirle que no tenía un centavo.

No había nada que yo pudiera hacer para salvarme. Al domingo siguiente fui a la iglesia. Afuera llovía pero adentro había fuego. Yo sentía como si el pastor estuviera predicando acerca de mi vida. Él declaró pecados que yo tenía y que solo Dios y yo sabíamos que los había cometido. Aunque estaba sentando al fondo y no había nadie a mi alrededor, sentía como si el pastor me estuviera hablando directamente.

Él hizo un llamado al altar y pidió que los que quisieran aceptar a Jesús como su Señor y Salvador pasaran al frente. Había movimiento al frente de la iglesia mientras la gente aceptaba la invitación del pastor.

La última persona pasó adelante y entonces se produjo una extraña pausa. Por fin el pastor dijo: «No puedo seguir. No sé lo que es, pero hoy el Espíritu Santo trajo a alguien especial. No sé por qué, pero Él no me deja seguir. Esta es su última oportunidad». Y entonces volvió a hacer la invitación para recibir a Cristo.

Dios es testigo, no miento. Sentí que una mano invisible me tocó por el hombro. Cuando esa mano me tocó sentí un espíritu de amor, un amor indescriptible. Las lágrimas me corrían por el rostro y me sentí débil.

No podía seguir luchando. Me levanté y caminé por el pasillo, y cuando el pastor se me acercó, caí de rodillas. El pastor oró por mí y literalmente vi mi vida pasar por delante de mis ojos: cada escena peligrosa, desde aquel día en que les robé a los taxistas, cada cosa mala que hice y que pudo haberme costado la vida. Y en cada escena que pasaba veloz por mi mente, yo escuchaba un susurro:

«Yo te salvé de eso».
«Yo te libré de eso».
«Ahí yo te cuidé».

A medida que las escenas más recientes de mi vida pasaban por mi mente: la tienda en Brooklyn, los gánsteres con los que negociaba y las conversaciones con el sicario a sueldo, sentía como si Dios me estuviera diciendo: «La misma gente con la que andabas querían matarte y yo te salvé de todo eso». Estuve muy consciente de que ese era el día de salvación para mí, y más me valía no perdérmelo.

Y mientras oraba la oración del pecador, sentí que me quitaban mis pecados. Cuando pude abrir los ojos y mirar a mi alrededor, vi a mi madre en el coro. Ella lloraba al ver a su oveja negra entregándole su vida a Cristo. Otras personas en el coro la abanicaban para calmarla. Ella estaba convencida de que yo terminaría en la cárcel o en el cementerio, pero Dios lo cambió todo. ¿Verdad que él es maravilloso?

Cuando me puse en pie le dije al pastor:

—¡Me siento tan ligero!

—Hijo, esos son tus pecados. Dios los ha tomado, los echó al mar del olvido y no los recordará nunca más.

Un mes después mi novia vino a la iglesia para verme bautizar. Desde aquel día yo le decía a todo el mundo que Jesús salva. Bueno, el día en que me bauticé, mi novia también aceptó a Cristo. Llevamos casados 28 años y Gladys se ha convertido en una tremenda guerrera de oración.

Unos años después fui a visitar al reverendo Smith a su iglesia. Cuando entré vestido con un traje y él levantó la vista y me vio, se quedó pasmado. Hacía años que no me veía y de seguro pensaba que yo estaría muerto o preso.

—Reverendo Smith, usted tenía razón. Soy salvo y ahora sirvo al Señor.

Se quedó sin habla.

La mayoría de las personas con las que crecí ya no están. Están muertos, pero yo ya no sirvo a Satanás. Estoy bajo el control del Señor. Él ha usado para su gloria hasta lo que yo experimenté en las calles. Ahora, cuando predico en las calles y en las prisiones, me apoyo en su Espíritu para que me guíe en lo que debo decir y cuándo decirlo. Voy a predicar cada vez que el Señor me da una oportunidad. Cuando Dios me salvó, me puso bajo una nueva administración.

Ahora yo trabajo para él.

[Segunda parte]
CUANDO EL ESPÍRITU DE DIOS SE MUEVE

[Capítulo 6]

LA PALABRA COBRA VIDA

Solo, en la habitación de un hotel en Londres, oré para que Dios me ministrara mientras leía la Biblia. Mi corazón estaba hambriento. Estaba lejos de casa y ese día realmente sentía la necesidad del Señor. Quería que lo más íntimo de mi ser se alimentara. Aunque sabía que lo necesitaba cada día, esa mañana mi hambre espiritual era intensa.

Leí los primeros capítulos de 1 Tesalonicenses en la traducción de Weymouth del Nuevo Testamento. Yo había estudiado esos capítulos muchas, muchas veces; sin embargo, de pronto saltó a mi vista una verdad poderosa que yo nunca había visto. En esos capítulos el apóstol Pablo reveló su corazón ministerial de una manera única y, mientras meditaba en eso, se abrieron mis ojos espirituales. Por primera vez tomé conciencia de algo vital que le faltaba a mi ministerio, algo que probablemente también falte en muchas iglesias. Me senté en el piso y oré, al final quedé postrado mientras lloraba. Vi dónde le había fallado a Dios. Ese día Dios me habló a través de su Palabra de una manera que me ayudaría durante el resto de mi vida.

Aquella revelación no solo cambió mi ministerio para siempre sino que creo que también ha ayudado a otros miles de líderes. A partir de esa mañana desarrollé varios mensajes que he predicado a pastores alrededor del mundo. Una y otra vez, luego de predicar, los pastores se me han acercado y me han dicho: «Yo necesitaba escuchar eso. Fue como si se hubiera encendido un bombillo mientras hablabas».

Sabía a lo que se referían porque aquel día en Londres yo también sentí como si se hubiera encendido un bombillo. Pero ese no fue un episodio aislado. La iluminación espiritual ocurre a menudo cuando estoy leyendo la Biblia y sé que sucede así con muchos otros creyentes. Pasajes bíblicos que memorizamos siendo niños de repente se comprenden a mayor profundidad, un relato bíblico querido de pronto nos infunde nuevas capas de interpretaciones.

¿Cómo sucede eso?

Ese es el ministerio de enseñanza del Espíritu Santo.

Una sed santa

Como ya sabemos, la iglesia cristiana nació cuando el Espíritu Santo fue derramado. En las horas siguientes, de una manera asombrosa, miles de personas se convirtieron a la fe y los nuevos creyentes comenzaron una vida congregacional inspirados con un nuevo ritmo «Se mantenían firmes en la enseñanza de los apóstoles, en la comunión, en el partimiento del pan y en la oración» (Hechos 2:42).

Al comienzo la doctrina cristiana se transmitía por vía oral porque no había un Nuevo Testamento escrito. Los apóstoles hablaban del evangelio y de las enseñanzas relacionadas que escucharon de Jesús. Esta era la Palabra de Dios en la que los primeros cristianos «se mantenían firmes». Otras traducciones del griego en este pasaje dicen que «ellos le prestaban atención constante» o que «se ocupaban continuamente».[1]

Ese tipo de dedicación a la Palabra siempre es un signo vital de que el Espíritu Santo se está moviendo en la vida de una persona o una iglesia. Los creyentes tienen hambre de escuchar, leer, estudiar y en particular, comprender más la Palabra de Dios.

Esto tiene sentido, por supuesto, ya que el Espíritu Santo fue quien inspiró la Biblia. Él fue el autor que inspiró a los escritores. La Biblia es su libro. Los cristianos que el Espíritu controla por lo general no tienen que obligarse a leer la Biblia, el Espíritu les da una sed santa de la misma.

El Espíritu Santo es el Espíritu de vedad, así que él siempre nos llevará a la verdad de Dios. Si una persona tiene poco interés en la Palabra, o si la Palabra parece monótona y tediosa para el cuerpo de una iglesia, esto es señal de una seria falta de coherencia. Cuando no respetamos la Palabra y no reverenciamos su autoridad, y cuando no nos humillamos para escuchar lo que Dios ha dicho, vamos por mal camino. Y eso es verdad aparte de si se hace con la excusa de usar tecnología de vanguardia, de ser relevante en la cultura de hoy o de identificarse con las personas a toda costa.

Yo sé que en la actualidad es posible reunir, un domingo, grandes cantidades de personas sin hacer un fuerte énfasis en la Palabra. De hecho, muchas de las personas sentadas en el banco pudieran estar absolutamente satisfechas sin escuchar una predicación y exposición cuidadosa de la Biblia. Pero cuando nos alejamos de la Palabra, pensando que sin esta podemos vivir hora tras hora, día tras día, semana tras semana, dejamos de crecer espiritualmente y nos hacemos vulnerables al engaño espiritual.

El apóstol Pedro escribió: «deseen con ansias la leche pura de la palabra, como niños recién nacidos. Así, *por medio de ella, crecerán en su salvación*» (1 Pedro 2:2, énfasis del autor). La Palabra de Dios contiene los nutrientes espirituales vitales que cada día necesitamos para crecer en Cristo. Nuestras ansias de recibir más de la Palabra de Dios no son ansias que nosotros mismos producimos. Dentro de nosotros crece una sed santa, mediante la obra del Espíritu Santo, que hace que anhelemos la verdad.

> ¿Será posible que el Espíritu Santo sea mejor maestro que Jesús? Sí, porque solo él puede enseñarnos de adentro hacia fuera.

Un Maestro Divino para un libro divino

¿Quién mejor para enseñarnos la Palabra de Dios que la persona que escribió el libro? Pero, ¿será posible que el Espíritu Santo sea incluso mejor maestro que Jesús? Una respuesta breve es sí porque solo él puede enseñarnos de adentro hacia afuera.

¿MEJOR MAESTRO QUE JESÚS?

En mi segundo año de la secundaria recibí clases de geometría y yo no podía entenderla de ningún modo, no importaba lo que dijera el maestro. No sabía diferenciar un triángulo isósceles de una rosquilla con queso crema. Nada de aquello tenía sentido. Pero, como dos meses después de haber comenzado el semestre, el maestro se enfermó y una maestra nueva lo reemplazó. De repente, bajo su tutela, se me encendió el bombillo. Por primera vez entendí los triángulos,

los ángulos y las parábolas. (Bueno, tal vez las parábolas no.) Tuve que darle a la nueva maestra el crédito por mi recién descubierta comprensión. Fue su manera de explicar las cosas lo que me ayudó a entender la geometría.

Muchas veces leo la Biblia y me quedo atascado. Puedo leer la oración que tengo delante de mí: el sujeto, el predicado y el complemento, pero no veo el significado espiritual para mi vida ni la misma encuentra un lugar en lo íntimo de mi ser. Es solo un ejercicio mental. ¿Alguna vez te ha pasado eso?

Hace dos mil años los discípulos tuvieron a Jesús como maestro, aunque ellos le llamaban rabino, un término más común de la época. Pero hasta ellos tenían problemas para entender lo que Jesús les enseñaba. Existen innumerables ejemplos en los que Jesús decía algo y los discípulos no captaban la idea. Simplemente no lo comprendían. De hecho, uno de ellos hasta discutió con Él y le dijo: «No, no irás a la cruz. Yo no voy a dejar que eso suceda».

Existen innumerables ejemplos en los que Jesús decía algo y los discípulos no captaban la idea.

Jesús les enseñaba a confiar en Dios y en el capítulo siguiente vemos que ellos no confiaban en Dios. Jesús hasta se puso de ejemplo durante una lección sobre la humildad. Durante la última cena Jesús se mostró como un siervo del Señor y lavó los pies de los discípulos. Sin embargo, durante esa misma cena los discípulos discutieron cuál de ellos era el mayor (Lucas 22:24-27).

Pero Jesús prometió que cuando él muriera, otro maestro vendría para ayudarles a digerir adecuadamente la verdad espiritual. «Muchas cosas me quedan aún por decirles, que por ahora no podrían soportar. Pero cuando venga el Espíritu de la verdad, *él los guiará a toda la verdad*, porque no hablará por su propia cuenta sino que dirá sólo lo que oiga y les anunciará las cosas por venir. Él me glorificará porque tomará de lo mío y se lo dará a conocer a ustedes» (Juan 16:12-14, énfasis del autor).

Jesús no solo les dijo que vendría un maestro mejor sino que además dijo que el nuevo maestro explicaría una verdad que ahora él no podía darles. Es decir, Jesús les dijo: «Tengo más que decirles y el nuevo maestro será quien les enseñe al respecto». El Espíritu «los guiará a toda la verdad», esto incluye aplicar el mensaje a los corazones de los discípulos. Entonces el significado de la vida y muerte de Jesús, la fe, la esperanza, el amor, el poder de la oración y mucho más les resultaría tan claro como el agua.

ENSEÑAR DE ADENTRO HACIA AFUERA

Al igual que cualquier ministro de la actualidad, Jesús predicaba usando solo su voz. Y al igual que cualquier congregación de la actualidad que escucha un sermón, los discípulos solo podían escuchar sus palabras con los oídos y procesarlas con sus mentes. Pero la verdad de Dios es diferente a las matemáticas o a las leyes de la ciencia. Se puede comprender e inculcar en nuestras vidas solo cuando se revela a lo más íntimo de nuestro ser, es ahí donde funciona su poder para transformar vidas (Mateo 13:18-23).

Un libro divino debe tener un maestro divino para que su mensaje pueda revelarse a nivel espiritual. De lo contrario, el mensaje se desmorona en hechos que solo se albergan en nuestras células cerebrales. Que Jesús nació en Belén es un hecho. Comprender el glorioso significado de Emanuel, Dios con nosotros, y el significado de él acostado en un establo exige una enseñanza divina. Así que para poder comprender la Biblia por completo es estrictamente necesario que el Espíritu Santo sea nuestro maestro.

Incluso, cuando los maestros dan lo mejor de sí, la única manera en la que al fin de cuentas la Palabra puede bendecirnos es mediante la enseñanza interna del Espíritu Santo.

El Espíritu puede vencer las limitaciones humanas de la voz, los oídos y el cerebro. Él enseña en el aula del corazón.

Por eso podemos pasar años leyendo una porción de las Escrituras y luego, al volver a leerla, ¡pum!, ¡cobra vida! La comprendemos de una manera completamente nueva. Nos preguntamos: ¿por qué no había visto eso antes? Ese es el ministerio de enseñanza del Espíritu Santo.

La enseñanza del Espíritu Santo es tan importante porque Satanás usa todo tipo de cosas para engañar y desviar de la verdad a los creyentes y a las iglesias. Él, incluso, puede usar a personas que dicen estar enseñando la verdad. Por ejemplo, en 1 Juan leemos una advertencia: «Estas cosas les escribo acerca de los que procuran engañarlos. En cuanto a ustedes, *la unción que de él recibieron* permanece en ustedes, y no necesitan que nadie les enseñe» (1 Juan 2:26-27, énfasis del autor).

¿Por qué diría Dios que no necesitamos que nadie nos enseñe cuando fue él quien puso los maestros en el cuerpo de la iglesia?

Por supuesto que los maestros juegan un papel importante así como los apóstoles, evangelistas, profetas y pastores. Pero incluso, cuando los maestros dan lo mejor de sí, la única manera en la que a fin de cuentas la Palabra puede bendecirnos es mediante la enseñanza interna del Espíritu Santo. El Espíritu es fiel para ayudarnos a distinguir la verdad del error y librarnos de distorsiones satánicas. Pero para que todo eso suceda tenemos que llegar con corazones humildes y dispuestos a ser enseñados.

Los ojos del corazón

Es posible que en las montañas de Perú podamos encontrar un creyente sencillo, que solo lleve unos pocos años en el Señor, que entienda más de la Biblia que un teólogo con un título de doctorado. De hecho, tal vez el peruano sin tanta educación no solo sepa más de la Biblia sino que además pudiera conocer al Señor de una manera en que el erudito en griego o hebreo no lo conoce. Recuerda, fue Jesús quien se alegró y dijo: «Te alabo, Padre, Señor del cielo y de la tierra, porque habiendo escondido estas cosas de los sabios e instruidos, se las *has revelado* a los que son como niños» (Lucas 10:21, énfasis del autor).

Es fácil para muchos de nosotros abordar cada día la Palabra de Dios con poca dependencia del Espíritu Santo. A menudo ni siquiera oramos antes de leer la Biblia, aunque necesitamos su ayuda para comprender la Palabra de Dios. Mientras más inteligentes e instruidos somos, más difícil nos resulta venir como niños, confiando en que el Espíritu haga que la Palabra sea real. Pero también necesitamos orar para que los pastores prediquen con la ayuda del Espíritu de Dios y para que Dios nos dé corazones que escuchen de manera que la Palabra nos edifique. *Debemos* tener la ayuda del Espíritu, y si la pedimos con fe, él nos ayudará.

El salmista oró: «Ábreme los ojos, para que contemple las maravillas de tu ley» (Salmo 119:18). Observa que la oración no pide ojos abiertos para «leer tu ley» o ni siquiera para «entender tu ley». No, la oración del salmista le pide a Dios algo en lo que rara vez pensamos cuando abrimos la Palabra: «Ábreme los ojos, para que contemple las maravillas de tu ley». Él no estaba hablando de sus ojos físicos, estaba hablando de los ojos de su corazón.

Todos tenemos dos pares de ojos. Tenemos los ojos de nuestra cabeza y los ojos del corazón, a los cuales la Biblia hace referencia en muchos lugares (por ejemplo, Efesios 1:18). Al proceso de ver las cosas espirituales con los ojos del corazón, no solo con la mente, se le llama «revelación». No se trata de una especie de oleada de locura santa. Es la obra diaria del Espíritu Santo en todos los que la desean. En ese mismo salmo el escritor también dijo: «¡Bendito seas, Señor! ¡*Enséñame* tus decretos!» (Salmo 119:12, énfasis del autor). Él no estaba satisfecho con solo leerlos. No, él clamó a Dios: «Señor, tú me diste tus palabras pero ahora ven y acláralas». Él reconoce que no puede hacerlo solo.

Muchos de nosotros, tal vez demasiados, tomamos la Biblia y la leemos como si estuviéramos leyendo un periódico o una revista. Confiamos en nuestra capacidad para entender las Escrituras porque puede que tengamos un alto coeficiente de inteligencia o porque fuimos a la escuela y obtuvimos un título universitario. Pero de esa manera solo comprenderemos la superficie. No hay dudas de que conoceremos algunos datos, incluso, puede que entendamos algunas verdades muy elementales, pero se nos escapará la enseñanza espiritual que transforma nuestras vidas.

En un capítulo posterior vamos a analizar a D.L. Moody, quien fuera uno de los más grandes evangelistas de todos los tiempos. Sin embargo, él no tenía un alto coeficiente de inteligencia ni se educó en un seminario. De hecho, ¡era medio analfabeto! ¿Cómo se convirtió en un predicador tan eficiente que atraía a grandes multitudes y que, sin tener educación, llevara a miles de personas a Jesús? El Espíritu Santo le enseñaba.

Como orador he descubierto que lo difícil no es organizar el material en un mensaje de tres puntos con una conclusión. Lo difícil es permitir que el Espíritu haga que el pasaje sea real en mi corazón. Por ejemplo, si voy a predicar sobre el amor y el Espíritu Santo no ha tratado conmigo mismo de una manera fresca acerca de la insondable profundidad del amor de Dios y cuánto carezco del mismo, entonces, ¿cómo voy a conmover a mis oyentes eficientemente con la verdad de Dios?

La predicación se vuelve más eficiente cuando Dios le otorga al orador una revelación espiritual mediante el Espíritu. Sin su ayuda nosotros los pastores no podemos predicar fácilmente de una manera crítica y con justicia propia porque no hemos confrontado nuestras imperfecciones y nuestra necesidad de la gracia de Dios. No sentiremos compasión por la congregación. Tengo que reconocer que yo he predicado sermones así. ¡Que queden borrados para siempre!

Pero cuando el Espíritu ha abierto tanto la Palabra como el corazón del orador, el mensaje edificará y animará.

Orgullo y prejuicio

Si una y otra vez leemos la Biblia sin la ayuda del Espíritu Santo, esto tiende a reforzar nuestros propios prejuicios y posiciones doctrinales duras como piedra. Solo acabamos encontrando municiones para defender lo que ya creemos. Nos volvemos tan orgullosos en el sentido espiritual y tan convencidos de nuestras posiciones, que el Espíritu se ve impedido de ayudarnos a crecer en las cosas de Dios.

Regresemos a los años 1850 en Norteamérica, cuando la horrible institución de la esclavitud se vio desafiada y los abolicionistas alzaban su voz contra los esclavistas. En el sur hubo predicadores, de esos que dan con la Biblia en la cabeza, que torcieron la Santa Palabra de Dios para defender la maldad de la esclavitud. De hecho, ¡algunos sostenían que esclavizar a los negros norteamericanos era parte del propósito de Dios para la tierra! Con mentes cerradas y corazones amargados usaron la Palabra de Dios con un objetivo perverso. Y sus congregaciones gritaban: «¡Amén!» Aquellos intolerantes no eran ateos impíos, eran ministros y creyentes con Biblias abiertas delante de ellos. ¡Eso sí que es un engaño espiritual!

Lo mismo pasó con los líderes religiosos en los tiempos de Jesús. Tenían una visión prejuiciada de cómo sería el Mesías y lo que haría cuando regresara. ¿Recuerdas cuando Natanael dijo: «¿Acaso de allí puede salir algo bueno de Nazaret?» En aquel entonces Jerusalén estaba dividida en dos provincias. Se creía que el sur era más devoto mientras que se consideraba que el norte era más secular debido a la influencia de las rutas comerciales. Jesús venía de Galilea, en la zona del norte, así que los líderes religiosos pensaban lo mismo que Natanael. ¿Cómo era posible que el Mesías saliera de allí? Jesús no encajaba en su teología porque sus corazones duros estaban oscurecidos, incluso cuando enseñaban de las Escrituras.

Pero Jesús les dijo: «*Ustedes estudian con diligencia las Escrituras* porque piensan que en ellas hallan la vida eterna. *¡Y son ellas las que dan testimonio en mi favor!* Sin embargo, ustedes no quieren venir a mí para tener esa vida» (Juan 5:39-40, énfasis del autor). El hecho es que ellos estaban demasiado ciegos como para ver que el Mesías que las Escrituras prometían ¡estaba parado a metro y medio de distancia!

Los líderes que tramaron la muerte de Jesús eran los religiosos fundamentalistas de su época. No solo sentían gran reverencia por la Ley, la adoraban. Pero, ¿comprendían su verdadero significado? No. Hacían referencia a la Palabra de Dios sin ningún espíritu de revelación, quebrantamiento o sumisión a Dios. Sin la ayuda del Espíritu Santo para comprender el significado de lo que leemos somos vulnerables a leer nuestros propios prejuicios en la Santa Palabra de Dios. No es de extrañar que nuestra lectura pueda volverse seca y aburrida. Cuando en la Biblia solo vemos lo que queremos ver, esta pierde todo su poder para transformarnos.

Cuando en la Biblia solo vemos lo que queremos ver, esta pierde todo su poder para transformarnos.

Sacudir nuestras tradiciones

He visto que la mayoría de los creyentes no cambian más de un cinco por ciento de lo que creían cuando solo llevaban dos años en el Señor. Imagina cualquier otro campo de estudio en el que la gente no progresara en su conocimiento y comprensión de la materia. Si un alumno de onceno grado todavía estuviera funcionando con su educación de segundo grado, diríamos que algo salió muy mal en su educación.

Sin embargo, como crecimos dentro de cierta tradición desarrollamos una visión estrecha y sectaria de la verdad. Cuando se nos confronta con versículos y verdades bíblicas que nos resultan incómodas, nos escondemos al decir: «Pero así lo hemos hecho siempre. Esto es lo que siempre hemos creído». Yo he escuchado a gente decir: «Esta es nuestra manera bautista de hacer las cosas». O la manera presbiteriana, pentecostal, luterana o católica. Substituye tu denominación o el nombre de tu iglesia. Después de dos años en ese clima se descarta cualquier cosa de la Biblia que sacuda su posición y desafíe sus premisas al decir: «No puede querer decir eso. En el griego debe tener otro significado».

Tomar la Biblia y no pedir la ayuda del Espíritu es como decir: «Dios, haz algo nuevo en mí pero no voy a cambiar nada de lo que creo». Una oración extraña, ¿no es cierto? No es de extrañar que crezcamos tan poco en nuestra fe y veamos tan pocos convertidos a Cristo. William Law, un escritor inglés del siglo dieciocho, dijo: «Miles están listos para discutir hasta los más mínimos detalles doctrinales y para instruir a otros en el significado exacto de las palabras de las Escrituras, pero hay muy pocos mediante los cuales el Espíritu Santo pueda obrar para traer a las personas a un nuevo nacimiento en el reino de Dios».[2]

A menudo obtenemos nuestra definición para las cosas importantes no de lo que el Espíritu nos muestra en las Escrituras sino de lo que vimos mientras crecíamos en la iglesia. «¡Oh, eso sí es predicar!» «Así debiera ser la adoración porque en mi iglesia siempre lo hemos hecho así». Es difícil para todos ir a la Palabra de Dios y decir: «Espíritu Santo, enséñame, incluso si va en contra de aquello para lo cual he sido condicionado a creer». Y no obstante, debemos hacerlo. Nunca comprenderemos el propósito de Dios para la iglesia y para nosotros, en el aspecto individual, a menos que nos humillemos y oremos: «¡Espíritu del Dios viviente, ven fresco sobre mí!»

En el mes de enero muchos nos hacemos propósitos para el nuevo año, como es leer más nuestra Biblia. Pero sin la ayuda del Espíritu nuestras tendencias humanas y carnales a menudo vencen ese propósito. Y cuando sí abrimos la Palabra, a menudo leemos las cosas con total naturalidad, solo para decir que tuvimos nuestro tiempo «a solas con Dios». Puedo decirte por mi propia experiencia que los tiempos a solas con Dios que he apresurado o que he hecho de manera mecánica me llevaron a días en los que no me fue muy bien.

El Espíritu Santo necesita tiempo para enseñar a nuestros corazones el significado de un pasaje. Si no esperamos en el Espíritu Santo, confiando en él, podemos enfriarnos y perder nuestra comunión con Dios, incluso, aunque tengamos un tiempo a solas con él cada día. Solo estaremos acopiando versículos, tal vez incluso memorizándolos; nos sabremos las referencias pero nos perderemos la maravillosa enseñanza de aquel que nos prometió que nos llevaría a toda la verdad. Pero cuando permitimos que el Espíritu nos enseñe, ¡qué comprensión, qué alegría y que visión vienen de la Palabra!

El apóstol Pablo escribió: "Ningún ojo ha visto, ningún oído ha escuchado, ninguna mente humana ha concebido lo que Dios ha preparado para quienes lo aman." Ahora bien, *Dios nos ha revelado esto por medio de su Espíritu*, pues el Espíritu lo examina todo, hasta las profundidades de Dios» (1 Corintios 2:9-10, énfasis del autor).

Si tú y yo queremos crecer en nuestras vidas espirituales, podemos hacerlo. Al abrir nuestros corazones al Espíritu Santo que obra con la Palabra, podemos incluso comprender las cosas profundas de Dios. ¿No anhelas eso? Eso es lo que yo quiero.

Cada vez que abramos la Biblia, detengámonos y oremos, ya sea durante 15 segundos o 15 minutos, y pidamos al Espíritu que nos enseñe. Cuando yo leo la Biblia, quiero que Dios hable a mi alma. «Impárteme conocimiento y buen juicio, pues yo creo en tus mandamientos» (Salmos 119:66). Entonces nuestras vidas serán cada día más como Jesús.

[Capítulo 7]
HAY SEÑALES Y SÍMBOLOS DE RENOVACIÓN

Un martes en la noche, luego de una reciente reunión de oración, me presentaron a un pastor que estaba de visita con un pequeño grupo de líderes de su iglesia. Le di le bienvenida y le pregunté de dónde era.

—De Kentucky —respondió.

—Eso está bastante lejos de Nueva York —le contesté—. ¿Cuánto tiempo van a estar por acá?

—Regresamos esta noche. Salí esta mañana al amanecer solo para estar en esta reunión de oración.

Yo me quedé pasmado.

—¿De veras? ¿Toda esa distancia solo para este servicio?

—Hermano, tengo sed de Dios —dijo con mucha seriedad—. No puedo seguir adelante. Estoy agotado y quemado. Estoy desesperado por recibir algo fresco del Espíritu de Dios.

Mientras el pastor hablaba yo no podía evitar pensar en la súplica de David al comienzo del Salmo 63:

> Oh Dios, tú eres mi Dios;
>   yo te busco intensamente.
> Mi alma tiene sed de ti;
>   todo mi ser te anhela,
>   cual tierra seca, extenuada y sedienta.
>
> *Versículos 1–2*

¿Alguna vez te has sentido seco y exhausto en tu vida cristiana? Cuando eso sucede, muchos de nosotros solo seguimos insistiendo hasta el punto del agotamiento espiritual. Algunos se rinden y se vuelven hipócritas al pretender ser alguien que no son. Se cumple el viejo adagio: «Dar vueltas y vueltas te marea y luego ya no quieres seguir». Pero existe un remedio para esos períodos de sequedad cuando hemos dado demasiadas vueltas, y está en lo que el apóstol Pedro llama «tiempos de refrigerio» de parte del Señor (Hechos 3:19, RVR '60).

Símbolos para la vida

La Biblia usa una serie de símbolos para hacer que la obra del Espíritu Santo nos resulte comprensible. Más adelante hablaremos sobre el viento, una paloma y el aceite. Después de eso pasaremos algún tiempo hablando sobre el fuego. Pero cuando decimos que el Espíritu Santo nos refresque, el agua es el símbolo que mejor nos ayuda a comprender cómo puede suceder eso.

AGUA

Según el Antiguo Testamento, donde no había agua, no había vida. La gente moría en las sequías. De la misma manera, a menos que el agua viva del Espíritu no fluya en nosotros, nosotros y nuestras iglesias tendremos una ausencia de vida espiritual y poca vitalidad. Al igual que en el desierto de Mojave, la falta de agua equivale a ausencia de vida, de crecimiento y de fruto. Podemos asistir a la iglesia regularmente y tener una doctrina perfecta, pero sin el Espíritu Santo que nos riegue, nos marchitaremos y moriremos.

Jesús habló abiertamente acerca de las propiedades vivificadoras del Espíritu. «En el último día, el más solemne de la fiesta, Jesús se puso de pie y exclamó: —¡Si alguno tiene sed, que venga a mí y beba! De aquel que cree en mí, como dice la Escritura, brotarán ríos de agua viva» (Juan 7:37-38). Con la expresión «ríos de agua viva», Jesús se refería al Espíritu que más tarde habrían de recibir los que creyeran en él.

Cuando el Espíritu de Dios viene, tenemos una nueva vida. Sin el Espíritu de Dios quedamos a merced de nuestros propios esfuerzos que están llenos de debilidad moral y tendencias pecaminosas. Pero cuando el Espíritu viene tenemos gozo, esperanza y poder. Observa que Jesús no se refiere a una gota de agua sino a «ríos de agua viva».

El Espíritu fluye como un río, una fuerza de poder que entra en nosotros y luego fluye de nosotros para que podamos ser de bendición a otros.

Dios usa el agua como un símbolo del Espíritu Santo, una manera un tanto diferente cuando dice: «Yo seré para Israel como el rocío, y lo haré florecer como lirio» (Oseas 14:5). Todos hemos visto cómo la hierba y las flores resplandecen con las gotitas pequeñas de agua refrescante. Pero al usar esta metáfora, Dios está diciendo que será como el rocío, que cae tranquilo en la noche y cubre la tierra en la mañana. El rocío no puede formarse cuando las condiciones son demasiado cálidas o si el viento es demasiado fuerte. Al igual que tampoco Dios puede refrescarnos cuando estamos demasiado ocupados yendo de un lado a otro.

He tenido tiempos difíciles en mi vida cuando he estado seco y agotado y el Espíritu me ha ministrado como un rocío. Para mí el rocío viene cuando estoy sentado en su presencia. Más de una vez en mi vida me he perdido al Espíritu porque el estar tan ocupado me ha quitado los tiempos tranquilos y refrescantes que vienen del Señor.

> **Más de una vez en mi vida me he perdido al Espíritu porque el estar tan ocupado me ha quitado los tiempos tranquilos y refrescantes que vienen del Señor.**

A veces, después de nuestras reuniones de oración, la gente se queda sentada tranquila o tal vez se arrodillan y oran y se quedan un rato más. No quieren ponerse en pie y marcharse. Quieren quedarse en la presencia de Dios. Quieren disfrutar el rocío del cielo mientras esperan en el Señor. Esa es la razón por la cual no programamos las reuniones muy seguidas los domingos. Si la gente se siente apurada, si los líderes insinúan que tienen que despejar el santuario para que la próxima reunión pueda comenzar, se pueden perder fácilmente los dulces momentos de esperar en la presencia del Espíritu.

Incluso, durante los servicios trato de ser sensible a la voz del Espíritu. A veces necesito hacer una pausa y esperar algún indicio de qué hacer. Los visitantes pudieran preguntarse: ¿por qué nadie dice nada? La reunión está perdiendo fuerza. Bueno, ¿por qué no pasan a lo próximo que viene en el programa? Pero Dios nunca tuvo la intención de que el servicio de una iglesia fuera una producción. En cambio, lo más importante es que las personas experimenten al

Señor y que tengan la oportunidad de sentirse refrescadas con el agua del Espíritu.

A veces, los viernes en la noche tenemos reuniones de oración que comienzan a las 9:00 y siguen hasta pasada la medianoche. La última vez que programamos una de estas reuniones vinieron más de dos mil personas a adorar, orar y esperar en el Señor. En ocasiones, al expresarle gran alegría al Señor, hay mucho ruido, pero en otras ocasiones oramos tranquilos y esperamos en silencio.

En una ocasión, alrededor de la 1:30 de la madrugada, yo estaba sentado en los escalones del altar. Levanté la vista y vi que todavía había más de mil personas en el santuario, esperando, orando o regocijándose en silencio. La presencia de Dios era tan real que susurré: «Señor, creo que podría quedarme aquí por el resto de mi vida». La atmósfera parecía saturada de amor y gracia divina, y la idea de irme era inconcebible. El rocío del Espíritu de Dios había caído sobre nosotros de una manera maravillosa.

Viento, una paloma y aceite

Además del agua, la Biblia tiene otros símbolos para el Espíritu Santo. Uno es el viento, que en el original griego del Nuevo Testamento es la misma palabra que aliento. El viento nos ayuda a visualizar el movimiento invisible y misterioso del Espíritu (Juan 3:8). Una paloma simbolizó al Espíritu durante el bautismo de Jesús. «En seguida, al subir del agua, Jesús vio que el cielo se abría y el Espíritu bajaba sobre él como una paloma» (Marcos 1:10). El Espíritu Santo es todopoderoso y al mismo tiempo gentil y sensible en su trato con nosotros. Podemos agraviarlo con demasiada facilidad.

El aceite es un símbolo que a menudo se usaba para el Espíritu Santo en el Antiguo Testamento. La unción del Espíritu Santo se comparaba con el aceite que se ponía sobre casi todas las cosas en el tabernáculo. Cuando se construyó como un lugar de adoración, no solo se ungieron los objetos con aceite sino también los sacerdotes. Más adelante se instruyó a los ancianos de la iglesia primitiva que oraran por los enfermos y que ungieran a los creyentes enfermos con aceite como un símbolo del Espíritu (Santiago 5:14).

FUEGO

El fuego es uno de mis símbolos favoritos para el Espíritu Santo. Se usaba para representar el poder y la presencia de Dios. Cuando Juan el Bautista apareció en escena antes de Jesús dijo: «Yo los bautizo a ustedes con agua, pero está por llegar uno más poderoso que yo [...] Él los bautizará con el Espíritu Santo y *con fuego*» (Lucas 3:16, énfasis del autor).

Jesús nunca bautizó a nadie con agua. ¿Por qué? Porque el bautismo que él realizaría sería el bautismo del Espíritu Santo y fuego. No confundas estas palabras como señal de dos bautismos, uno del Espíritu y otro de fuego. Lucas más bien estaba usando un simbolismo —el fuego como símbolo del Espíritu— para describir *un* bautismo. Jesús bautiza con el fuego consumidor del Espíritu Santo.

Fuego consumidor

Si enciendes un fósforo y le prendes fuego a un pedazo de madera, el fuego penetrará la madera. Eso es lo que el Espíritu Santo hace en nuestras vidas. Va más allá de las apariencias en la superficie hasta las raíces de nuestro ser. El Espíritu no le pone curitas a nada, va a la raíz de tus problemas para ofrecerte ayuda. Así mismo, la predicación que está ungida por el Espíritu Santo es una predicación enardecida. Eso no significa desanimar a la gente ni condenarla, más bien significa un ministerio que penetra el corazón, revela el pecado y muestra vívidamente la necesidad de Jesucristo. Sin el fuego del Espíritu Santo la predicación puede convertirse en un puro entretenimiento o demostraciones de oratoria.

> **El Espíritu no le pone curitas a nada, va a la raíz de tus problemas para ofrecerte ayuda.**

Cuando Pedro predicó su primer sermón de la era cristiana, aquellas palabras nada elocuentes, pero fogosas, produjeron una profunda convicción y una respuesta de «¿qué debemos hacer?» (Hechos 2:37). Los materiales didácticos que ayudan a los predicadores a comunicar son útiles pero sin el fuego del Espíritu los corazones nunca se humillarán ni quebrantarán delante del Señor.

Dios preguntó en Jeremías: «¿No es acaso mi palabra como *fuego*?» (Jeremías 23:29, énfasis del autor.) La Palabra que se predica con el fuego del Espíritu quita lo que sobra y trata la condición atribulada de nuestros corazones. Es probable que muchas personas tengan poco interés en la palabra fogosa de Dios, prefieren servicios que les entretengan y sermones que no les confronten, pero el fuego del

Espíritu siempre va al grano y lidia con los obstáculos que nos impiden la bendición de Dios.

La gran tentación del cristianismo de hoy es hacer que nuestro mensaje sea tan gustoso para las masas que perdamos el elemento del fuego. Creamos servicios llenos de golosinas y fruslería que no extenderán el reino ni verán a Jesús glorificado. La gente no puede venir a Dios sin la obra fogosa del Espíritu Santo.

Nunca olvidaré una experiencia personal con Dios hace años, cuando yo era nuevo en el ministerio. Estaba solo, orando antes de un servicio de martes en la noche. En aquel momento la iglesia se reunía en un edificio viejo y yo sabía que esa noche tendríamos menos de diez personas en la reunión de oración. Había estado orando para que Dios trajera más personas a la iglesia y aumentara el entusiasmo de la congregación. Mientras oraba, el Espíritu obró. Fue directo a lo más íntimo de mi ser y parecía decirme: «el problema principal no es la falta de gente ni su inmadurez espiritual. Eres tú el primero que necesita ser cambiado. Eres tú quien carece de compasión por la gente y no los amas como yo quiero que lo hagas. Tienes inseguridad y solo estás tratando de llegar al final de una reunión más».

¡Eso es fuego! ¡Eso es penetrar! No fue fácil escucharlo. Acabé postrado delante de Dios. Había venido a pedirle a Dios que me ayudara con todos los problemas de la gente en la iglesia y, en cambio, él penetró mi problema con su fuego. Cuando el Espíritu obra en nuestras vidas, nos aleja de las excusas superficiales y de los juegos de culpa que tanto nos gustan. El fuego quema lo falso y nos lleva a la verdad.

BASURA EN LA HOGUERA

En el lobby del segundo piso de nuestra iglesia tenemos una pintura de una gran reunión del Ejército de Salvación a principios del siglo XX en la ciudad de Nueva York. El grito de guerra o lema del Ejército de Salvación era «Sangre y fuego». La sangre representaba la sangre de Jesús derramada para salvar a todas las personas, el fuego representaba al Espíritu Santo que fue enviado para capacitar a los creyentes y transformar vidas. Catherine Booth, la esposa de William Booth, el fundador del Ejército de Salvación, comprendía la importancia del fuego como símbolo del Espíritu Santo. Conocida como la madre del ejército, Catherine se hizo muy famosa por derecho propio. Una vez leí algo que ella dijo y que se me ha quedado grabado, aunque tengo que parafrasearlo porque no puedo recordar la fuente. Cerca de 1890, ella dijo: «Viajo por todo el país, escucho muchas palabras elocuentes y sermones que son obras maestras, pero lo que anhela mi alma son las palabras que queman».

Catherine quería mensajes ungidos que penetraran, conmovieran y produjeran quebrantamiento en el corazón. Ella sentía su necesidad y sabía que el cambio sucede de adentro hacia afuera. Ella fue una líder que enseñó la Palabra de Dios y comprendió la diferencia entre sermones que eran solo palabras y aquellos que Dios había inspirado para cambiar vidas.

El profeta Malaquías escribió: «[Dios] Se sentará como fundidor y purificador de plata; purificará a los levitas y los refinará como se refinan el oro y la plata» (Malaquías 3:3). Cuando el Espíritu Santo escudriña nuestros corazones es como un fuego purificador. Al igual que un buen fuego quema la escoria y las impurezas, las cosas indignas se queman en nuestras vidas cuando permitimos que el Espíritu haga su trabajo.

Cuando las personas se proponen deshacerse de mucha basura, muy a menudo hacen una hoguera y echan a las llamas las cosas que ya no quieren. El fuego quema todo lo inservible. A veces solo necesitamos que un buen fuego del Espíritu Santo toque nuestras vidas. Las cosas puras y santas quedarán porque son como la plata, el oro y las piedras preciosas. El fuego no las destruirá, de hecho, saldrán purificadas. Pero la madera, el heno y la basura de nuestras vidas e iglesias se quemarán.

¡AGARRA EL FUEGO!

Cuando el Espíritu Santo prende fuego a la vida de una persona, el Espíritu no se detiene ahí. El fuego se esparce y hace arder a otras personas también. Me encanta eso del Espíritu Santo. Cuando alguien arde con fuego del amor de Dios, aman la Palabra de Dios y aman el orar, cuando uno viene a ver la gente a su alrededor se ve inspirada a hacer lo mismo. No hay nada de forzado ni insistente al respecto. Sucede porque expandirse está en la naturaleza del fuego.

Una cantidad cada vez mayor de personas anhela el fuego del Espíritu Santo. Aman a su pastor y aman su iglesia. Son cristianos nacidos de nuevo y, sin embargo, saben que algo les falta. Cuando leen su Biblia lo sienten. Cada año recibo ciento de correos electrónicos de gente que dice: «Necesito el fuego». Por supuesto, no siempre usan el término fuego, pero eso es lo que quieren decir. Están insatisfechos con sus vidas espirituales. Además, saben que Dios tiene mucho más planeado para sus iglesias. Algunos me dicen que tienen todo lo que una iglesia pudiera desear: un centro de actividades, un gimnasio, buena música y elementos audiovisuales sofisticados. El pastor es un buen hombre, sin embargo, la gente viene de visita y pocos se quedan para crecer en el Señor. Y aunque los que están criando a la nueva generación son padres cristianos, cuando estos se gradúan de la secundaria le dan la espalda a las cosas de Dios.

Nosotros nunca podemos hacer lo que el Espíritu puede hacer. No hay talento humano ni empleo de energía que haga crecer jamás el reino espiritual de Cristo. Necesitamos volver a depender del fuego del Espíritu que no solo vivifica y penetra sino que ilumina nuestro camino.

UNA LUZ EN LA OSCURIDAD

Cuando yo tenía diez años, mi familia vivía en la avenida Parkside en Brooklyn, cerca del parque Prospect. Vivíamos en un pequeño apartamento ferroviario, le decían así porque tenía tres habitaciones estrechas, una detrás de otra, como si fueran vagones de tren. Mi hermano mayor, mi hermana menor y yo compartíamos la única habitación de verdad. Mis padres dormían en un sofá de los que se guardan contra la pared en la sala, a no más de seis metros de nosotros. Sin dudas éramos una familia muy apegada.

Cuando alguien arde con fuego del amor de Dios... la gente a su alrededor se ve inspirada a hacer lo mismo.

Una noche me desperté en la madrugada y por alguna razón bajé al sótano sin terminar. Estaba lleno de cajas, cajones de madera y las herramientas y suministros de mi papá para su trabajo. Yo era demasiado pequeño como para alcanzar a la luz, así que caminé por el sótano a oscuras. No estaba preocupado porque me conocía cada pedacito del lugar. O al menos eso creía, hasta que mi pie descalzo chocó con una caja pesada.

«¡Ay!», grité con un dolor agudo. Me tiré al suelo, llorando y agarrando mi pie con agonía. Creí que me iba a desmayar por el dolor. Me senté en la oscuridad hasta que el dolor se fue lo suficiente como para regresar arriba cojeando.

Dos días después todavía me dolía, pero aprendí una lección que todos aprendemos de una manera u otra: caminar en la oscuridad puede ser peligroso. De haber tenido las luces encendidas, me habría evitado todo aquel dolor. Habría visto la caja y la habría esquivado. Durante la mayor parte de la historia del mundo ha sido el fuego, y no los bombillos eléctricos, quien ha iluminado las noches oscuras. El fuego ayudaba a las personas a ver adónde iban para evitar peligros no vistos. Les ayudaba a evitar chocar con las cosas que bloqueaban su camino o que venían hacia ellos en la oscuridad.

Gracias a Dios que el fuego del Espíritu Santo también produce luz, algo que necesitamos mucho en un mundo lleno de decisiones difíciles y peligros ocultos. El Espíritu ilumina nuestras vidas y nuestras decisiones para que podamos ver el camino que tenemos por delante y saber qué evitar. Sin embargo, muy a menudo dejamos de buscar la dirección del Espíritu Santo cuando se trata de tomar decisiones vitales. Hasta las organizaciones religiosas a menudo dependen de la inteligencia humana, en lugar de la luz del Espíritu Santo, para tomar decisiones críticas. Hace poco un predicador me dijo que había asistido a una junta de un ministerio cristiano. Se dio cuenta que nadie oró antes de comenzar. Tampoco hubo oración durante la reunión y cuando llegó el momento de tomar una decisión difícil, ni una persona sugirió tratar de buscar la mente de Cristo. A nadie se le ocurrió orar: «Jesús, no sabemos qué hacer. Envíanos tu Espíritu».

El Espíritu Santo es el único agente de Dios en la Tierra. Fue enviado para guiarnos. Si lees el libro de Hechos, verás que un programa de mapas por computadora no dirigió los viajes de Pablo. La iluminación del Espíritu Santo guió su camino. De hecho, el Espíritu le prohibió a Pablo ir a ciertos lugares, no porque no necesitara escuchar el evangelio sino porque Dios tenía otro plan. Y el apóstol esperó hasta que la dirección del Espíritu pudiera guiarle hasta allí.

AVIVA EL FUEGO

Pablo escribió a los creyentes de Tesalónica: «No apaguen el Espíritu» (1 Tesalonicenses 5:19).[1] Aunque parezca increíble, a pesar de que el Espíritu Santo es completamente Dios, es del todo posible que creyentes como tú y yo impidamos su obra y apaguemos su fuego sagrado. Algunas personas creen erróneamente que Dios hará lo que quiera hacer. Piensa en la invitación que Jesús hace a su propia iglesia en Laodicea «Mira que estoy a la puerta y llamo. Si alguno oye mi voz y abre la puerta, entraré, y cenaré con él, y él conmigo» (Apocalipsis 3:20). Si él es Cristo y él quiere entrar, ¿por qué no entra y ya? ¿Por qué se molesta en tocar y preguntar? Ese es el misterio de la soberanía de Dios y nuestro libre albedrío. Tenemos que responder a él o nos perderemos la bendición que él ha planeado. Antes escribí acerca de Pablo cuando le dice a Timoteo que avive el fuego. Hoy necesitamos hacer lo mismo. En algunos de nosotros las ascuas del fuego apenas arden y necesitamos ocuparnos de ellas, agitarlas para que se conviertan en una gran llama.

Gracias a Dios por los recursos financieros, los equipos, el talento, la educación y las nuevas traducciones de la Biblia. Pero en la mayoría de nosotros la necesidad mayor sigue siendo más fuego. Necesitamos que el fuego del Espíritu Santo cambie nuestras vidas y nuestras asambleas locales. Necesitamos que se propague por nuestros pueblos y ciudades, de tal manera que Cristo sea glorificado. Que hoy sea esa nuestra oración. Manda el fuego, Señor. Quema, penetra, cambia, renueva e ilumina. Haz lo que prometiste, mientras esperamos en el nombre de Cristo.

[Capítulo 8]
HAY GOZO

A fines de los años 80 Bobby McFerrin escribió y cantó una canción que se llamaba «Don't Worry, Be Happy» [No te preocupes, sé feliz]. La canción tenía un estilo caribeño, pero en lugar de usar instrumentos para acompañar su voz, McFerrin la grabó a cappella. La «música» tenía una mezcla de sonidos vocales, silbidos y otros efectos que McFerrin creó. La canción ocupó el primer lugar en las listas y la gente disfrutaba cantarla al compás de la feliz tonada. Por supuesto, el mensaje también daba un buen empujón psicológico. No te preocupes. Solo sé feliz. Deja las ansiedades y disfruta la vida. Tenía sentido. Es probable que ser feliz es algo de lo cual todos quisiéramos tener más. Pero eso nos lleva a una pregunta sencilla, ¿cómo?

Felicidad versus gozo

La felicidad va y viene de acuerdo a los cambios de nuestras circunstancias. Nace un nuevo bebé o nieto y todo el mundo sonríe. Nos ganamos unas vacaciones gratis ¡y nos ponemos eufóricos! El jefe nos da un aumento justo cuando necesitamos el dinero extra y nos alegramos mucho. Pero la euforia solo es temporal. Es inevitable que algo cambie y se lleve nuestra felicidad. El bebé se enferma, llueve en las vacaciones, nuestro trabajo desaparece debido a una fusión en la empresa. El sentimiento positivo es algo fugaz. En el mejor de los casos quedamos sintiéndonos vacíos y en el peor hasta enojados.

Entonces, ¿cómo recuperamos nuestra felicidad cuando la situación cambia? No basta con solo desearlo. No podemos perseguirla. Esforzarnos más para recuperarla solo produce frustración. Si solo las circunstancias nos hacen felices, entonces nuestra situación tiene que cambiar para volver a ser felices. Sin embargo, esa precisamente es la razón por la cual no somos felices. No tenemos, ni lo tendremos jamás, control sobre las cosas que contribuyen a «no te preocupes, sé feliz».

La felicidad es circunstancial y elusiva, pero el gozo no es circunstancial. Podemos tener gozo incluso cuando no somos felices. Algunos pudieran escuchar a los cristianos hablar del gozo y pensar que el gozo es solo un término religioso para la felicidad. Pero el gozo se diferencia de la felicidad. Si la situación es buena, cualquiera puede experimentar felicidad. Hasta las personas que no conocen a Dios o que lo maldicen pueden ser felices. Pero no tienen gozo, porque esa bendición en la vida tiene una fuente completamente diferente.

Según las Escrituras, el Espíritu Santo produce gozo. «Mas el fruto del Espíritu es amor, *gozo*, paz, paciencia, benignidad, bondad, fe, mansedumbre, templanza» (Gálatas 5:22-23, énfasis del autor). ¿Verdad que es interesante que el gozo se mencione justo después del amor? Es obvio que Dios no quiere que vivamos vidas deprimidas, malhumoradas y amargadas. Él sabe que la felicidad es fugaz, así que mediante el Espíritu nos da un gozo sobrenatural que trasciende a nuestras circunstancias. El gozo es un regalo bello que acompaña a la salvación mediante la fe en Jesucristo. Es un don que imparte el Espíritu Santo a lo más íntimo de nuestro ser.

Un gozo indecible y glorioso

Si el gozo es un don, debiéramos esperar verlo más en la iglesia; sin embargo, a menudo nos sorprende que no sea así. No obstante, cuando reconocemos que el gozo verdadero no viene de nuestras circunstancias sino de Dios, comenzamos a ver el gozo como una bendición para la vida cotidiana. Y ese gozo del Espíritu nos hará inconfundibles para la cultura que nos rodea.

VIH POSITIVA Y LLENA DE GOZO

Cierta mujer de nuestra iglesia es conocida por su alegre disposición y el gozo de su corazón, es una verdadera santa de Dios. Un día, hace más de quince años, vino a mi oficina y dijo que necesitaba hablar conmigo.

—Acabo de descubrir que tengo el VIH —dijo—. Lo contraje por mi esposo. Él es un drogadicto.

Me eché hacia delante en mi silla y bajé la cabeza pensando en la devastación de aquella oración.

—Pastor, estoy aquí por dos motivos. El primero es que quería decírselo en persona para que no se enterara por nadie más. El segundo es porque necesito consejo en cuanto a si debo contárselo a mis hijos y si es así, ¿cuándo sería el mejor momento? No quiero herirlos por no decírselo pero tampoco quiero que se preocupen.

Mientras me lo decía estaba sorprendentemente calmada. Había una dulzura en su espíritu que me sorprendió por completo. Algo en mí quería preguntar: «¿De qué planeta vienes?» Pero, en cambio, hablamos y luego oré por ella. Cuando terminamos, ella me preguntó con sinceridad: «¿Puedo orar por usted?»

Aquella dulce señora comenzó contándome que era VIH positiva ¡y luego terminó orando por *mí*! No era que hubiera leído un libro sobre el pensamiento positivo y hubiera decidido probarlo. No se había preparado mentalmente para enviar buenas vibraciones al universo para que estas regresaran a ella. Era una mujer que estaba experimentando el gozo a pesar de sus circunstancias muy dolorosas e inmerecidas.

EL GOZO NOS HACE DIFERENTES

El tipo de gozo que esta mujer tenía era normal en la iglesia del Nuevo Testamento y también debiera ser normal para nosotros. ¿Debemos estar deprimidos porque Jesús murió por nuestros pecados y resucitó de la tumba y todos esos pecados están perdonados? ¿Debemos lamentar el saber que un día vamos a estar con el Señor para siempre? ¿Debe entristecernos el hecho de que nuestros nombres están escritos en el Libro de la Vida? No. Esas cosas deben darnos gran gozo.

Pedro escribió: «Ustedes lo aman a pesar de no haberlo visto; y aunque no lo ven ahora, creen en él y se alegran con un *gozo indescriptible y glorioso*, pues están obteniendo la meta de su fe, que es su salvación» (1 Pedro 1:8-9, énfasis del autor). ¿Es un gozo «indescriptible y glorioso» lo que describe tu iglesia o la mía? Así debiera ser.

La epístola a los Romanos es el gran documento teológico de Pablo con respecto a la justificación por fe y otros asuntos doctrinales de peso. Sin embargo, al final de esta carta el apóstol declara que, en esencia, el reino de Dios no consiste en posiciones doctrinales como el calvinismo o el arminianismo. El reino de Dios no es cuestión de quién tiene la razón en el debate del rapto antes o después de la tribulación. Pablo dijo que el reino de Dios es cuestión de «justicia, paz y *gozo* en el Espíritu Santo» (Romanos 14:17, RVR 1960, énfasis del autor). Así de importante es el gozo, nos distingue como seguidores de Jesucristo.

Sin embargo, no estoy hablando de emotividad, ni de histerias ni de cantar coros de manera interminable hasta crear un cierto ambiente. Yo no quiero eso ni usted tampoco. Lo que el apóstol describió fue una vida de gozo que viene del Espíritu. Él escribió a los creyentes de Tesalónica diciéndoles que habían recibido el mensaje «en medio de gran tribulación, con *gozo* del Espíritu Santo» (1 Tesalonicenses 1:6, RVR 1960, énfasis del autor).

Si viéramos una iglesia llena de prejuicios y de ira, diríamos: «¡Eso no puede ser una iglesia cristiana!» ¿Por qué? Porque Dios es amor y el fruto del Espíritu es amor. Si no hay amor, si tenemos una atmósfera vil, entonces no puede ser ni de Dios ni del Espíritu.

El tipo de gozo que esta mujer tenía era normal en la iglesia del Nuevo Testamento y también debiera ser normal para nosotros.

¿Por qué no llegar a la misma conclusión cuando vemos una iglesia sin gozo? A menudo nos preguntamos por qué nuestras vidas no están llenas de gozo, pero en el Nuevo Testamento no encontramos creyentes deprimidos ni gruñones.

En la pequeña iglesia donde yo crecí había una señora de mediana edad que siempre estaba vestida de negro. Se ponía un vestido negro, un sombrero negro y zapatos negros. Siempre se sentaba sola con una expresión fruncida en el rostro y nunca hablaba con nadie. Jamás la vi siquiera sonreír. Entraba a las reuniones, oraba y escuchaba la Palabra y luego se iba. De hecho, hasta me daba temor acercarme a ella. ¡Parecía que la habían bautizado en jugo de limón!

Un día me armé de valor para preguntarle a un adulto acerca de ella.

—¿Qué le pasa a esa señora? —pregunté.

El hombre hizo un gesto con la cabeza, como si supiera algo por experiencia que yo no sabía.

—Oh, ella. Se ve que camina muy cerca de Dios.

Mi mente pequeña luchó con la idea. ¿Caminar cerca de Dios significa no reírse nunca? ¿Significa no tener amigos? ¿No alegrarse nunca en Jesús? ¿Por qué alguien querría acercarse a Dios si ese es el resultado? Sin embargo, esa es la imagen que algunas personas tienen del plan de Dios para la vida cristiana: oscura, sombría y sin gozo.

Caminar en el Espíritu, cuando el Espíritu nos controla, produce gozo en nuestras vidas así como produce amor. Lucas hasta describió: «Jesús se llenó del gozo *del Espíritu Santo*» (Lucas 10:21, NTV, énfasis del autor). Todo gozo viene del Espíritu Santo. No podemos fabricarlo, invocarlo, esforzarnos más para obtenerlo ni producirlo por nuestra cuenta.

Nadie sabe lo que yo he pasado

Algunos pudieran decir: «Pastor Cymbala, para usted es fácil decirlo. ¡Usted no sabe lo que yo he pasado! Si la gente hubiera sido tan mala con usted como lo fueron conmigo, usted no pensaría que este asunto del gozo es fácil».

Esas personas no tienen ideas de las cicatrices que yo tengo, como yo tampoco tengo idea de las heridas que ellos han sufrido. Pero el gozo no se les promete solo a aquellos con menos dolor en sus vidas. El gozo es para todo el que esté dispuesto a que el Espíritu lo controle. Jesús dijo: «Dichosos ustedes cuando los odien, cuando los discriminen, los insulten y los desprestigien por causa del Hijo del hombre. Alégrense en aquel día y salten de gozo, pues miren que les espera una gran recompensa en el cielo» (Lucas 6:22-23a). Cuando la vida es dolorosa, cuando la gente odia y actúa mal, Jesús dice que no tenemos que perder nuestro gozo. Sugerir que un pasado de sufrimiento nos da el derecho de no tener gozo es solo una manera de evitar la verdad.

Pero hasta Jesús supo lo que era el dolor y supo qué era llorar. Isaías profetizó que Jesús sería un varón de dolores (Isaías 53:3) y esa profecía, sin lugar a dudas, se hizo realidad. Él sufrió tanto en la cruz como cuando no estaba en ella mientras se burlaban de él, lo golpeaban y lo humillaban. Pero si nuestra imagen de Jesús es el Hijo apesadumbrado, solo tenemos la mitad del cuadro.

En Hebreos aprendemos que Dios ungió a Jesús con el aceite del gozo (1:9). Como dijimos en el capítulo 7, el aceite es un símbolo del Espíritu Santo. Y como acabamos de leer en Lucas 10:21, Jesús estaba lleno de gozo mediante el Espíritu Santo. ¡Qué yuxtaposición más extraña! Jesús, varón de dolores, fue quien llevó la cruz y, sin embargo, fue ungido con gozo. Y su gozo, como el nuestro, vino del Espíritu Santo. Para comprender verdaderamente a Jesús no podemos verlo solo como un Salvador lastimero. Tenemos que equilibrar eso con la otra verdad: que estaba lleno de gozo y que pasó gran parte de su tiempo regocijándose. «Claro, ¡él es Jesús!», podrían decir algunos. «Si era completamente Dios y completamente hombre al mismo tiempo, no es de extrañarse que pudiera experimentar tristeza y alegría. Pero yo no soy Jesús». Afortunadamente Jesús no es el único ejemplo que se nos da de tristeza y gozo simultáneos. El apóstol Pablo dijo que en ocasiones estaba «como entristecidos, mas siempre gozosos» (2 Corintios 6:10, RVR, 1960). ¿Será posible? Aparte del dolor, la presión o la angustia que estemos atravesando, es posible que un cristiano pueda experimentar dos cosas a la vez. En un sentido podemos estar tristes porque los cristianos lloran, se arrepienten y pierden seres queridos. Sin embargo, en lo más profundo de nuestras almas, mediante el control y el poder del Espíritu Santo, todavía podemos tener gozo. Puede que no lo mostremos por el dolor que estemos experimentando, pero por dentro el gozo permanece intacto.

Ya que nuestro mundo tiene tanto descontento y enfado, los cristianos podemos sobresalir por el Señor al vivir vidas gozosas. El clásico ejemplo bíblico de mantener el gozo en medio de circunstancias dolorosas se encuentra en Hechos. Leemos que cuando el apóstol Pablo y Silas estaban en Filipos, los golpearon, los azotaron y los metieron en la cárcel sin motivo alguno. No habían hecho nada malo. Una vez en su celda podían haber hecho cualquier cosa: planificar la venganza, maldecir a los guardias, pedir ayuda o incluso caminar por ellas de un lado a otro con temor y preocupación.

En cambio, estaban llenos de gozo. «A eso de la medianoche, Pablo y Silas se pusieron a orar y a cantar himnos a Dios, y los otros presos los escuchaban» (Hechos 16:25). No solo se regocijaron en medio de su dolor sino que los demás prisioneros presenciaron la efusión de su gozo. Los prisioneros de las celdas vecinas deben haber pesando que eran unos tontos y locos por estar alabando a Dios detrás de las rejas. Pero Pablo y Silas sabían que las dificultades no podían quitarles su gozo en Jesús.

«¿Qué le pasó a nuestro gozo?»

Hace unos años visité una ciudad en el sur y estaba muy emocionado porque me volvería a encontrar con una señora cristiana y con su esposo quienes hacía varios años se habían mudado para allí. La joven visitaba nuestra iglesia cuando tenía veintitantos años y aceptó a Jesús como Señor y Salvador. Después la trajeron a mi oficina donde me contó su dolorosa historia. Su padre había abusado de ella, emocional y sexualmente, y ella acabó viviendo en las calles. Trabajaba como bailarina topless, experimentaba sexualmente y por fin quedó embarazada y tuvo una hija sin casarse. Terminó en la zona de Times Square, viviendo en un apartamento de mala muerte sin electricidad ni calefacción.

Pero entonces me contó el amor de Dios que sintió al estar sentada en nuestra congregación mientras adorábamos a Dios y escuchábamos su Palabra. No pudo dejar de llorar luego de darse cuenta que Cristo la estaba llamando para que saliera de su vacío y su depresión.

Durante los años siguientes observé a aquella joven convertirse en la mujer cristiana más radiante y bella que puedas imaginar. Un gozo hermoso y el resplandor de la paz reemplazaron el vacío, la tristeza, las cicatrices y las cosas que agobiaron su semblante. Con el tiempo se casó y se mudó a otra ciudad, pero yo recordaba su gozo y estaba ansioso de verlos, a ella y a su esposo, ahora que yo estaba en esa ciudad.

Pero no había pasado ni dos minutos con ella cuando me di cuenta que algo no andaba bien. No me hizo falta ningún discernimiento profético, bastaba con mirar su rostro para saber lo que había pasado. La llevé aparte y le pregunté qué pasaba.

—¿Cómo supo usted que algo no anda bien? —preguntó ella.

—Porque me doy cuenta de solo mirarte. Has perdido tu gozo.

Ella bajó la cabeza en silencio porque sabía que era verdad. **Aunque el mundo no nos puede quitar el gozo, nosotros podemos perderlo.** De hecho, Pablo preguntó una vez a un grupo de cristianos: «¿qué pasó con todo ese entusiasmo?» (Gálatas 4:15).[1] Ese no es el tipo de pregunta que normalmente hacemos a las personas o a las iglesias. Pero cuando nuestro andar con el Señor se desvía, cuando quitamos los ojos de Jesús, el gozo sobrenatural que solo Dios puede darnos comienza a decaer y con el tiempo desaparece. Podemos volvernos amargados, deprimidos y malhumorados. Tenemos que pedirle a Dios que nos ayude, si el gozo del Señor no es nuestra experiencia diaria.

Aunque en ese viaje nunca tuve la oportunidad de hablar en privado con aquella mujer para saber qué le había hecho perder el gozo, sospeché que tenía algo que ver con sus problemas familiares. Pero lo más importante, noté que aquella noche, después de escuchar la Palabra y venir al altar donde oramos juntos, se fue de la iglesia con un brillo en su rostro.

Gozo en el Espíritu

Que hoy los cristianos experimenten el gozo tiene un impacto mucho más poderoso en el mundo que décadas atrás. ¿Por qué? Porque la mentalidad de derecho que tanto prevalece en nuestra sociedad lleva a muchas personas a sentirse justificadas en su ira. «El gobierno (o mi empleador, mi familia, ¡alguien tiene que ser!) me debe mucho. Tengo derecho porque mi vida ha sido difícil. Tú no tienes idea de lo que yo he pasado». A menudo hay un resentimiento profundo en este tipo de queja. De hecho, si analizas con cuidado los asuntos en la esfera internacional, la política nacional, los programas radiales, los blogs, las disputas laborales y las relaciones raciales, existe una epidemia mundial de veneno y amargura. Está en todas partes y lamentablemente también ha invadido al cuerpo de Cristo. Es exactamente lo contrario de la vida gozosa que Jesús diseñó para todos nosotros. «Estas cosas os he hablado, para que mi gozo esté en vosotros, y vuestro gozo sea cumplido» (Juan 15:11, RVR, 1960).

Siglos antes de que Jesús dijera esas palabras ya se entendía el gozo como una faceta importante en la vida del pueblo escogido por Dios. Moisés dijo que las bendiciones de Dios se daban para que «tu alegría será completa» (Deuteronomio 16:15). Disfrutar la presencia de Dios producía un gozo más profundo que cualquier bendición material (Salmo 21:6), y el pueblo de Dios debía celebrar su bondad continuamente con júbilo (Salmo 107:22).

Al cantar una canción jubilosa no era solo la letra o la melodía lo que hacía que la canción fuera fervorosa, los cantantes necesitaban un corazón gozoso por todo lo que el Señor había hecho por ellos. Si no, el canto no sería aceptable. Dios estaba más interesado en corazones jubilosos que en su habilidad vocal. Es por eso que la actitud de

David agradaba tanto a Dios. Aunque estaba rodeado por enemigos y bajo un gran estrés, David no se quejaba, no se amargaba ni preguntaba «¿por qué yo?». En cambio, iba al tabernáculo y ofrecía sacrificios «de alabanza» y decía «cantaré salmos al Señor» (Salmos 27:6). El gozo en Israel a veces era un poco eufórico debido a la fidelidad de Dios. Cantar alto y gritar era algo común. Sentían gozo por la construcción del templo, por la muerte de Goliat y otras victorias militares, y por los exiliados que regresaban de la cautividad. Si los israelitas sentían tanto gozo, ¿qué tipo de gozo debía estar presente en los cristianos al celebrar al Salvador crucificado y resucitado? Qué triste es el formalismo apagado que caracteriza a tantas vidas e iglesias. El Espíritu nos ha perdonado, limpiado, justificado y sellado, ¡y viviremos eternamente con Cristo! ¿Acaso no se impone un canto jubiloso, gritos de alabanza y una acción de gracia eufórica? Sé que hay momentos de «quédense quietos, reconozcan que yo soy Dios» (Salmos 46:10), pero también debemos recordar: «Cantad con gozo a Dios, fortaleza nuestra; al Dios de Jacob aclamad con júbilo» (Salmos 81:1, RVR, 1960). Se nos dice que Dios se regocija por nosotros con cantos (Sofonías 3:17). ¿Se regocija por mí el maravilloso Dios y creador de todas las cosas? Bueno, lo menos que puedo hacer es darle a cambio la alabanza jubilosa que él se merece.

La base del gozo espiritual está en nuestra relación inalterable con Cristo. Nosotros nos alegramos en el Señor (Filipenses 3:1) al recordar y proclamar todos los beneficios que él nos ha proporcionado ahora y en el futuro. Todos tenemos la lamentable tendencia de pensar solamente en los problemas y en el dolor que nos confrontan, pero en Cristo tenemos miles de bendiciones que nadie nos puede quitar. Jesús dijo: «Se gozará vuestro corazón, y nadie quitará vuestro gozo» (Juan 16:22, RVR, 1960). Más adelante Pablo enfatizó el mandato de Jesús al decir: «Regocijaos en el Señor siempre. Otra vez digo: ¡Regocijaos!» (Filipenses 4:4, RVR 1960). Por lo tanto, necesitamos resistir a los «ladrones del gozo» que nos quieren quitar este precioso regalo.

Para mantener nuestro gozo tenemos que «regocijarnos en el Señor» de manera habitual, incluso cuando no sintamos nada o cuando estemos sufriendo. Es posible sentir dolor y no obstante regocijarse. Regocijarse es celebrar y glorificar a Cristo por lo que sea. Al hacerlo, el agua del gozo del Espíritu brota del pozo que está dentro de nosotros.

En muchas ocasiones, medio distraído y adormecido, angustiado por alguna crisis o problema, he entrado a nuestro santuario durante el tiempo de alabanza y adoración. Pero al alzar mi corazón, mi voz y mis manos a mi Salvador Jesucristo, no pasa mucho tiempo antes de que mi corazón se desborde con ríos de gozo. Mi situación no cambió al regocijarme en el Señor, ¡pero mi perspectiva espiritual sí cambió!

La alegría y el regocijo pudieran parecer irrelevantes para aquellos entre nosotros que son más intelectuales y voluntariosos, pero recordemos cuán importante es el gozo para nuestro crecimiento espiritual. Pablo dijo: «Convencido de esto, sé que permaneceré y continuaré con todos ustedes para contribuir a su *jubiloso avance en la fe*» (Filipenses 1:25, énfasis del autor). Pablo vinculó nuestro progreso y crecimiento en la fe con el gozo que aumenta al madurar en Cristo. La fe crece mejor en el terreno de un corazón que se regocija en Jesús a pesar de lo que esté sucediendo a su alrededor. Así fue como David pudo escribir algunos de sus mejores y más jubilosos salmos mientras el rey Saúl y el ejército de Israel le perseguían para destruirlo. El profeta Nehemías dijo: «el gozo del Señor es nuestra fortaleza» (Nehemías 8:10). Necesitamos de ese gozo para sobrevivir. Nunca prevaleceremos victoriosos frente a los ataques diarios de Satanás si nuestras almas están llenas de ira y resentimiento.

Los primeros cristianos vivían vidas precarias, nunca sabían lo que su fidelidad a Jesús podría costarles. Enfrentaron tiempos que fueron diez veces más difíciles que los nuestros, sin embargo, experimentaron cien veces más el gozo. Oremos como ellos lo hicieron para que Dios nos llene de gozo mediante el Espíritu, no solo un poco de ánimo de vez en cuando sino un río de gozo profundo y continuo.

[Capítulo 9]

CON DERECHO AL GOZO: LA HISTORIA DE EVELYN

En el capítulo anterior escribí acerca de personas que a menudo sienten que tienen derecho a su infelicidad debido a las circunstancias que han atravesado en su vida. Si alguien tuviera derecho a sentir ira y amargura es Evelyn Sánchez. Creció en la pobreza, la gente más cercana a ella le mintió, experimentó pérdidas muy trágicas y en ocasiones se sentía tan deprimida que trataba de tomar sobredosis. Pero bueno, ¿cómo le va ahora a una mujer con un pasado así de trágico? Está ministrado a otras mujeres, diciéndoles cómo pueden encontrar gozo en sus vidas. «La felicidad depende de los sucesos, pero el gozo proviene del Señor», es una de sus frases favoritas. Ella es una prueba de que a pesar de las constantes tribulaciones en la vida, podemos tener gozo si tan solo aprendemos a beber del Espíritu a pesar de nuestras circunstancias.

Evelyn

Nací en la hermosa isla de Puerto Rico, pero la historia de mi nacimiento no fue tan hermosa. Mi madre no estaba casada. Cuando crecí y pregunté por mi padre, ella me dijo que él había sido maravilloso pero que un hombre malo lo mató antes de yo nacer. Aunque fue difícil crecer sin padre, me agradaba saber que había sido un buen hombre.

Cuando yo tenía dos años mi madre se mudó a los Estados Unidos en busca de mejores oportunidades para ambas. Nos establecimos en el Bronx, en el «apartamento» de un sótano que en realidad no era más que una habitación pequeñita y sin ventanas. El único pedazo del piso que tenía cemento era el área del baño y la cocina que compartían todos los inquilinos. El piso de grava y tierra de nuestra habitación estaba cubierto por una combinación de cartón y plástico. Mientras vivíamos allí mi madre se casó y salió embarazada. En cuanto el casero supo que ella tenía un bebé nos sacó de allí. Temía buscarse problemas por tener un bebé recién nacido viviendo en esas condiciones.

Yo tenía seis años cuando nos mudamos a un lugar nuevo en la calle Dawson, en el Bronx. ¡Estaba muy contenta porque por fin tendríamos ventanas! Nuestra nueva casa en realidad era un garaje que estaba en la parte de atrás de la propiedad del dueño. Él había construido tres habitaciones en la parte superior del garaje, pero no había baño. Para usar el inodoro teníamos que bajar las escaleras por el patio y usar el baño que estaba junto a la casa del dueño. No teníamos bañadera ni ducha. Una vez a la semana mi madre calentaba agua en el fogón y llenaba una palangana de metal para bañarnos.

Nuestra cocina era un ancho lavadero de porcelana con llaves de cobre. Teníamos una nevera y nos traían hielos dos veces por semana, pero no había agua caliente ni calefacción. Por la noche dormíamos con abrigos y guantes puestos. En el invierno había tanto frío que si antes de acostarme dejaba un vaso con agua sobre la mesa, por la mañana estaba completamente congelado.

Teníamos un calentador de keroseno que a mi madre le aterraba usar en la noche por temor a que iniciara un incendio, pero durante el día funcionaba constantemente. Lo malo era que dejaba una corriente continua de humo negro. El hollín se metía por mis orejas y fosas nasales y se me acumulaba debajo de las uñas. Aunque una vez a la semana me bañaba en la palangana y todos los días me daba un baño con esponja, eso solo servía para apenas quitarme el residuo del keroseno.

En el tercer grado se esperaba que todos los días fuéramos a la escuela con un pañuelo recién lavado, el cabello bien peinado, los zapatos lustrosos y las uñas limpias. Nominaron de monitora a una de mis compañeras de clase, una niñita muy correcta y formal. Cada día nos revisaba para asegurarse de que todos pasáramos su inspección.

A pesar de lo mucho que me esforzaba por limpiarlas, las manchas de hollín negro bajo las uñas siempre me causaban problemas. Un día se me ocurrió una manera de ganarle la partida. Decidí pintarme las uñas de rojo para que no pudiera ver más las manchas brillosas, pero ella me descubrió. Le dijo a la maestra que yo me pintaba las uñas para ocultar la mugre y entonces me dijo que una vez más no había pasado la inspección. Sus inspecciones diarias me humillaban, pero no había nada que yo pudiera hacer.

Con el tiempo tuvieron que demoler el garaje donde vivíamos. Mi tío ayudó a mi madre a encontrar un apartamento en Hell's Kitchen [La cocina del infierno], un barrio al lado oeste de Manhattan. ¡Cuando supe adónde nos mudaríamos, yo me sentí más que feliz! Quería alejarme de la Señorita Perfecta y sus inspecciones. Yo alardeaba ante mis amigos que nos mudaríamos a la ciudad. Nuestro apartamento estaba como a tres cuadras de Times Square y yo estaba eufórica al pensar en vivir cerca de todas aquellas luces y teatros.

Tenía nueve años, mi hermano tenía cinco y mi madre estaba embarazada de mi hermana cuando nos mudamos al edificio de ladrillo para seis familias en la calle 44. En nuestra casa nueva todos los niños compartían una habitación. Era más bien un closet, ¡pero no me importaba porque tenía literas y una cómoda con cuatro gavetas! Dos gavetas para mí y una para cada uno de mis hermanos.

Mi madre y mi padrastro dormían en la sala. Todavía no teníamos calefacción ni agua caliente, así que seguíamos usando las lámparas y los calentadores de keroseno, pero sí teníamos una cocina con refrigerador. Y el baño estaba en el mismo piso al final del pasillo.

Yo no tuve mucha infancia porque tuve que asumir responsabilidades de adulto desde muy temprano en la vida. Mi madre no hablaba inglés y sus habilidades de lectura y escritura en español eran limitadas, ya que solo tenía una educación de cuarto grado.

> **Yo no tuve mucha infancia porque tuve que asumir responsabilidades de adulto desde muy temprano en la vida.**

Aunque era una mujer bella y trabajadora, dependía de mí para ayudarla en el mundo fuera de nuestro hogar y cada vez que ella salía yo tenía que interpretarle. Aunque siempre supe que mi madre me amaba, nunca me lo dijo excepto una vez, el día de mi boda, y solo después que yo se lo pregunté. Ella no era muy cariñosa y no recuerdo que alguna vez me abrazara, me besara o me cargara. Pero sé que debe haberme querido porque me cuidaba muy bien.

Nellie, mi hermanita, era mi mayor alegría en la vida. Era como mi muñequita. Yo la vestía, la bañaba y jugaba con su cabello. Ella era mi motivo de alegría y orgullo. Nellie era lo único que me importaba y la única relación cariñosa e íntima que tuve mientras crecí. Ella era la única a quien yo abrazaba y besada y la única que me abrazaba y me besaba. Ella era todo mi gozo.

Cuando vivíamos en Hell's Kitchen, comenzamos a visitar una pequeña iglesia hispana. Allí aprendí de Jesús y vi a mi madre entregar su corazón al Señor. Nellie también amaba al Señor. Me daba mucha alegría y estoy segura que a él también porque ella le cantaba canciones y alabanzas.

Cuando yo tenía diez años supe que una prima mayor que yo iría de vacaciones a Puerto Rico en el verano. Yo tenía muchos deseos de acompañarla y por fin convencí a mi madre para que me dejara ir. En casa de mi prima, muy emocionada conversando con ella y haciendo preparativos para nuestro viaje, vino mi tío y me dijo:

—Ahora por fin podrás conocer a tu padre.

—Mi padre está muerto —le dije yo—. Un hombre malo lo mató.

—No lo está. Tu madre te ha mentido. —Entonces me dio un pedazo de papel—. Ahí tienes su nombre, la dirección donde vive y el lugar donde trabaja. Cuando vayas, asegúrate de visitarlo.

Sentí como si me hubieran dado una puñalada en el corazón. ¿Mi padre estaba vivo? ¿Me habían mentido todos estos años? De regreso a casa lloré amargas lágrimas de ira.

En la casa confronté a mi madre.

—¿Es esto cierto?

—¿Por qué habría yo de hablarte acerca de un hombre que no quería saber de ti? ¡Ni siquiera te dio su apellido!

Yo veía el dolor en sus ojos, pero insistí.

—¡Pero es mi padre!

Durante los días siguientes, mientras nos preparábamos para nuestro viaje, yo me sentía cada vez más emocionada ante la posibilidad de conocer a mi padre. ¿Cómo sería? ¿Sería apuesto o tal vez hasta rico?

A través de varios parientes armé la historia de lo que había sucedido. Mi madre era de origen muy humilde en Puerto Rico. Su familia era pobre y no tenía mucha educación. Mi padre era del otro lado. Su familia tenía más dinero y pensaban que eran mejores que mi madre y su familia. Así que a la familia de mi padre no le alegró que ella quedara embarazada. Presionaron a mi padre para que se alejara y no tuviera nada que ver con ella. Él hasta llegó a negar que yo era su hija, así que mucho antes de yo nacer ya él no estaba. Por supuesto, a mi madre le dolió mucho todo lo que él hizo y dijo. Decirme que estaba muerto fue la mejor manera que encontró para dejar su dolor en el pasado.

De niña yo era bastante independiente y terca. Cuando llegué a Puerto Rico, tan pronto se me presentó la primera oportunidad, fui directo al trabajo de mi papá. Él era DJ en la única estación de radio del pueblo, así que todo el mundo lo conocía. En la estación me presenté a la señora que estaba detrás del escritorio y le dije por qué estaba allí. Ella enseguida me botó de la estación y me dijo que no regresara. Después supe que era su esposa.

Afuera me senté en la acera y lloré sin consuelo mientras mi prima estaba a mi lado sin saber qué hacer. Yo estaba tan emocionaba porque por fin podría conocer a mi padre y esta secretaria indiferente había acabado con mis sueños y esperanzas de un reencuentro. Una mujer que pasaba por allí se detuvo y me preguntó:

—Niña, ¿por qué lloras? ¿Qué pasa?

Al parecer ella pensaba que yo estaba perdida o herida. Mi prima habló.

—Ella vino desde Nueva York hasta aquí para ver a su padre y la secretaria allá adentro le dijo que no podía entrar y la botó.

—Ahora mismo vas a venir conmigo —dijo la mujer mientras me agarraba por la mano y me llevaba por la misma calle a la estación de policía. Entramos al edificio y sin hablar con nadie me llevó directo a la oficina del capitán y le dijo lo que había pasado. El capitán se levantó. Era tan grande que parecía un león y al principio hasta me dio miedo.

Ese día se sembraron semillas que echarían raíces y crecerían en los próximos años.

—Nosotros nos vamos a ocupar de eso —le dijo a la señora.

Le ordenó a un policía que me llevara de regreso a la estación de radio. El policía y yo entramos juntos. Cuando la secretaria me vio con él, se agitó mucho. Él me sentó y luego le hizo un gesto a ella para que viniera y hablara con él en privado. Cuando terminaron, ella entró al estudio y trajo a mi padre.

Cuando él entró a la habitación y sus ojos me encontraron, nos miramos durante un instante. "Es igualito a mí", pensé yo. Sabía por la expresión en su rostro que él estaba pensando lo mismo. Lo miré a los ojos y en mi ingenuidad yo realmente creía que él me cargaría en sus brazos fuertes, me daría una vuelta, me besaría y me diría cuánto le alegraba verme.

En cambio dijo:

—¿Qué haces aquí? ¿Dónde está tu madre?

—Ella está en Nueva York. Yo estoy aquí de vacaciones.

—Muy bien, no puedo hablar contigo. Ahora estoy muy ocupado, pero te dedicaré una canción en la radio.

Entonces dio la vuelta y desapareció para regresar al estudio. Nunca más lo volví a ver.

Me fui de la estación de radio herida y enojada. Ese día se sembraron semillas que echarían raíces y crecerían en los próximos años.

Mis fantasías de las semanas anteriores eran que yo encontraría a un padre amoroso, pero ese día murieron mis sueños de que un padre me amara.

Ahora solo tenía a Nellie.

Unos pocos años después estaba yo en la casa una noche ayudando a mamá a preparar la cena cuando Nellie gritó por la ventana:

—Evelyn, te quiero. ¡Te quiero!

—Yo también te quiero —le contesté.

—Quiero ir a casa de Lenny —dijo ella.

Lenny era un amigo blanco que a menudo venía a nuestra casa y ella iba a la suya. Eran muy buenos amigos y les encantaba jugar juntos. Todas las casas de nuestra calle eran edificios familiares de cuatro pisos para seis familias y Lenny vivía solo a siete u ocho casas de nosotros.

—Está bien —le dije inclinándome por la ventana para que ella pudiera verme—. Pero dile a la mamá de Lenny que a las seis te mande de regreso a casa. —Y le mostré seis dedos—. Tienes que estar en casa a las seis para cenar, ¿está bien? —Ella asintió y salió dando brincos para casa de Lenny.

Esta fue la última vez que hablé con ella.

Estaban jugando adentro, en la casa de Lenny, sentados en el marco de una ventana abierta. Aunque la ventana tenía barandas de protección, el marco estaba podrido y las barandas no estaban bien aseguradas. Cuando los niños se apoyaron en ella, las barandas cedieron. Nellie cayó de la ventana del segundo piso al pavimento. Lenny cayó después y según los testigos cayó encima de Nelly antes de rebotar a la hierba. El hermano de Lenny que tenía 18 meses también salió por la ventana pero las piernas se le enredaron en la baranda. Quedó peligrosamente colgado de la ventana mientras los espectadores observaban horrorizados hasta que su madre lo pudo salvar. Ambos chicos sobrevivieron pero vino una ambulancia y se llevó a Nellie al hospital. Allí estaban la policía y los bomberos para investigar. Mi madre fue a la casa para buscar a mi padrastro e irse juntos al hospital, pero yo no pude esperar por ella. Me fui al hospital con un periodista de *The Daily Mirror* y una vez allí me colé en la sala de emergencia y encontré la habitación de Nellie.

Ella estaba inconsciente, tan tranquila y callada sobre la mesa.

—¡Nellie, despierta! ¡Despierta, Nellie! —yo le suplicaba llorando.

Pero una enfermera me oyó y vino corriendo.

—No puedes estar aquí —me dijo y me obligó a salir.

Mi prima mayor me acompañaba en la sala de espera. Nellie vivió seis horas después del accidente. Trataron de operarla pero no sobrevivió la cirugía. Fui yo quien tuvo que darles la noticia a mi madre y a mi padrastro. Algo en mi corazón se murió junto con Nellie.

Mi madre se negó a regresar a nuestro apartamento. La familia nos recogió en el hospital y nos fuimos a Brooklyn para quedarnos con mis primos. Nunca regresamos a nuestra casa en Manhattan. Mi madre no quería hablar de Nellie y no guardaba ninguna foto de ella. Yo tuve que esconder las pocas fotos que tenía para que ella no me las botara. Mamá no quería nada a su alrededor que le recordara a su hija fallecida.

Cuando yo tenía catorce años por fin nos mudamos a un apartamento que tenía calefacción y agua caliente. ¡Además había una bañadera y una ducha! Por las noches, después que todos se dormían, yo llenaba la bañadera con agua caliente y me metía, y volvía a llenarla cuando el agua se iba o se ponía fría. Me encantaba sentirme rodeada de agua y me quedaba ahí hasta que la piel se me arrugaba. A veces me tapaba la nariz, me metía debajo de la superficie y me quedaba allí tanto como podía. Solo quería sentir el abrazo y la calidez del agua.

Mi madre suponía que el diablo era responsable de mi conducta o que Dios estaba tratando de llamar mi atención.

Yo me culpaba por la muerte de Nellie. Si ella no hubiera estado en casa de Lenny, no se hubiera caído de la ventana. Nadie me habló de su muerte. Nadie me dijo que no fue culpa mía. Así que no había nadie con quien yo pudiera hablar de la culpa que cargaba. Comencé una espiral descendente en mi vida: me rebelaba, me portaba mal, no sacaba buenas calificaciones y tenía amistades que no eran buenas. Nellie era la única en mi vida a quien yo realmente amaba y la que me amaba a mí. Ahora ella no estaba y era por mi culpa.

Mi enojo con Dios se convirtió en odio. ¿Por qué los niños sí se salvaron? Sus padres eran ateos. ¡Mi madre era cristiana y mi hermana amaba al Señor! Se suponía que Dios la protegiera y la cuidara, al menos eso era lo que nos enseñaban en la iglesia. Pero él no cuidó a Nellie. Así que yo le di la espalda. «No quiero conocerte. No quiero saber de ti», le dije. Perder a mi hermana me hizo huir de Dios mientras que mi madre se acercó más a él.

Tenía 14 años cuando tomé una sobredosis de aspirina y luego me fui a la escuela. Supuse que me moriría allí y todo sería un gran show. Todo el mundo lo sabría, pero en la clase de inglés comencé a cabecear y me llevaron a la enfermería. Estaba fría y pegajosa. La enfermera pensó que había tomado drogas y me mandó al hospital. Mi prima fue para allá. Afortunadamente ella pudo contarles lo que estaba pasando. Por poco me encierran en la sala de enfermos mentales.

Mi madre suponía que el diablo era responsable de mi conducta o que Dios estaba tratando de llamar mi atención. «Eres tan atrevida», decía ella cuando yo le decía que no quería saber de Dios. «Cuando Dios te atrape, el Espíritu Santo te va a agarrar por el cabello y te va a arrastrar hasta el altar». Su descripción de Dios y del Espíritu Santo solo me hacían querer estar lejos de ambos.

A los 16 años yo andaba buscando que alguien me cuidara y me amara, así que me casé con un hombre 10 años mayor que yo. Al principio me trataba como si yo fuera su princesita. Pero al año siguiente tuve a mi hijo, José. Cuando nació José puse toda mi atención y afecto en él, y mi esposo se puso celoso. Una noche estaba tan borracho que agarró a José por un brazo y lo lanzó contra la pared. En esa época vivíamos con mi madre y ella vino corriendo cuando escuchó la conmoción seguida por los gritos repentinos de José por el dolor. Echó abajo la puerta cerrada y llamó a la policía.

A los 20 años ya yo estaba divorciada.

Un año después me casé por segunda vez, y un año después de eso nació Melissa, mi hija. Cuando ella tenía siete años tuve a Ricardo. Mi nuevo matrimonio no era mucho mejor que el primero. Mi segundo esposo también era alcohólico.

Poco después del nacimiento de Ricardo comencé a visitar la iglesia de mi madre. Ella había estado llevando a mis hijos a pesar de que yo no iba, pero yo sabía que necesitaba un cambio en mi vida y por fin estaba lista. Con el paso del tiempo, a pesar mi ira, comencé poco a poco a sentir que Dios me hablaba y que suavemente me estaba acercando a él.

Un día, mientras me estaba dando una ducha y vistiéndome, pensé: ¡No puedo creer que un 31 de diciembre me esté vistiendo para ir a la iglesia! *Tal vez debiera tomar una decisión de año nuevo y entregarle mi vida a Cristo. La gente dice que él llena la vida de uno con amor, gozo y paz. Tal vez deba darle una oportunidad para que haga eso en mi vida.*

Esa noche, en el servicio, el pastor pidió a los que quisieran entregar su vida a Cristo que pasaran al frente, pero yo me quedé en mi asiento. Entonces él dijo: «El Espíritu Santo me está diciendo que aquí hay alguien batallando. ¿Por qué no le das a Dios una oportunidad? ¿Por qué no haces de Cristo tu decisión para año nuevo? ¿Por qué no ver si él puede darte el gozo, la paz y el amor que anhelas en tu vida?»

Fue entonces cuando me levanté de mi asiento y corrí hasta el altar.

Esa noche le entregué mi vida a Cristo y cuando lo hice, recuerdo sentirme sumergida en su amor, tal y como solía sumergirme en un baño de agua tibia. Su amor me rodeó por completo. El Espíritu Santo no me arrastró por el pasillo ni Dios estaba enojado conmigo. Yo solo sentía amor.

Después de eso pasé de estar enojada y amargada y de querer matarme, a conocer qué eran realmente la paz, el amor y el gozo. Mis circunstancias no habían cambiado. Yo seguía en un matrimonio sin amor. Pero ahora tenía el deseo de hacer que mi matrimonio funcionara, de servir a Dios y de crear para mi familia un hogar amoroso y centrado en Cristo.

No podría decirte cuán dramático fue aquel cambio. Yo había sido una persona muy vengativa. Si me decías dos cosas malas, yo te contestaba cinco, asegurándome que las mías fueran las últimas. Y detestaba tanto a mi padrastro que ni podía mirarlo. Cuando dejé de sentirme así supe que era por la gracia de Dios que me había convertido en una nueva persona en Cristo y que había sido liberada de mi ira y mi amargura. Pasé de apenas existir a tener una vida abundante y ahora quería compartir ese sentimiento con otros. Me matriculé en un instituto bíblico del vecindario para poder aprender la Palabra de Dios.

Más o menos en esa época comencé a venir al Tabernáculo de Brooklyn. Nunca había visto una iglesia con tanta alegría y aprendí, todavía más, cómo el gozo estaba ligado al Espíritu Santo. Descubrí un versículo en Sofonías que cambió la manera en que yo veía a Dios: «porque el Señor tu Dios está en medio de ti como guerrero victorioso. Se deleitará en ti con gozo, te renovará con su amor, se alegrará por ti con cantos» (Sofonías 3:17). *¡Ay Dios! No solo me has enseñado a regocijarme sino que ¿tú también te alegras por mí? ¿Yo produzco alegría en tu corazón? ¿Y tú te alegras por mí con cantos?* No conocí a mi padre terrenal, ¡pero ahora sabía que mi Padre celestial me amaba y se regocijaba por mí!

Durante años fui voluntaria de la iglesia y con el tiempo tuve un trabajo a tiempo completo. Y ahora ya llevo casi 30 años trabajando allí. Hoy soy la directora de los ministerios femeniles. Enseño la Biblia e instruyo a los creyentes en Jesús. Cada día aconsejo a mujeres y les recuerdo que el gozo viene del Señor. Es un don de Dios que nadie puede quitar. Quiero que sepan que sus errores (como los míos) no son definitivos. Nuestro Dios es un Dios vivo, un Dios que restaura lo que Satanás ha robado y nos da un nuevo comienzo en la vida.

> La vida cristiana es una decisión y yo escojo permanecer en su presencia cada día.

Ser cristiana no hizo que mi vida fuera perfecta ni perfectamente feliz. Mi matrimonio siguió siendo difícil a pesar de mis buenas intenciones. Cuando mi esposo puso a mi hijo menor en mi contra, y nada que yo hiciera o dijera arreglaba las cosas, Dios me dio un versículo: «Ustedes quédense quietos, que el Señor presentará batalla por ustedes» (Éxodo 14:14), y yo aprendí a confiar en él de una nueva forma. Al final mi esposo y yo nos divorciamos y mi hijo y yo nos hemos reconciliado.

Pero todavía hoy tengo batallas que tratan de robarme el gozo. Una persona que quiero mucho le ha dado su espalda al Señor y el año pasado mi madre murió. La vida cristiana es una decisión y yo escojo permanecer en su presencia cada día. Practico el gozo al estar agradecida por todo lo que se me ha dado. Y encuentro gozo en el hecho de que todavía estoy aprendiendo y creciendo. Sé que muchas personas se sienten con derecho a aferrarse a su ira y su amargura. Yo también creo en los derechos. Soy hija de Dios y tengo derecho a su amor, su paz y su gozo, y sobre todo, a su gracia. Quiero todas las cosas buenas que él ha planeado para mí.

[Capítulo 10]
UNA BÚSQUEDA PARA SEMEJARSE A CRISTO

Nicole Crews creció en Alemania, de padre afro-americano y madre alemana, los cuales se divorciaron cuando Nicole era muy pequeña. Su madre bebía mucho. Vivir con una alcohólica era difícil y Nicole tuvo que asumir muchas responsabilidades familiares por ella y por su hermano. Tristemente su madre murió cuando Nicole tenía solo 17 años.

Nicole era alta y hermosa y comenzó a modelar a los 15 años. Tuvo mucho éxito en Alemania, pero a los 25 años decidió mudarse a Miami y trabajar para un agente que la representaría allí. «Después de un tiempo en Miami me di cuenta que el estilo de vida era diferente a lo que yo esperaba», cuenta Nicole. «Había muchas fiestas y yo pensé que eso distraía mucho y que era demasiado peligroso. Así que me mudé a Nueva York». (Tengo que decir que Nicole es la única persona que yo sepa que se ha mudado a Nueva York ¡por asuntos de seguridad!)

Aunque no creció en la iglesia, la mayoría de las personas hubieran descrito a Nicole como «una buena chica». No tomaba ni usaba drogas porque vio lo que le pasó a su madre. Pero le gustaba ir a los clubes y bailar. Como modelo podía ir a los mejores clubes y la invitaban a fiestas exclusivas, pero ella seguía enfocada en su carrera. «Todo mi objetivo era ser una modelo de Victoria's Secret».

Aunque su carrera era exitosa, Nicole se sentía vacía. Preguntó por iglesias y por fin otra modelo la trajo a nuestra iglesia. «Yo siempre estuve buscando», decía Nicole. «En Alemania oíamos que los coros de música góspel eran originales y movidos, así que siempre me atrajeron. Vine al Tabernáculo de Brooklyn porque quería escuchar buena música».

El primer domingo que ella asistió mostramos un video de nuestro ministerio en Haití y eso despertó algo en Nicole. Regresó al domingo siguiente y al otro. «Entonces, un domingo de junio de 2006 yo estaba sentada en el balcón y el pastor Cymbala alzó la vista y aunque no recuerdo lo que dijo, sentí como si estuviera hablándome a mí. Yo lloraba y me volví para mirar a otra amiga modelo que me acompañaba y ella también estaba llorando. Así que supe que tenía que bajar y aceptar a Jesús como mi Señor y Salvador».

Durante el año siguiente Nicole siguió asistiendo a llamados de reparto, realizando trabajos de modelaje, bailando en clubes y participando en fiestas de su industria. Pero también venía a la iglesia los domingos, asistía a reuniones de oración en la semana y recibía clases de la Biblia. «Pero algo no concordaba», cuenta Nicole. «Yo seguía leyendo en la Biblia lo que era una vida justa, pero no la estaba viviendo. Las cosas que aprendía en la clase de Biblia seguían declarando mi culpa». Por dentro comenzó a sentirse diferente con respecto a situaciones que nunca antes le habían molestado.

«A la última fiesta que asistí fue en la noche de Halloween de 2007. Me disfracé y estaba muy entusiasmada, pero diez minutos después de llegar me puse a mirar todas las locuras a mi alrededor: drogas, alcohol, homosexualismo, relaciones sexuales promiscuas y cosas raras. Vi lo que mis amigos hacían y pensé: Yo estoy fuera de lugar. Supe entonces que era algo del Espíritu Santo porque yo no estaba haciendo nada malo. Ni bebo ni fumo. Pero de repente me di cuenta que ese escenario no era para mí. Así que me fui y nunca más regresé a ese estilo de vida».

Nicole comenzó a sentir que el Espíritu Santo la tocaba con relación a otros asuntos. «Un día me vestí, me miré en el espejo y pensé: ¿por qué esta ropa se ve tan rara?» Cambió su manera de vestirse. Los escotes subieron, las camisetas y los vaqueros ya no eran tan apretados y se cubría más. «Al sentir la convicción de Dios, me deshice de cosas en mi vida. Me vestí de manera más recatada. Nadie me dijo que lo hiciera. Solo pasó con el tiempo».

Nicole modelaba ropa interior y de baño, y nunca le había

molestado, pero una vez más sintió un pequeño toque en su consciencia. «Un día estaba modelando ropa interior y de pronto me di cuenta que todo era cuestión de atracción sexual. Todo es sexo, sexo, sexo. No me había percatado de eso antes porque era algo muy normal en la industria. El Espíritu Santo me estaba diciendo que algo no estaba bien con estas sesiones fotográficas».

Aunque Nicole trabajaba para una agencia que era la responsable de darle trabajo, decidió que no volvería a hacer ciertas sesiones fotográficas. «Sabía que tenía que hablar con la persona que me enviaba a los trabajos, pero detestaba tener que enfrentarla en cuanto a eso porque sabía que acabaría con mi carrera. Por fin lo hice. Me senté y le dije que algunos de los trabajos estaban comenzando a hacerme sentir rara e incómoda».

Cuando le pidieron a Nicole que hiciera un trabajo de impresión de un producto para la piel, estuvo de acuerdo. El plan era fotografiar partes del cuerpo: brazos, piernas y manos, de diferentes mujeres de diferentes colores de piel. «Lo que yo no sabía era que las modelos tenían que estar completamente desnudas frente al fotógrafo». Me sentí tan humillada y degradada que en septiembre me retiré oficialmente».

> Cuando el Espíritu comienza su obra, *siempre* tendremos un nuevo deseo de santidad y una búsqueda por parecernos más a Cristo.

Ya no se predica tanto de una vida santa, separada, porque tememos que pueda ofender y que no sea atractivo para los visitantes. Pero cuando el Espíritu comienza su obra, siempre tendremos un nuevo deseo de santidad y una búsqueda por parecernos más a Cristo. «Como hijos obedientes, no se amolden a los malos deseos que tenían antes, cuando vivían en la ignorancia. Más bien, sean ustedes santos en todo lo que hagan, como también es santo quien los llamó; pues está escrito: «Sean santos, porque yo soy santo» (1 Pedro 1:14-16).

Nicole cree que no todo cristiano está llamado a dejar la industria del modelaje, todavía tiene amigas cristianas a quienes les ha resultado. Pero Dios tiene otros planes para ella. «El Espíritu Santo seguía refinándome y yo, sin dudas, sentía que Dios me estaba probando para ver cuán fuerte era mi fe». A medida que el Espíritu de Dios aplicaba las Escrituras, Nicole seguía haciendo cambios grandes y pequeños de acuerdo a su mente renovada. Mientras más aprendía, más cambios piadosos llegaban a su estilo de vida.

La palabra santo habla de separación y pureza. Debe ser

importante para Dios porque él nos dice: "busquen [...] la santidad, sin la cual nadie verá al Señor» (Hebreos 12:14). La santidad no es una lista de cosas que se pueden o no se pueden hacer. Más bien es la semejanza a Cristo. A medida que el Espíritu obra, aumentará nuestro deseo de ser santos como Cristo. ¿Qué otra cosa haría el Espíritu Santo sino impartir su propia naturaleza a nuestras vidas?

La batalla entre la carne y el Espíritu

El testimonio de Nicole es un gran ejemplo de cómo Dios comienza a moldearnos y transformarnos una vez que confiamos en Cristo para nuestra salvación. Al principio de conocer a Cristo muchos de nosotros hemos experimentado cambios radicales similares, pero con el tiempo en nuestro interior se produce una batalla entre nuestra carne y el Espíritu. El apóstol Pablo escribió: «Porque ésta desea lo que es contrario al Espíritu, y el Espíritu desea lo que es contrario a ella. Los dos se oponen entre sí, de modo que ustedes no pueden hacer lo que quieren» (Gálatas 5:17). Pablo estaba escribiendo a los santos de Galacia, pero reconocía que ellos, como él, tenían que vencer una contracorriente carnal desde adentro que va en contra de los propósitos del Espíritu.

¿Qué tiene la carne que es tan contraria al Espíritu?

Pablo continúa: «Las obras de la naturaleza pecaminosa se conocen bien: inmoralidad sexual, impureza y libertinaje; idolatría y brujería; odio, discordia, celos, arrebatos de ira, rivalidades, disensiones, sectarismos y envidia; borracheras, orgías, y otras cosas parecidas» (Gálatas 5:19-21). Esa es una lista bastante fea de conductas pecaminosas. Y es el resultado constante de la carne; de hecho, eso es todo lo que nuestra naturaleza caída puede producir. Aunque en el aspecto personal no practiquemos todos los pecados que se enumeran, la enseñanza de las Escrituras es clara: por su cuenta, sin la gracia del Espíritu, lo único que Jim Cymbala hará será complacer a la «carne» y vivir una vida de auto gratificación.

Por eso precisamente es que Pablo comenzó sus comentarios sobre la carne diciendo: «Les hablo así, hermanos, porque ustedes han sido llamados a ser libres; pero no se valgan de esa libertad para *dar rienda suelta* a sus pasiones. Más bien sírvanse unos a otros con amor» (Gálatas 5:13, énfasis del autor). ¿De qué estaban libres? Estaban libres de la ley, de tratar de ganar la aceptación de Dios al obedecer la ley. Los gálatas ya habían aceptado a Jesucristo como el sacrificio sustituto por sus pecados. Sin embargo, este regalo gratis de la salvación no debe llevar a una vida de gratificación para la naturaleza pecaminosa. Además, ¿cómo podrían regresar a hacer las mismas cosas por las que Cristo murió en la cruz?

Algunos pudieran alegar que eso no fue lo que Pablo quiso decir o que una vez que aceptamos a Cristo como nuestro Salvador los cristianos ya no tenemos tendencias naturales pecaminosas. Pero Pablo no fue el único que nos hizo advertencias con respecto a las prácticas pecaminosas en las vidas de los creyentes. Juan también nos recordó esta verdad: «Mis queridos hijos, les escribo estas cosas para que no pequen. Pero si alguno peca, tenemos ante el Padre a un intercesor, a Jesucristo, el Justo» (1 Juan 2:1). La intención de Juan era clara: inspirar al pueblo de Dios no a que practicaran la injusticia sino a practicar una vida semejante a Cristo. El Espíritu Santo produce nuevas sensibilidades y convicciones en nosotros si realmente estamos viviendo bajo su control. La conducta, las palabras y las actitudes que no son santas causan una reacción del Espíritu que es santo. De hecho, los cristianos que viven vidas carnales y disolutas por lo general carecen de gozo y de paz. El Espíritu nos envía todo tipo de avisos, advertencias y alertas rojas para llevarnos de nuevo a seguir el ejemplo de Cristo.

La basura que no se ve

Mientras más se renovaba la mente (Romanos 12:2) de Nicole, mayor era la semejanza a Cristo que las nuevas convicciones producían en ella. Y ese proceso nunca termina mientras vivamos en la Tierra. Mientras más nos acercamos a Dios y deseamos vivir una vida que le agrade, más vemos cosas que no vimos nunca antes.

Un día yo estaba en casa sentado en el estudio que está junto a mi habitación. Era verano y las persianas estaban abiertas y el sol radiante de la mañana brillaba a través de las tablillas. Yo hablaba con alguien por teléfono y recuerdo que un rayo de sol, un rayo de luz increíblemente brillante, daba en mi rodilla. Cuando la persona que llamó dijo algo simpático yo me reí y me di un manotazo en la rodilla. En cuanto me di en mis pantalones, brotó una nube de algo, debe haber sido polvo. Yo tenía puestos unos pantalones Dockers recién lavados, sin embargo, ¡un batallón de micro partículas estaba acampando en mis pantalones! Muchas veces antes me había dado un manotazo en la pierna, y es muy probable que en cada ocasión hubiera una nube, pero hasta ese día yo no la había descubierto. Solo mediante la luz intensa pude ver el polvo microscópico en mis supuestos pantalones limpios.

El Espíritu Santo es como esa luz. Pudiéramos pensar que nos va bien, pero cuando esa Luz brilla sobre nosotros, descubrimos muchas cosas que nunca antes habíamos visto. A medida que el Espíritu Santo gana más control de nuestras vidas, como pasó con Nicole, nosotros obtenemos una nueva perspectiva sobre el pecado. Las cosas que no solían molestarnos, ahora, de repente, nos molestan. Nos sentimos culpables ante cosas que antes parecían normales en nuestro andar cristiano.

Si una persona no tiene una sensibilidad creciente con respecto al pecado y tampoco tiene el deseo de ser más semejante a Cristo, es dudoso que alguna vez haya tenido una verdadera conversión. Las conversiones falsas sí ocurren. Es posible tener una afirmación mental de que Dios existe y que Jesús es su Hijo. Según Santiago, hasta los demonios creen eso (Santiago 2:19). Pero en una verdadera conversión espiritual siempre veremos una ternura de corazón, una nueva dependencia de Cristo y un deseo de ser más como él. Ese ha sido el patrón durante más de dos mil años. Reconocer nuestro pecado no es suficiente. Que nos duela demuestra que Dios está obrando.

Un buen dolor

El Espíritu está presente en nuestra vida cuando entendemos «no puedo seguir haciendo eso» y suplicamos la victoria sobre un pecado dominante. Pero, además, sabemos que el Ayudador está presente cuando fallamos y sentimos un profundo remordimiento. Ningún hijo de Dios verdadero puede practicar la injusticia de manera fortuita sin sentir culpa y un anhelo desesperado por estar limpio.

Piensa en Pedro. Él pertenecía a Jesús y era un discípulo líder, sin embargo, Pedro negó al Señor tres veces. Después de las negaciones Pedro se perdió en la noche llorando. ¿Por qué lloraba? ¿Tenía miedo de perder su posición como discípulo? No, en ese momento Pedro no perdió su relación con Jesús. Pero Pedro sí sintió el gran dolor de su traición y la pérdida de comunión con alguien que amaba profundamente. El Espíritu estaba obrando para producir el dolor que lleva al arrepentimiento y a la restauración.

Pablo advirtió: «No agravien al Espíritu Santo de Dios» (Efesios 4:30). Si el Espíritu está agraviado, está contrariado y triste. Aunque sabemos que nuestra salvación no se pierde por nuestro pecado, también tomamos conciencia con mucho dolor de que hay una tirantez en nuestra relación. La comunión con Dios se afecta y sentimos un vacío incómodo. El sol sigue brillando pero ya no sentimos su calor.

Uno de los dolores más profundos que sentimos es cuando rompemos la comunión con alguien a quien amamos. Eso puede suceder entre esposo, hermanos o amigos. Sufrimos profundamente cuando debido a un malentendido o a una discusión, de pronto dañamos una relación con alguien con quien hemos caminado, hablado y reído.

El pecado rompe nuestra comunión con Dios. Nuestra desobediencia rompe la comunión con él y produce una pérdida espiritual. Pero ese dolor de la convicción también puede usarse para bien al acercarnos más a Cristo

> El Espíritu está presente en nuestra vida cuando entendemos «no puedo seguir haciendo eso» y suplicamos la victoria sobre un pecado dominante.

y pedirle a Dios la gracia para deshacernos de las cosas pecaminosas. ¿Qué *debemos* hacer con nuestras batallas continuas con la carne? Si seguimos acercándonos a Cristo, nos concentramos más en ser semejantes a él. Pero estar consciente de nuestros fracasos diarios también puede provocar la peor reacción posible: *esforzarnos más* para vencer las obras de la carne y ser más como Cristo. Es una tarea imposible porque, ¿cómo puedo yo expulsarme a mí mismo?

Dar un paso con el Espíritu

Pablo dio la única respuesta a nuestro dilema: «Así que les digo: *Vivan por el Espíritu,* y no seguirán los deseos de la naturaleza pecaminosa» (Gálatas 5:16, énfasis del autor). Parece sencillo, ¿verdad? Solo caminar por el Espíritu. ¡Problema resuelto! Pero, ¿cómo aplica uno un versículo así? ¿Cómo se camina en el Espíritu? ¿Cómo es eso en el diario vivir?

Podemos imaginar lo que significa caminar con Jesús. Los discípulos lo hicieron. Si Jesús se quedaba en Capernaum cinco días, ellos se quedaban en Capernaum cinco días. Si Jesús se detenía para almorzar, ellos se detenían para almorzar. Si él giraba a la derecha y tomaba ese camino, ellos le seguían. Pero, ¿cómo hacemos eso con el Espíritu Santo invisible? Algunos pudieran decir: «Bueno, guíate por la Palabra». Pero esa misma Palabra es la que nos dice que andemos por el Espíritu. Llenar nuestros corazones con las Escrituras fomenta la fe y nos anima. Pero se nos dice que seguir al Espíritu y estar a tono con él es la única manera de liberarse del gratificar nuestra naturaleza más baja y su horrible potencial. ¿Cómo lo hacemos?

Primero, depender del Espíritu significa que tenemos su ayuda para arrepentirnos de esos pecados que tan fácilmente se nos pegan. Muchos creyentes se mienten a sí mismos y niegan el «pacto secreto» que han hecho con la desobediencia. Solo el Espíritu Santo puede ayudarnos a ser sinceros con Dios. Ya sea que luchemos con acciones negativas palpables o con actitudes mucho más sutiles contrarias a Cristo, la luz del Espíritu se enfoca directamente en la infección y nos ayuda a alejarnos de ella de una manera sincera. El arrepentimiento es una vuelta en «U» de 180 grados con relación al pecado y el egoísmo y de vuelta a Dios.

Caminar por el Espíritu es un estilo de vida para las 24 horas del día, todos los días de la semana. No es cuestión de ir a la iglesia los domingos. Se requiere mucha oración y sensibilidad. A diferencia de los movimientos físicos de Jesús y de sus palabras audibles, la obra del Espíritu se logra cuando cedemos a su impulso y su movimiento. Él quiere obrar en el nivel más profundo de nuestro ser, el lugar donde se forman nuestros pensamientos, deseos y planes. Es por eso que Pablo escribió: «lleven a cabo su salvación con temor y temblor, pues Dios es quien produce en ustedes tanto el *querer* como el *hacer* para que se cumpla su buena voluntad» (Filipenses 2:12-13, énfasis del autor). Al ceder a la obra preciosa del Espíritu, él influye en la formación de los deseos dentro de nosotros, mitigando nuestras tendencias carnales hacia el pecado. Vencemos la naturaleza más baja no al pelear contra ella por nuestra cuenta, una batalla en todo caso perdida, sino al permitir que el Espíritu Santo ejerza su poder a nuestro favor a cada segundo del día. De hecho, el único que puede hacer morir la carne es el Espíritu de vida.

Charles Finney escribió:

> Si quieres estar [lleno] del Espíritu, tienes que ser como un niño y ceder a sus influencias, tan dócil como el aire. Si él te lleva a

orar, tienes que dejarlo todo para ceder a sus suaves intentos. Sin duda que a veces has sentido un deseo de orar por algo y lo has pospuesto y resistido, hasta que Dios te dejó. Si quieres que él permanezca, tienes que ceder a sus más suaves impulsos, observa para aprender lo que él quiera que hagas y cede a su dirección.

Una vida semejante a Cristo es un misterio. Vivimos la vida: es nuestra voz, nuestro cuerpo y nuestra mente, pero en realidad no somos nosotros. Es Cristo viviendo en nosotros mediante el Espíritu Santo. Pero eso no puede aprenderse y ponerse en práctica de la noche a la mañana. Cada creyente ha experimentado las lágrimas de arrepentimiento cuando nuestra carne se reafirma y hacemos y decimos cosas que sabemos que están mal. Pero Juan, el mismo apóstol que escribió para animar a los creyentes a no pecar, también incluyó una de las mejores promesas de la Biblia: «Si afirmamos que no tenemos pecado, nos engañamos a nosotros mismos y no tenemos la verdad. *Si confesamos nuestros pecados,* Dios, que es fiel y justo, nos los perdonará y nos limpiará de toda maldad» (1 Juan 1:8-9, énfasis del autor).

Hace muchos años fui a una conferencia bíblica en la parte norte del estado de Nueva York. Yo era nuevo en el ministerio y estaba deseoso de aprender. Las sesiones de enseñanza fueron buenas, pero la lección más valiosa la aprendí mientras conversaba en el almuerzo.

El orador principal, un hombre de Dios con experiencia, caminaba con un colega delante de mi amigo y yo. «¿Quieres saber algo?», dijo donde yo podía escucharle. «Estar consciente del Espíritu Santo resuelve el 90 por ciento de nuestros problemas». Ese fue su dato más valioso y lo que he conservado conmigo desde entonces. La clave es estar consciente del Espíritu y en contacto con él.

Una vida semejante a Cristo es un misterio. Vivimos la vida: es nuestra voz, nuestro cuerpo y nuestra mente, pero en realidad no somos nosotros.

La Biblia declara que un cristiano es una nueva criatura (2 Corintios 5:17).

El plan de Cristo era reemplazarme a «mí» por «él» mediante la presencia del Espíritu. Esa es una idea mucho más radical que comenzar a asistir a la iglesia con más regularidad o leer la Biblia de vez en cuando. Es más bien una «absorción». Pero esa absorción produce una vida llena de paz y gozo.

Andar por el Espíritu

La mayoría de nosotros comenzó su vida cristiana con la creencia de que Dios era todo lo que necesitábamos. Punto. Sin dudas sabíamos que no habíamos hecho nada para ganar la aceptación de Dios. Su salvación es un regalo gratis, lo único que teníamos que hacer era creer y recibir. Pero, entonces, seguir a Cristo se complicó un poco más. Al estar conscientes de nuestras fallas, ¡no nos volvimos a él sino a nosotros mismos! Por eso Pablo resume su enseñanza a los gálatas con estas palabras: «Si el Espíritu *nos da vida, andemos guiados por el Espíritu*» (Gálatas 5:25, énfasis del autor).

Nacemos de nuevo mediante el Espíritu Santo en nosotros y vivimos por el Espíritu. Entonces, luego de haber comenzado de esa manera, ¿debemos regresar ahora a esforzarnos en nuestros lastimosos intentos de vivir vidas buenas? La orden de Pablo es andar guiados por el Espíritu, la presencia viva de Dios que mora en nuestros corazones. Al igual que Nicole tuvo que ponerse a tono con el Espíritu mientras Dios le quitaba capas por cada una de las cosas que no le agradaban, nosotros debemos permitir que Dios haga lo mismo. La obra continúa, no solo para Nicole, sino para todos nosotros.

Mediante nuestras fuerzas nunca podremos actuar como Jesucristo. Por eso él nos mandó un Ayudador. El Espíritu de Jesús en nosotros quiere manejar nuestros días de una manera tierna y afectuosa. Eso no es malo. A él no lo enviaron para echarnos a perder la fiesta ni para impedirnos disfrutar lo mejor de la vida. Al contrario, Él está listo y puede llevarnos afuera, al aire limpio y fresco de las palabras, los pensamientos y las acciones que imiten a Cristo.

Señor, queremos ser santos como tú.

[Capítulo 11]
HAY PODER

Hace poco, un domingo, mientras orábamos al final de nuestro servicio conocí a una señora mayor que se acercó al altar al frente del templo. Mientras trataba de animarla supe que era una abuela que vivía en un apartamento de una sola habitación en una zona problemática de Brooklyn. En efecto, estaba pasando por una situación muy difícil. Al conversar más con ella supe que tenía una hija adulta que había estado ingresada más de una vez en una institución para enfermos mentales. Esa hija tenía dos hijos adolescentes y los tres vivían con la abuela. Una segunda hija, que tenía un hijo de seis años, también vivía en su pequeño apartamento. Pero eso no era todo, me quedé estupefacto cuando supe que un hijo adulto también consideraba que el pequeño apartamento era su casa. En su apartamentico de una habitación ¡vivían ocho personas!

Unos días antes vinieron las autoridades al apartamento para notificarle que sus nietos adolescentes habían estado molestando sexualmente a la nieta de seis años. El corazón de la abuela estaba hecho pedazos. Ella amaba a Jesús y estaba luchando con desesperación por su familia.

Oré por ella con todo mi corazón y luego traje a la directora de nuestros ministerios familiares. ¡Qué mujer tan valiente para aferrarse a las promesas de Dios en medio de un caos tan deprimente!

En el segundo servicio una chica adolescente vino al altar y oró. Las lágrimas resplandecían en el rabillo de sus ojos cerrados. Esperé el momento oportuno para hablar con ella pero, incluso luego de despedir a los que tenían que irse, ella seguía orando. Mientras los músicos seguían tocando suavemente para aquellos que estaban todavía en el templo, puse mi mano en su brazo, un símbolo paternal de que no estaba sola. De repente comenzó a sollozar desde muy dentro de sí. Era algo tan profundo que honestamente me alarmó. Parado a su lado oré en silencio: «Dios, ven y consuélala. Espíritu Santo, guíame. ¿Qué debo hacer? ¿Qué debo decir?»

Dejé que pasara más tiempo y por fin le pedí que se sentara en los escalones del frente de la iglesia para que pudiéramos conversar.

—¿Cuántos años tienes? —le pregunté.

—Catorce —dijo ella, aunque parecía mucho mayor.

Me dijo su nombre y algunos otros detalles. Por fin le pregunté:

—¿Qué te está pasando? ¿Cuál es el problema?

Con un poco de indecisión al principio me contó su historia. Durante los últimos tres años su padrastro la venía molestando sexualmente. Por fin alguien llamó a las autoridades y lo iban a arrestar, pero todavía no se lo habían llevado. Él andaba por ahí y ella tenía miedo.

A esas alturas alcé la vista y vi a su madre parada junto a nosotros. Era una mujer encantadora con los ojos llenos de lágrimas. Era su primera visita a la iglesia y Dios estaba tratándolas en amor.

—¿Es verdad lo que su hija me está diciendo? —le pregunté.

—Sí —respondió ella con una profunda emoción.

—¿Dónde viven?

—Vivimos en un refugio en otro distrito de la ciudad.

Las llevé a la oficina y mientras estábamos allí, en oración, las llevé a ambas a tener una relación con Dios mediante Jesucristo. Otros la llevaron a nuestro salón de recepción para que almorzaran. Se quedaron conmigo todo el día. Y oramos: Dios, muéstranos la manera de salir de ese refugio y muéstranos el próximo paso a seguir.

¿Qué debemos hacer?

Bueno, como te imaginarás, luego de escuchar esas historias después de los dos primeros servicios ¡no sabía qué podría esperar después del tercero! Es probable que cualquiera que trabaje o haya trabajado en el ministerio haya tenido un día así, pero ni siquiera tenemos que estar en el ministerio de manera oficial para encontrarnos en medio de los problemas desgarradores de otras personas. Tal vez en tu familia esté sucediendo algo o un colega de trabajo tenga una lucha personal. Tal vez uno de tus hijos es rebelde o tu vida se ha desmoronado de alguna manera.

Nuestra reunión de oración los martes en la noche comienzan a las siete pero las puertas se abren dos horas antes para aquellos que desean pasar un tiempo extra con Dios. Hace poco entré al templo como a las seis para orar por aquellos que tenían necesidades especiales. Me paré al frente junto con otros pastores, diáconos y miembros del equipo de oración mientras ayudábamos a una larga fila de personas que pedían oración. Debo haber orado al menos por una docena de personas. Una persona que nos visitaba por primera vez se sentía muy deprimida porque su matrimonio se estaba deshaciendo, pero también me dijo que tenía un romance continuo con un novio anterior. Otra mujer tenía un examen para obtener credenciales médicos superiores, pero en ese momento no tenía trabajo y vivía en un refugio. Una tercera persona estaba luchando por dejar de fumar. Otra mujer estaba preocupada por su hijo que estaba cumpliendo una sentencia de hasta 30 años en una penitenciaría al norte del estado.

> ¡Hay días en los que tengo que orar a Dios solo para preguntarle cómo debo orar!

Cuando nos encontramos con personas que tienen necesidades tan desesperantes, ¿qué debemos hacer? Siempre quiero orar por las personas que sufren, pero a veces ni siquiera estoy seguro de cómo orar. ¡Hay días en los que tengo que orar a Dios solo para preguntarle cómo debo orar!

Cuando surgen situaciones críticas y llego al final de mi capacidad, siento muy profundamente mi incompetencia. Se necesita algo más. Pero, ¿más de qué? No son más coros de alabanza y adoración, de esos me sé un montón. No es una mejor traducción de la Biblia. ¿Necesitaré un título de consejero? No, más que nada necesito poder del cielo. Si queremos difundir el evangelio y ver conversiones que glorifiquen a Cristo, si queremos ver logros en situaciones difíciles, incluso en lo que parece imposible, necesitamos más poder del Espíritu Santo. Sin el poder del Espíritu Santo nunca tendremos suficiente de lo que se necesita para ser el pueblo que Dios quiere que seamos.

SOLO EL MENSAJE NO ES SUFICIENTE

Me encanta mirar los edificios de Manhattan, sobre todo en la noche cuando todas las luces están encendidas. Es un cuadro maravilloso ver todos esos edificios llenos de personas, actividades e ideas en acción, y saber que lo que se incube allí no solo afectará a la ciudad de Nueva York sino al mundo entero. Sin embargo, aparte de cuán influyente puedan ser la ciudad de Nueva York y su gente, si uno les quita la corriente eléctrica, algo que sucede de vez en cuando, todo se paraliza. Los edificios de oficinas se vuelven inútiles, cesa la actividad y las ideas perecen en la oscuridad. Sin energía se desperdicia todo el potencial.

Lo mismo sucede con nosotros los creyentes. Si no tenemos acceso a un poder espiritual, ¿cómo podemos lograr lo que necesita hacerse? Poder para vencer el pecado. Poder para vencer a los enemigos espirituales que nos atacan. Poder para soportar la dificultad y la aflicción. Poder para testificar. Poder para hablar. Poder para orar. ¿Acaso la necesidad más grande que tenemos hoy no es más poder espiritual?

Resulta interesante que las últimas palabras del Cristo resucitado antes de su ascensión se relacionaran con el poder espiritual. «Ahora voy a enviarles lo que ha prometido mi Padre; pero ustedes quédense en la ciudad hasta que sean revestidos del *poder* de lo alto» (Lucas 24:49, énfasis del autor). Era como si Jesús mirara por los pasillos del tiempo y supiera que incluso tener el mensaje correcto del evangelio no sería suficiente. Enfrentaríamos tantos obstáculos de los baluartes satánicos que nunca evangelizaríamos al mundo eficientemente sin el poder que solo el Espíritu puede impartir.

Piensa en la situación que se encontraban los discípulos. Habían estado con Jesús, quien resucitó de los muertos. Y por fin comprendían por primera vez el significado del sacrificio que él hizo en la cruz, la sangre que se derramó por la remisión de todos los pecados. Ellos habían visto las marcas de los clavos en sus manos. Lo habían visto ascender al cielo. ¡Imagina cuántos deseos tendrían de contarle a la gente lo que habían visto! Piensa en la emoción cuando por fin comprendieron las buenas nuevas. Sentían la terrible condición espiritual de la gente en Judea, Samaria y Galilea, así como en el resto del mundo. *Vamos a empezar este asunto de la evangelización ahora mismo*, deben haber pensado ellos. *Anunciemos el mensaje. Estamos perdiendo un tiempo valioso.*

Hasta pudiéramos pensar que Jesús estaría de acuerdo con esa manera de pensar y que él diría: «Muy bien, ahora que han visto las marcas de los clavos y que saben que estoy vivo, ¡salgan y prediquen el mensaje!» Pero no lo hizo. Les dijo que hicieran justo lo contrario de lo que ellos se inclinaban a hacer.

Jesús les dijo que esperaran.

INTELIGENCIA Y TALENTO NO SERÁN SUFICIENTES

Jesús sabía mucho mejor que los discípulos que la preparación que necesitaban para la tarea era más que un agudo intelecto, talento humano e incluso un corazón sincero. Así que ellos, obedientemente, hicieron lo que Jesús les dijo. Esperaron en el Aposento Alto orando, cantando y alabando a Dios. «Cuando llegó el día de Pentecostés, estaban todos juntos en el mismo lugar. De repente, vino del cielo un ruido como el de una violenta ráfaga de viento y llenó toda la casa donde estaban reunidos. Se les aparecieron entonces unas lenguas como de fuego que se repartieron y se posaron sobre cada uno de ellos. Todos fueron llenos del Espíritu Santo y comenzaron a hablar en diferentes lenguas, según el Espíritu les concedía expresarse» (Hechos 2:1-4).

El Espíritu se derramó tal y como Jesús había prometido. Sucedió lo que el profeta Joel predijo. «Sucederá que en los últimos días —dice Dios—, derramaré mi Espíritu sobre todo el género humano. Los hijos y las hijas de ustedes profetizarán, tendrán visiones los jóvenes y sueños los ancianos» (Hechos 2:17). Esto significaba que un nuevo tipo de capacidad estaba disponible. «Pero *cuando* venga el Espíritu Santo sobre ustedes, recibirán poder» (Hechos 1:8, énfasis del autor). Este extraordinario poder del cielo se necesitaba en la tierra para fomentar el reino

Todos conocemos los fracasos de Pedro como discípulo, pero seamos sinceros, los demás no eran mucho mejores.

de Cristo. ¿Eran aquellos discípulos creyentes sinceros mientras esperaban en Jerusalén? Sí. ¿Tenían la doctrina correcta? Sí. ¿Podrían haber salido a predicar sin el Espíritu Santo? Estoy seguro que lo querían hacer, pero Jesús sabía que no estaban listos. Él sabía cuál era el poder del enemigo al que se enfrentarían, los desánimos y la oposición. Si el poder del Espíritu Santo era necesario, entonces, ¿ha cambiado algo hasta el día de hoy? ¿Podrá alguna otra cosa, aparte del poder del Espíritu obrando a través de nosotros, derrumbar los muros de la incredulidad y acabar con los poderes de la conducta pecaminosa compulsiva mientras exponemos el evangelio?

Todos conocemos los fracasos de Pedro como discípulo, pero

seamos sinceros, los demás no eran mucho mejores. No eran gente culta. Jesús pudo haber pedido que doce rabinos fueran sus seguidores, pero no lo hizo. Se lo pidió a pescadores y a un despreciado cobrador de impuestos. Con toda intención Jesús escogió hombres que no eran profesionales religiosos. No nacieron siendo líderes carismáticos, ninguno de ellos tuvo preparación en un seminario. ¿Por qué Jesús escogió un grupo tan abigarrado de hombres para que fueran responsables de difundir su mensaje por el mundo entero?

Dar poder

Creo que uno de los motivos por los cuales Jesús escogió a esos hombres fue específicamente porque carecían de recursos naturales. Tendrían que depender del poder del Espíritu Santo. ¿En qué más se podían apoyar? Cuando se levantaran a proclamar las buenas nuevas de Jesús, ¿quién más podría hacerles eficientes para volver la gente a Dios? Sin embargo, cuando hablaban de Cristo, los apóstoles y los primeros discípulos mostraban un poder espiritual completamente desconocido en la historia de las religiones mundiales. «A ellos se les reveló que no se estaban sirviendo a sí mismos, sino que les servían a ustedes. Hablaban de las cosas que ahora les han anunciado los que les predicaron el evangelio *por medio del Espíritu Santo enviado del cielo*. Aun los mismos ángeles anhelan contemplar esas cosas» (1 Pedro 1:12, énfasis del autor).

Es posible que todo creyente esté familiarizado con el importante papel que desempeñan la buena predicación y la buena enseñanza en la extensión del reino de Cristo y para ayudarnos a madurar. Pero durante los últimos años he comenzado a preguntarme si la experiencia de nuestra vida define más nuestra comprensión de la predicación que la Biblia. En la mayoría de las iglesias un ministro se para frente a la congregación y habla de un pasaje de las Escrituras, por lo general con una secuencia y lógica que desglosa el significado del pasaje para que todo el mundo lo entienda. A menudo se utilizan ilustraciones seguidas de una explicación de la verdad. Si el mensaje se basa en las Escrituras y las habilidades de comunicación del orador son de buen calibre, uno lo define como «un buen sermón». Lo mismo puede aplicarse a nosotros cuando hablamos de la Palabra de tú a tú con un amigo o compañero de trabajo. El consejo recomendado es usar la cabeza, ser tan elocuente como se pueda y tratar de llevar a la persona a creer en Jesús.

Aunque todo eso es bueno, ¿qué vamos a hacer con la descripción que hace el apóstol Pablo de este método de predicación? Al recordarle a la iglesia de Corinto su ministerio allí durante dieciocho meses él dijo:

> "Yo mismo, hermanos, cuando fui a anunciarles el testimonio de Dios, no lo hice con gran elocuencia y sabiduría. Me propuse más bien, estando entre ustedes, no saber de cosa alguna, excepto de Jesucristo, y de éste crucificado. Es más, me presenté ante ustedes con tanta debilidad que temblaba de miedo. No les hablé *ni les prediqué con palabras sabias y elocuentes* sino con demostración del *poder* del Espíritu, para que la fe de ustedes no dependiera de la sabiduría humana sino del poder de Dios" (1 Corintios 2:1-5, énfasis del autor).

¿Qué? ¿Un orador que no depende de palabras sabias ni elocuentes? ¿Acaso no es eso lo que enfatizan la mayoría de los seminarios y los libros acerca de la buena predicación? ¿Acaso no es eso a lo que la mayoría de nosotros aspira cuando hablamos con otros? Pero aquí el apóstol declara inequívocamente que su mensaje y predicación no fueron «con elocuencia y sabiduría». Esa nunca fue parte de la estrategia de Pablo como predicador del evangelio. ¡Lo que sí afirmó fue que su ministerio implicaba «demostración del poder del Espíritu»!

¿Qué tipo de mensajes saturados del Espíritu dio Pablo a los corintios? Desde luego, no quiso decir que más o menos cada cinco minutos él interrumpía su charla para curar los ojos ciegos de alguien o hacer a los cojos caminar, porque eso no lo dicen las Escrituras. Sin embargo, este brillante convertido a Jesús, con formación farisea, rechaza «elocuencia y sabiduría» y en su lugar se jacta del poder del Espíritu que descansa en él. ¿Por qué? Con el fin de que los cristianos de Corinto tuvieran su fe «en el poder de Dios» y no «en la sabiduría humana». Me pregunto cuántos de nosotros, ministros, tenemos eso como meta cada vez que abrimos la Santa Palabra de Dios.

Poder con un propósito

Tenemos buenas noticias: no hay lugar en las Escrituras donde Dios diga que este tipo de ayuda no está disponible para nosotros dos mil años después. Por supuesto, si no creemos en este tipo de unción sobrenatural y en la manifestación del Espíritu Santo, nunca lo experimentaremos. Uno de los principios básicos que Jesús estableció fue que según nuestra fe se nos sería hecho (Mateo 9:29). Lamentablemente nuestras tradiciones y posiciones denominacionales acerca del Espíritu Santo a menudo nos impiden esperar fuertes influencias divinas cuando hablamos por Cristo. ¡Tengamos una nueva fe en Dios, el Espíritu!

Más allá de una falta de fe existe otra razón por la cual muchas veces la manifestación de poder del Espíritu Santo no ocurre en nuestras vidas e iglesias. Al comienzo del ministerio público de Jesús sucedió algo notable en la sinagoga de Nazaret, su pueblo natal. En función de lector designado del pasaje del Antiguo Testamento para aquel día sábado, el Señor leyó estas palabras:

> «El Espíritu del Señor está sobre mí,
> por cuanto me ha ungido
> para anunciar buenas nuevas a los pobres.
> Me ha enviado a proclamar libertad a los cautivos
> y dar vista a los ciegos,
> a poner en libertad a los oprimidos,
> a pregonar el año del favor del Señor».
>
> Lucas 4:18-19

Luego de su lectura pública Jesús continuó con estas palabras asombrosas: «Hoy se cumple esta Escritura en presencia de ustedes» (Lucas 4:21). Este famoso pasaje de Isaías 61 hablaba del Mesías a quien Israel esperaba. Jesús se declaró a sí mismo como aquel Prometido. Así explicó a la gente de su pueblo que él era mucho más que el simple hijo de un carpintero, como ellos pensaban.

Cada vez que nos disponemos a impartir la buena noticia del evangelio, podemos esperar en oración que el Espíritu Santo obre con poder.

Observa detenidamente por qué Dios ungió a Jesús y por qué el Espíritu descansaba sobre él con poder. Su propósito era anunciar las buenas nuevas a los pobres que tenían muy poca esperanza terrenal para proclamar libertad espiritual a aquellos que estaban atados por el pecado y por Satanás para dar un mensaje de salvación que Dios quería que todos escucharan y experimentaran. Por eso el Espíritu Santo dio poder a Cristo de una manera tan asombrosa, para ayudar a la gente pecadora y necesitada a encontrar su camino de vuelta a Dios. Y fue por eso que el Cristo ascendido envió al Espíritu Santo a los discípulos que esperaban en el Aposento Alto. No fue dado para que nosotros los cristianos pudiéramos tener reuniones emocionantes mientras nos encerramos en nuestros círculos y hablamos unos con otros. No se nos prometió para tener momentos de éxtasis espiritual, por muy maravilloso que eso pueda ser.

El Espíritu Santo fue enviado para cumplir con muchos propósitos divinos, pero la prioridad en la lista la tenía el capacitar al pueblo de Dios para alcanzar al mundo con el evangelio de Cristo. Observa las palabras de Cristo: «Pero cuando venga el Espíritu Santo sobre ustedes, recibirán poder y *serán mis testigos* tanto en Jerusalén como en toda Judea y Samaria, y hasta los confines de la tierra» (Hechos 1:8, énfasis del autor).

Si perdemos de vista el amor de Dios por el mundo, incluyendo nuestras ciudades y vecindarios, experimentaremos muy poco del poder del Espíritu ya que nuestra prioridad no será la misma que la de nuestro Señor. Pero cada vez que tratamos de alcanzar a otros para darles las buenas nuevas de Salvación mediante Cristo, cada vez que decidimos ayudar al que está ciego espiritualmente para que vea y para liberar al oprimido, podemos esperar en oración que el Espíritu Santo obrará con poder tal y como Jesús lo prometió.

El cuerpo y el Espíritu

Es triste que muchos de nosotros no experimentemos el poder del Espíritu Santo porque rara vez hacemos aquello que Cristo nos ordenó hacer. Aparte de cuán oscuro parezca el mundo, aparte de cuán atado y oprimido por Satanás, ¡el que está dentro de nosotros es mayor que el que está en el mundo! Oh, que la iglesia de Cristo se levante ante su llamado a ser el cuerpo de Cristo y que siga haciendo hoy su obra de alcanzar en amor a otros que necesitan al Señor.

Piensa en las necesidades de la gente que nos rodea. No necesitamos tener todas las respuestas. No tenemos que saber de antemano lo que debemos decir. Y, sobre todo, no debemos temer el meternos en la trinchera con la gente que sufre y que tiene vidas enredadas. El poder del Espíritu fue prometido justo para esas situaciones. El Espíritu Santo fue enviado para que todos nosotros, ya sea que estemos de manera formal en el ministerio o no, podamos alcanzar a la humanidad y depender de un poder que está más allá de nosotros.

Si tenemos un corazón de amor abierto y dispuesto a alcanzar a otros en el nombre de Cristo, se producen coincidencias «asombrosas». ¿Te acuerdas de la chica abusada de 14 años que tenía tanto miedo del futuro mientras ella y su mamá vivían en un refugio? Ellas siguieron visitando nuestra iglesia cada domingo y allí encontraron una nueva y amorosa familia de creyentes que les ministraron. A pesar de su situación la chica era una alumna sobresaliente y unas pocas semanas después vino a nuestra iglesia una visitante de otro estado y la conoció. Era una profesional universitaria y cuando supo de la historia de la chica, se reunió con ella durante un rato y hablaron de la vida de la jovencita. El Espíritu de Dios tocó el corazón de la educadora. Unos minutos después le dijo a la mamá de la chica: «No se preocupe. Cuando ella se gradúe voy a buscar la manera de que asista a mi universidad. Vamos a conseguirle una beca por la gracia de Dios. Solo espere y verá lo que Dios hará en su vida».

Yo estaba presente cuando se dijeron esas palabras. Y todavía puedo ver la feliz emoción y la nueva esperanza que asomó a los rostros tanto de la mamá como de la hija.

¿No es asombroso ver al Espíritu obrar mediante gente ordinaria y de una manera extraordinaria? Cuán grande y bella se vuelve la vida cuando el Espíritu Santo nos da poder para orar, responder, aconsejar, escuchar, hablar e incluso despertar en medio de la noche para orar por otros. Como los discípulos, nosotros somos personas con defectos. Pero Jesús prometió el Espíritu Santo para darnos poder de una manera asombrosa mientras hacemos su obra en la tierra. Recuerda otra vez la promesa que vimos antes. «Pues si ustedes, aun siendo malos, saben dar cosas buenas a sus hijos, ¡cuánto más el Padre celestial dará el Espíritu Santo a quienes se lo pidan!» (Lucas 11:13.)

Si lo pedimos, todo el poder que necesitamos está disponible.

[Capítulo 12]
EL PODER DEL AMOR: LA HISTORIA DE DIANA

El tamaño es lo que la mayoría de la gente nota en Diana Berríos. ¡Es tan pequeña! La primera vez que la vi parecía tener la altura de una niña. Pero no fue su tamaño lo que me sorprendió, fue su fortaleza. Diana mostraba un poder que iba más allá de su capacidad humana, aunque en este caso no era el poder del Espíritu Santo. Pero nos estamos adelantando a la historia.

La única razón por la cual Diana estaba en nuestra iglesia la noche en la que vino por primera vez era porque alguien se interesaba en ella cuando era más difícil amarla. Como dije en el capítulo anterior, el Espíritu se mueve cuando estamos dispuestos a alcanzar a otros a pesar de lo confusa o imposible que parezca la situación. Alguien sentía una carga que Dios le puso por esta pequeña dama súper dinámica. Y el Señor honró esa fe e hizo de Diana un trofeo asombroso de la gracia de Dios.

Diana

Le digo a la gente que mido 1.25 metros, pero eso es una mentirilla blanca. En realidad mido un poquito menos. Siempre he sido bajita, pero mi madre también lo era y tal vez eso era lo que facilitaba que mi padre la golpeara. Mi papá era alcohólico y cuando se emborrachaba golpeaba a mi mamá. A veces la agarraba por el cabello y la lanzaba contra la pared y en otras ocasiones agarraba una pistola y se la ponía en la cabeza. Nunca sabíamos si estaba cargada. No importaba, el temor era el mismo. Yo crecí en el Barrio, en Harlem, y era la tercera de cinco hijos. Tenía tres hermanas y un hermano, y ninguno de nosotros podía predecir qué enfurecería a mi padre.

La policía siempre estaba en mi casa. A veces mi mamá trataba de huir. Corríamos a la casa de mi tía o de mi tío y nos quedábamos allí unos días con la esperanza de que él se calmara. Pero siempre regresábamos y él seguía golpeándola, a veces de manera terrible. Era difícil ver aquello y así sucedió durante años, todo el tiempo de mi niñez. Mi papá también golpeaba a mis hermanos, pero a mí nunca me tocó. No sé por qué. Aunque nunca me dañó físicamente, el daño emocional fue enorme. A veces pensaba que hubiera sido más fácil que me golpeara que ver golpear a los que yo amaba.

Mis hermanas crecieron y se casaron solo para poder irse de la casa. Cuando cumplí trece años yo era iracunda y rebelde. Pero adonde único podía ir era a la calle. Comencé a reunirme con chicas muy duras, chicas con las que me podía identificar. A todas les pasaban las mismas cosas en sus hogares: alguien bebía o era abusador, o provenían de un hogar destruido. Nos podíamos identificar porque todas estábamos enfurecidas y queríamos vengarnos del mundo. Así que formamos nuestra pequeña camarilla, y esa se convirtió en mi familia.

Eso era lo que yo quería, andar con las chicas más duras. Peleábamos, maldecíamos e intimidábamos a la gente. Hasta los maestros nos tenían miedo. Pero nos respetaban mucho. Después se nos unió más gente. Luchábamos con todo el mundo. Con el tiempo una de las chicas mayores quiso formar una pandilla, así que nos pusimos por nombre Espadas de Satanás.

Pronto nuestra reputación era tan conocida que hasta reclutamos muchachos de nuestra secundaria para que se nos unieran. Eso fue a mediados de los años setenta, en realidad los chicos no respetaban mucho a las chicas, pero éramos tan duras que hasta los chicos mayores querían ser parte de nuestra pandilla. Entonces esos chicos comenzaron a reclutar a otros y nos volvimos tan grandes que tuvimos que dividirnos para repartirnos. Teníamos tres divisiones y con el tiempo nos adueñamos de un campo de juego en la calle 118. Ese se convirtió en nuestro territorio y lo defendíamos hasta la muerte.

Cuando otras pandillas trataban de venir a nuestro territorio, peleábamos con ellos. Así que yo peleaba todos los días. Aprendí a esconder cuchillas en mi cabello recogido y me engrasaba la cara para cuando otras chicas trataran de arañarme no pudieran agarrarme. Aunque era bajita sabía pelear.

Pero estaba descontrolada. Mi mamá estaba tan preocupada que hizo que los maestros consejeros y un par de psiquiatras hablaran conmigo, pero eso no cambió nada. Siempre me buscaba problemas en la escuela. Me cambiaron de una escuela a otra hasta que por fin me botaron del todo.

Yo no tenía problema con eso. Me quedaba en el parque para pelear y hacía de todo: fumaba marihuana, tomaba pastillas e inhalaba pegamento. Siempre estaba endrogada y no me importaba cuánto dinero necesitara para hacerlo. Si estaba en una bolsa, yo lo inhalaba. En eso me había convertido. A menudo llegaba a casa drogada, con un ojo amoratado y discutía con mi mamá. Para entonces mi padre ya se había mudado, pero el daño ya estaba hecho. Mamá veía la evidencia de la violencia en la que yo andaba y no sabía qué hacer.

Mamá era una mujer valiente... no le daba miedo ir a buscarme si oía que había problemas.

—¡Igualita que tu papá! —me gritaba—. ¡Hija del Diablo!

Estábamos enojadas la una con la otra. Yo la culpaba por no defender a sus hijos y, sobre todo, no defenderse a sí misma. Ella me culpaba por endrogarme en la calle y ponerme violenta como mi papá.

Pero mamá era una mujer valiente. Aunque era bajita como yo, no le daba miedo ir a buscarme si oía que había problemas. Ella era la única madre que se atrevía a tocar a la puerta de nuestra casa club e incluso venía a buscarme en medio de un tiroteo si pensaba que yo estaba en apuros. No la dejábamos entrar a la casa club, pero eso no la detenía. Aunque las balas volaban y había policías por todas partes, ella venía a buscarme y si me encontraba, intentaba arrastrarme hasta la casa.

Yo la agarraba y le decía:

—Tienes que irte de aquí. Tienes que irte a casa. ¡No puedes estar aquí!

Pero a ella no le daba miedo.

—¿Qué bala querría hacerme algo a mí? —me contestaba. Estaba dispuesta a hacer lo que fuera para sacarme de las calles.

Un día fue al tribunal por asuntos de familia y consiguió una orden para que me arrestaran. Yo estaba en la casa de una amiga y mi madre supuso donde yo estaría. Llamó a los policías, les dio la orden e hizo que me arrestaran. Mientras me metían en el auto yo le gritaba malas palabras porque estaba muy enojada.

—¿Cómo pudiste hacerme esto? —le gritaba—. ¡Tú eres mi madre! A pesar de toda mi actividad en las pandillas nunca me habían arrestado, nunca me habían agarrado en nada. ¡Y ahora mi propia madre llamaba a la policía! Me mandaron a un centro de detención juvenil en el Bronx, donde me quedé durante seis meses. Cuando salí, volví a las calles.

Mi madre buscaba ayuda en cualquier lugar que pudiera. Su mejor amiga practicaba la santería, una religión latina satánica que involucra el vudú, espiritismo, médium y adivinación. Su amiga me conocía desde que yo era pequeña. Le dijo a mi madre que comprara ciertos aceites y plantas y que me diera un baño espiritual. La amiga le prometió a mi madre que eso cambiaría mi vida. Mi madre estaba desesperada, así que compró las velas y las estatuas de los santos, algunas eran muy grandes. Hizo un altar en su habitación y ponía los aceites y las velas en el altar junto con las estatuas. En aquel tiempo yo no sabía mucho al respecto porque se suponía que mi madre fuera católica y muchos católicos tenían estatuas en la casa.

Pero entonces quería darme baños. Al comienzo yo luchaba con ella. Pero ella lloraba y al final yo la dejaba hacerlo. Yo regresaba a las tres o las cuatro de la mañana, drogada, y en la mañana ella insistía en que me metiera en la bañadera. Ungía mi cabello y mi frente con un aceite, me «despojaba» con plantas y repetía las oraciones que su amiga le daba. A veces las oraciones eran a Santa Bárbara o San Lázaro, siempre los santos de los que yo jamás había oído. Las oraciones eran en español porque mi madre no hablaba inglés. Después agarraba un papel con mi nombre, lo ponía debajo de la estatua y encendía las velas mientras decía más oraciones.

En breve me daba baños todos los días. En aquella época yo casi siempre estaba inconsciente por estar tan drogada, y no me importaban los baños con tal de que me dejara tranquila. Así sucedió durante años. Incluso, mientras yo andaba por la calle, ella hacía cosas extrañas en la casa. La gente venía a nuestra casa y ella y su amiga tenían fiestas de espiritismo. No sé lo que hacían en las fiestas porque nunca me involucré. Pero mi madre se metía cada vez más. Comenzó a ofrecer frutas en mi nombre como un sacrificio. Yo regresaba a casa a las tres de la mañana y había manzanas, naranjas y bananas alrededor de las estatuas. Si una naranja lucía buena, yo me la comía. Pero comencé a preguntarme si mi mamá estaba perdiendo la cabeza. A medida que crecía estaba más tiempo drogaba que sobria. Seguía andando con la pandilla. Las cosas no habían cambiado para mí pero sí para mi madre. Tenía otra amiga que era cristiana y su amiga cristiana le testificó. Mi madre comenzó a ir a una iglesia hispana pentecostal donde aceptó a Jesús como su Salvador. Empezó a orar por mí cada noche. Me contaba de la iglesia y de lo que estaba aprendiendo, pero yo no quería saber nada de aquel Jesús del que ella no dejaba de hablar.

Durante los meses siguientes ella botó todas las estatuas. Un día vine y la vi golpeando una de las estatuas contra el piso y diciendo: «En el nombre de Jesús». Otro día su iglesia vino y ungieron la casa. *Ahora sí que mi madre ha perdido la cabeza.*

Ella trataba de hacerme ir a la iglesia con ella, pero por lo general yo me negaba. Era como si algo dentro de mí, algo oscuro y espiritual, no me dejara ir. Mi madre seguía testificándome y en algunas ocasiones la acompañé a la iglesia. Pero cada vez que había una invitación para aceptar a Jesús como Salvador, yo me iba. No podía relacionarme con este Jesús.

Mientras tanto, mi vida empeoró. Mucho más. Yo casi siempre estaba enojada. Y con el tiempo el enojo tomó las riendas. Ya no solo quería pelear en la pandilla. Quería hacerle daño a la gente. Quería ver sangre. Quería matar. A la larga yo quería matar a todo el mundo. Era solo cuestión de tiempo antes de que explotara con una ira asesina.

Era como si algo dentro de mí, algo oscuro y espiritual, no me dejara ir.

Me parecía que algo se había apoderado de mí, como si ya no fuera yo misma. A veces me entraban episodios violentos en los que yo trataba de romperlo todo en nuestra casa. Aunque nunca toqué a mi madre, agarraba las lámparas y las tiraba contra el piso y arrancaba las cosas de las paredes. Rompía cosas, las tiraba y lo hacía solo con mis manos. Le echaba la culpa a las drogas y a las pandillas por mi ira incontrolable, pero era más bien como si una especie de poder, una oscuridad, me hubiera envuelto. No sabía lo que era ni lo que me estaba haciendo.

Debido a las relaciones con la pandilla, la mayoría de la gente en las escuelas, los complejos de viviendas y en el Bronx me conocían. Así que, cuando mi madre supo que una chica de mi edad llamada

Annie se había salvado, se imaginó que tal vez Annie me conocía. Entonces, mamá llamó a Annie y le suplicó que me ayudara. Annie había estado en las drogas antes de encontrar a Jesús, por lo que estaba familiarizada conmigo y con mi estilo de vida. Ella escuchó la desesperación de mi madre y comenzó a llamarme y conversábamos.

Annie me testificaba, me hablaba de Jesús y me invitaba a su iglesia, el Tabernáculo de Brooklyn.

—No, no voy a ir a tu iglesia —le decía a Annie.

Pero ella insistía.

—Tu mamá me llama todos los días —me decía—. ¡Todos los días! Y llora y me dice que no sabe qué hacer contigo. Deja que mi iglesia ore por ti. Deja que mi pastor hable contigo.

Yo le prometía ir, pero cuando llegaba el momento me desaparecía y ella no me podía encontrar. Así fue durante meses, pero a pesar de mis mentiras Annie era una buena amiga y comencé a contarle las cosas que me pasaban por dentro.

Un día yo estaba drogada y le dije:

—Annie, siento como si algo me estuviera entrando.

—¿Qué quieres decir con que te está entrando?

—Como si dentro de mí hubiera algo malo. Tengo miedo. Yo creo que son las drogas.

—Ven a la iglesia conmigo el martes.

—Sí, voy a ir.

Pero cuando llegó el martes, de nuevo me fui a las calles y me drogué. Esa tarde algo estaba tratando de dominarme, así que agarré tantas drogas como pude conseguir. Algunas de las que ni siquiera conocía los nombres, drogas que nunca había visto en todos mis años de drogarme. Entonces, esa noche, mientras cruzaba la calle, un carro se detuvo y Annie salió de un brinco.

—¡Vas para la iglesia conmigo! —me dijo. Y ahí mismo en la calle comenzamos una pequeña lucha.

—¡Yo no voy a la iglesia contigo! —Le decía yo mientras ella me arrastraba al auto— . ¡No voy a ir!

Traté de luchar con ella pero estaba tan destruida que no podía detenerla.

—¡Vamos! Solo acompáñame a la iglesia. Dijiste que lo harías.

—Mira, voy a drogarme. Otro día voy a la iglesia —le decía yo mientras trataba de alejarme de ella—. Ahora mismo voy a drogarme.

—Si ahora mismo vienes conmigo a la iglesia, te daré dinero.

—¿Tú vas a darme dinero?
—Solo si vas a la iglesia conmigo.
—Si voy a la iglesia, ¿tú me darás dinero? ¿De verdad?
—Sí, y después de eso puedes hacer lo que quieras. Pero ven conmigo a la iglesia.

A esas alturas yo estaba a medio camino del auto y sabía que si Annie me daba dinero, podría usarlo para drogarme. Aunque quería el dinero, seguí luchando con ella durante todo el camino.

Una vez que llegamos a la iglesia ella me llevó hasta unos asientos que estaban cerca del frente.

—Quiero mi dinero —dije antes de que empezara el servicio.
—Cuando se acabe el servicio —dijo Annie.
—Me voy a ir antes.
—No tendrás el dinero hasta el final.

Señalé al pastor que estaba al frente (después supe que era el pastor Cymbala).

—¿Ves a ese pastor? —le dije—. No quiero que ore por mí. Yo solo voy a sentarme aquí.

Comenzó el servicio. Hubo cantos y luego el pastor habló. Annie cantaba en el coro los domingos y aunque yo no lo sabía entonces, ella ya le había dicho a la gente del coro que me traería y alguien en el coro le advirtió al pastor.

El pastor dijo que sabía que esa noche habían traído a una joven a la iglesia que necesitaba mucho a Jesús. Él quería que Annie la presentara para que toda la iglesia pudiera orar por ella.

—No voy a ir —le dije a Annie—. Él puede orar por mí mientras estoy aquí sentada.

Pero de alguna manera Annie me hizo caminar con ella por el pasillo. Mientras lo hacía yo escuchaba voces en mi cabeza que me decían que no me iban a soltar. Que yo les pertenecía. Entonces escuché a una mujer de la congregación mencionar el nombre de Jesús como parte de una oración y de repente agarré al pastor y comencé a atacarlo. Lo agarré por el cuello y lo empujé contra la plataforma en la que él había estado parado. Le escupí en la cara. Dos veces. Me volví loca. Era una batalla encarnizada, yo escuchaba las voces en mi cabeza como también a la gente orando en la iglesia.

Aunque el pastor era dos veces más grande que yo, luchaba para zafarse de mi ataque. Por fin me empujó y mientras me caía al suelo agarré el cuello de su camisa y se lo arranqué como si fuera un pedazo de papel de seda. No recuerdo qué pasó después, ya yo no controlaba mi cuerpo, pero un montón de testigos me lo han contado. Mientras estaba en el suelo salían voces de mi boca pero ninguna era mi voz. Era como si vinieran de algún lugar muy dentro de mí. Gritaban: «¡Déjenla tranquila! ¡Ella es nuestra y ustedes nunca la tendrán! ¡Nunca!»

Las voces seguían gritando mientras el pastor se inclinaba sobre mí. Los ojos se me ponían en blanco, como si fuera algo de una película de horror. El pastor les dijo a los espíritus malignos que se callaran y les mandó a que salieran en el nombre de Cristo.

Entonces se acabó. Lo que fuera que tenía control sobre mí se fue. Los malos espíritus huyeron. Me levanté despacio, llorando. El pastor Cymbala sostenía mis manos mientras la congregación cantaba una canción sobre la sangre de Jesucristo.

Esa noche quedé liberada. Yo sabía que había sido liberada. Era como si me hubieran limpiado. Vino sobre mí una paz que nunca antes había sentido. Fue entonces cuando me di cuenta que había estado poseída por demonios y que Jesús había echado fuera los espíritus malignos.

> Sabía que había sido liberada. Vino sobre mí una paz que nunca antes había sentido.

Esa noche y durante las noches siguientes me quedé con gente de la iglesia. Fue tan maravilloso que aquellas personas me recibieran en su casa para que yo no tuviera que regresar a mi viejo vecindario. Me sentí tan amada. Apenas podía aceptarlo. Mi idioma era el odio, la violencia y el dolor. No era fácil para mí aceptar el amor que provenía de la iglesia y sus miembros.

Al día siguiente llamé a mi mamá. Annie ya le había contado lo sucedido la noche anterior. Mi madre vino a visitarme y me abrazó.

—¡Estoy tan feliz, Diana! ¡Yo oré, y oré y oré! No sabía lo que te estaba pasando.

Con el tiempo me fui a un programa de tratamiento, pero ya mi vida había cambiado por completo. Era una persona completamente nueva. Estaba llena de la luz y el amor de Dios. Comencé a buscarle y quería saber más de él.

Yo siempre había andado con una pandilla dura, pero aquella noche en la iglesia fue la mayor batalla de toda mi vida. Creo que el diablo sabía que su tiempo se había terminado. Él sabía que sería derrotado y que yo sería liberada de su control. Aquel martes fui liberada de algo más que demonios. También fui liberada de las drogas, la ira, el odio, los prejuicios y la rebelión. En un segundo Jesús declaró: «Hasta aquí llegó». Desde entonces he caminado con el Señor y ni una sola vez he vuelto atrás. Desde esa noche nunca más me he vuelto a drogar, aunque todavía cometo errores y a veces me siento desanimada o solitaria. Pero ahora puedo correr a aquel que es Perfecto. El diablo es un mentiroso. Él nunca deja de robar, destruir y matar. Pero yo creo que aquella noche el Espíritu Santo preparó las cosas para llevarme al Tabernáculo de Brooklyn. La gente oró por mí. Y personas como mamá, Annie y el pastor Cymbala no tuvieron miedo de pelear por mí y de amarme incluso cuando era difícil. Mediante el poder del Espíritu Santo mi vida fue cambiada para siempre. Y al final la victoria la pertenece a Jesucristo.

[Tercera parte]
CUANDO NOS RENDIMOS AL ESPÍRITU SANTO

[Capítulo 13]
AMAMOS LO QUE NO ES DIGNO DE AMARSE

Tan pronto como nace un bebé el personal del hospital chequea ciertos signos vitales. ¿Está respirando? ¿Llora? ¿Es el llanto saludable o suena débil? ¿Cuánto pesa el bebé? Existen signos espirituales vitales que al igual que la respiración, el llanto y el tamaño indican la salud física de un recién nacido, también nos dicen cuán saludables estamos. Pero el signo más vital de todos es el amor.

Cuando nos convertimos en creyentes en Cristo nacidos de nuevo, recibimos el nuevo corazón y el espíritu que se nos prometió en el nuevo pacto (Ezequiel 11). Es, ni más ni menos, el Espíritu de Cristo morando en nosotros. Sin él no hay una verdadera experiencia cristiana. «Y si alguno no tiene el Espíritu de Cristo, no es de Cristo» (Romanos 8:9b). Ya que el Espíritu Santo en nosotros es Dios, y ya que Dios es amor, entonces la esencia del que mora en nosotros es el amor divino. No es de extrañarse que Jesús dijera: «De este modo todos sabrán que son mis discípulos, si se aman los unos a los otros» (Juan 13:35). Al darnos su Espíritu, el propósito de Dios fue hacer posible esa vida de amor.

El amor no tiene favoritos

Cuando el apóstol Pablo escribió a la iglesia en Colosas, les dijo cuánto le agradecía a Dios haber sabido «del amor que tienen por todos los santos» (Colosenses 1:4b). Fíjate en la salud espiritual de esa congregación. No se medía por las cifras de la asistencia ni por los edificios espléndidos sino por lo que realmente cuenta para Dios: el amor. Y no era simplemente amor hacia personas fáciles de amar o con el mismo origen étnico. No, él se regocijaba en la reputación que ellos tenían de amar a todo el pueblo de Dios. ¡Qué gran reputación para tener ante un mundo incrédulo!

En lugar de un amor daltónico como el de Dios, la cultura, las etnias y la raza dominan la atmósfera de la mayor parte de nuestra vida en la iglesia. Algunos grupos saben que no son muy bienvenidos en ciertas iglesias, sería mejor si se quedaran con «los suyos». Otros han experimentado iglesias donde la ira y el resentimiento se agitan bajo la superficie. Pareciera como si muchas congregaciones construyeran muros para mantener fuera a todo el que no sea como ellos, en lugar de dar la bienvenida en amor a sus hermanos y hermanas, como lo hacía Jesús. Nos gusta hablar del amor pero rara vez es el tipo de amor divino que abarca a «todos los santos».

Una vez, de viaje por el extranjero, un amigo coordinó una reunión con un pequeño grupo de empresarios cristianos. Él quería que yo hablara de un desafío financiero específico que nuestra iglesia enfrentaba en el centro de Brooklyn con la esperanza de que estos hombres pudieran ayudarnos. Cuando terminé mi presentación breve e informal, ellos expresaron su posición con mucha franqueza. Aunque eran bendecidos con grandes recursos financieros y aunque en su país apenas existe la pobreza extrema, dijeron que solo ayudaban a «los suyos». Les parecía inconcebible la idea de alcanzar en amor a personas que no fueran como ellos.

¿Acaso no es ese nuestro marco de referencia muy a menudo? Si la gente es diferente (es decir, no son de nuestra raza o etnia o no son parte de nuestra congregación o denominación) su difícil situación en la vida rara vez toca nuestros corazones. Pero el amor de Dios no conoce tales parámetros. Fluye libremente y es tan ancho como el mundo. No reconoce diferencias externas y se desborda por encima de todo muro de separación humana. Es el amor de Dios, su misma esencia. Dios envió a Jesús a un mundo que era mucho más diferente a su naturaleza santa de lo que pudiéramos imaginar. Pero el amor divino solo tiene un grupo como objetivo, ¡toda la raza humana! El amor de Dios no tiene favoritos. Sus seguidores en la tierra recibieron el Espíritu Santo para que «imiten a Dios, como hijos muy amados, y *lleven una vida de amor*, así como Cristo nos amó y se entregó por nosotros como ofrenda y sacrificio fragante para Dios» (Efesios 5:1-2, énfasis del autor).[1]

Amar como una madre que amamanta

Antes mencioné aquella mañana en la habitación de un hotel en Londres cuando Dios me dio algunos pasajes de 1 Tesalonicenses que cobraron vida para mí. Como la mayoría de los pastores yo había estudiado al apóstol Pablo con la esperanza de deducir algunos de los secretos de una labor para Cristo tan eficaz y poderosa. Yo ya conocía su mensaje inalterable: el evangelio de Jesucristo. También había analizado su metodología: él dependía totalmente del Espíritu Santo. El poder del Espíritu le dirigía y fortalecía cada día.

Pero una tercera verdad comenzaba a saltar ahora de las páginas de mi Nuevo Testamento: la motivación de Pablo. Al recordar a los creyentes su visita a Tesalónica, lo cual dio por resultado conversiones y la fundación de una iglesia cristiana, Pablo dijo: «Aunque como apóstoles de Cristo hubiéramos podido ser exigentes con ustedes, los tratamos con delicadeza. Como una madre que amamanta y cuida a sus hijos» (1 Tesalonicenses 2:7).[2] La imagen en el griego original es el de una madre que se baja el corpiño de su vestido y amamanta al bebé en su pecho. Qué cuadro tan tierno de amor y devoción. Cuando una madre amamanta a un bebé, todo gira alrededor del bebé, no de ella. Pablo declaró que así fue como él se comportó con ellos: toda la atención y preocupación era para ellos, no para él. La motivación del apóstol era un amor ferviente por los creyentes de Tesalónica que solo podría explicarse porque el propio amor de Dios lo controlaba.

Pero entonces él prosigue: «así nosotros, por el cariño que les tenemos, nos deleitamos en compartir con ustedes no sólo el evangelio de Dios sino también nuestra vida. ¡Tanto llegamos a quererlos!» (1 Tesalonicenses 2:8).[3] Les amamos tanto, decía Pablo, que no solo compartimos con ustedes el evangelio ¡sino también nuestras vidas! Claro que sus mensajes llegaban a los corazones de las personas. Sus palabras no solo venían de su boca sino también de un corazón tierno. ¿Qué haría que un ministro quisiera no solo dar sermones sino también su propia vida? El amor. Él estaba dispuesto a sacrificar su vida porque estas personas se habían vuelto tan queridas para él que ningún precio o sacrificio sería demasiado. Aquí vemos a un hombre motivado por la fuerza más potente del universo: el amor de Dios reproducido en y a través de él.

Lloré sentado en el suelo con mi Nuevo Testamento sobre las piernas. Qué lejos estaba yo de un ministerio así. Estaba demasiado ensimismado y cohibido como para soltar las riendas y dejar que el amor de Dios fluyera a través de mí. En mi inseguridad demasiado a menudo solo trataba de dar el sermón sin titubeos y esperaba que tal vez alguien hiciera un comentario favorable. ¿Como una madre que amamanta a su hijo? ¿Listo para dar mi vida por las ovejas? De ninguna manera. Bajo la clara luz de Dios vi mis esfuerzos mecánicos y carentes de amor y aquello me dejó delante de él en oración durante mucho rato. Yo no necesitaba recargar mis baterías, necesitaba una revisión espiritual, una nueva manera de vivir.

Desde entonces mi oración, una y otra vez, ha sido que Dios me permita ver a las personas como él las ve y sentir lo que él siente, sea como sea. Aunque innumerables veces he fallado, esa sigue siendo mi constante petición ante el trono de la gracia.

Una vida digna de amor

Ese tipo de amor no está reservado para unos pocos creyentes u hombres y mujeres especiales involucrados en el ministerio. Es lo que Pablo llama una vida digna del Señor (Colosenses 1:10), y es el propósito de Dios para cada uno de nosotros. Ahora que su amor nos ha provisto nuestra salvación, qué indignas de él son las vidas que se viven en egoísmo, riñas y prejuicios. Y después de toda su misericordia, ¿cómo podemos erigirnos jueces de otras personas? ¿Es esa nuestra experiencia con Jesús? ¿Ha arremetido él contra nosotros cuando hemos fracasado? ¿Nos ha puesto él en la lista de perdedores debido a nuestras inconstancias y promesas rotas? No, su amor resiste y ha demostrado ser mayor que todas nuestras faltas.

Una vida de amor también es la única manera de «[agradarle] en todo» (Colosenses 1:10). Ya que Dios es un ser emocional, él experimenta gozo y tristeza al igual que nosotros. ¡Nuestras palabras y

> **En Pablo vemos a un hombre motivado por la fuerza más potente del universo: el amor de Dios reproducido en y a través de él.**

obras de cada día pueden causarle desagrado o hacer que se regocije por nosotros con cánticos! ¡Qué cosa tan asombrosa! Hoy tú y yo podemos agradar al Dios del universo. Aunque él está mucho más allá de nuestra comprensión, es omnipotente, omnipresente y omnisciente, nuestras acciones afectuosas incluso en actividades cotidianas pueden tocar su corazón. ¿Qué otra cosa sino el amor puede agradar a un Dios de amor?

El amor es siempre lo primordial. Es por eso que la Biblia declara: «En Cristo Jesús de nada vale estar o no estar circuncidados; lo que vale es la fe que actúa mediante el amor» (Gálatas 5:6). Aunque la señal del pacto de Dios con Abraham fue la circuncisión de todos los niños varones, ha llegado un nuevo día y se ha establecido un nuevo pacto. La circuncisión, la raza, el talento, la fama, el dinero, la educación o cualquier otra cosa que atesoremos grandemente se vuelven irrelevantes al compararlo con el amor. Dios ha ordenado que cada uno de nosotros, individualmente, y cada iglesia cristiana revele este amor como la señal irrefutable de que pertenecemos a Cristo.

El poder del amor

Una persona amorosa, o mejor aún, una iglesia llena de personas amorosas, tiene tremendo poder para influir de parte de Dios en las personas. Hace unos años visitó nuestra iglesia una pareja mayor de un estado sureño. Teníamos un amigo en común y la pareja vino a mi oficina después del servicio para que nos presentaran. Mientras hablábamos ambos parecían un poco emocionados y pronto supe por qué.

—Pastor —dijo el hombre—, quiero decirle algo antes de marcharnos. Vamos a una iglesia muy conservadora y el servicio en el que acabamos de estar fue muy diferente para nosotros. Pero era algo más que los cantos fuertes, las manos alzadas y la evidente emoción de su congregación. Todo eso lo entendemos y nos bendijo. Pero fíjese —se detuvo con la voz entrecortada—, nunca antes hemos adorado con personas negras ni latinas, ni una sola vez en nuestras vidas. —Entonces prosiguió—: Es más, cuando usted le dijo a la gente que se saludaran, todo tipo de hombres a los que yo nunca he conocido me abrazaron como si fuera un hermano. —Ahora sus ojos se llenaron de lágrimas—. Esta mañana he sentido más amor de parte de extraños que lo que he experimentado en mi iglesia durante los últimos treinta años.

¡Qué bendición! Él nunca habló de mi sermón ni de cómo cantó el coro. Lo que tocó su corazón y abrió sus ojos fue el amor de Dios que fluía más allá de los cercos que se habían erigido cuidadosamente (y religiosamente) a lo largo de las décadas de su vida. El amor que él experimentó aquel día no fue algo que pudiera enseñarse a una congregación. «En cuanto al amor fraternal, no necesitan que les escribamos, porque Dios mismo les ha enseñado a amarse unos a otros» (1 Tesalonicenses 4:9). Dios es el instructor y decano de los alumnos en la facultad del amor. Él hace que la lección sea increíblemente clara para nosotros: «Dios es amor. El que permanece en amor, permanece en Dios, y Dios en él» (1 Juan 4:16). Ahí está, para que todos lo consideremos.

Los debates doctrinales (no las peleas) tienen su lugar. Pero no es nuestro calvinismo, pentecostalismo, evangelicalismo ni cualquier otro «ismo» lo que demuestra que vivimos en Dios. Solo el amor. A menudo me parece que las mal llamadas guerras culturales, que se producen en el nombre de Dios y de la moralidad, muchas veces pueden difundir más amargura que amor. Eso echa por tierra el propósito del mensaje de Jesús. «El amor no perjudica al prójimo. Así que el amor es el cumplimiento de la ley» (Romanos 13:10). Por supuesto, nosotros no somos los primeros que necesitamos corregir nuestra actitud. Cuando Pablo les escribió a los corintios en cuando a si podían comer alimentos que fueron sacrificados a los ídolos, comenzó su respuesta hablando sobre el tono de la conversación. «En cuanto a lo sacrificado a los ídolos, es cierto que todos tenemos conocimiento. El conocimiento envanece, mientras que el amor edifica» (1 Corintios 8:1).

> «El que permanece en amor», ese es el examen final para cada uno de nosotros.

Cuando nos molestamos con otros de una manera carente de amor, no logramos nada. El mundo exterior observa y dice: «Si así son los cristianos, ¡no quiero nada de eso!» Si queremos que el cristianismo sea atractivo para los incrédulos, necesitamos representarnos de una manera amorosa. Jesús fue amigo de los pecadores. Fue el amor lo que atraía la gente a él. Les gustaba estar en su compañía. Me pregunto cuántos no creyentes podrían decir lo mismo de nosotros. «El que permanece en amor», ese es el examen final para cada uno de nosotros. Que Dios nos ayude a recordarlo siempre.

Amar en el Espíritu

Tal vez la pregunta más difícil que necesitemos hacernos sea: ¿cómo aquellos creyentes de Colosas pudieron desarrollar un amor tan fuerte por todos los santos? ¿Cómo pudo Pablo llegar al punto de interesarse de manera tan desinteresada en las personas, como una madre que amamanta, dispuesto a hacer cualquier sacrificio si fuera necesario por el bienestar espiritual de ellos? Pablo nos da la respuesta cuando explica que otro ministro le habló de «su amor en el Espíritu». No era un amor terrenal lo que experimentaban los santos de Colosas; era el amor del Espíritu Santo que reemplazaba sus limitaciones humanas y sus tendencias carnales. Era un amor sobrenatural porque pertenecía a Dios, a Dios el Espíritu Santo.

Esta es una lección importante para nosotros. La mayoría de nosotros sabemos que Cristo es el modelo perfecto del amor. Conocemos el mensaje de 1 Corintios 13 sobre la preeminencia del amor, y sabemos que Dios es amor. Pero entonces, con necedad, nos esforzamos más para amar más con nuestras propias fuerzas. Hacemos intentos bien intencionados y deliberados para vencer los hábitos egoístas y nuestra aversión natural por las personas malhumoradas y detestables. Pero cuando reaccionamos de una manera poco amable y sentimos el fracaso, volvemos a empezar convencidos de que si tan solo nos esforzamos más, o leemos más las Escrituras, de alguna manera nos volveremos mejores en lo de amar a los demás.

Pero Pablo habló de «amar en el Espíritu», que es algo completamente ajeno a la capacidad humana. Recuerda su enseñanza a los gálatas: «el fruto del Espíritu es amor» (Gálatas 5:22). El amor es un fruto que crece dentro de nosotros procedente de una fuente sobrenatural. No es tu amor, y a la vez sí lo es, ya que el Espíritu obra en ti tanto para producir el querer como el hacer las cosas que están en su mente. Nunca se oye de un manzano que esté luchando para producir su fruto. Las manzanas se formarán y florecerán siempre que haya savia fluyendo dentro del árbol. Y lo mismo sucede con el Espíritu Santo y el amor. Él es nuestra vida y produce el fruto, no nosotros. Por eso fue enviado para vivir en nosotros.

¿De qué otra forma podría haber dicho Esteban mientras lo apedreaban: «¡Señor, no les tomes en cuenta este pecado!» (Hechos 7:60)? ¿Qué otra cosa podría haber hecho que Pablo comprara su amor por los tesalonicenses como una madre que amamanta a su bebé? ¿O decir que estaba listo para dar su vida por ellos? Solo el amor de Dios podría hacerle amar así.

Sin el milagro del amor de Dios la vida tiene una manera de endurecernos a todos. Nos volvemos ancianos cínicos y gruñones sin el resplandor del «primer amor» que experimentamos al comienzo de nuestra vida en Cristo. Esto no solo es malo para nosotros sino también para la causa de Cristo ante un mundo que observa. Pero no tiene que ser así: «Aun en su vejez, darán fruto; siempre estarán vigorosos y lozanos» (Salmos 92:14).

Pidamos un bautismo fresco del amor de Dios. Luego caminemos en ese amor para que todo el que nos encuentre pueda darle una miradita al corazón de Dios.

[Capítulo 14]
NOS ATRAE EL COMPAÑERISMO

¿Alguna vez has conocido a un padre que ya no le hable a su hijo? Tal vez eran muy unidos mientras el hijo crecía, pero tuvieron una discusión, se dijeron palabras y desde entonces no se hablan. Tal vez conozcas a una mujer que no se lleve bien con su hermana. Las conversaciones entre ellas son pocas y tensas. Tal vez haya una pareja en tu círculo social que aunque están casados y todavía viven juntos, no se comunican y no disfrutan la compañía mutua.

Esas personas tienen una relación e incluso documentos legales, un certificado de nacimiento o de matrimonio que lo demuestra. Pero, ¿tienen comunión unos con otros? ¿Cómo puede una relación ser significativa sin que por lo menos exista una sensación de camaradería o intimidad entre las partes?

Como cristianos tenemos una relación con Dios. Él es nuestro Padre y nosotros sus hijos. Pero solo porque tengamos una relación no significa que necesariamente tengamos el tipo de comunión que Dios planeó para nosotros.

La importancia de la comunión

Cuando leemos los escritos de algunos de los grandes líderes cristianos de hace cien años o antes, vemos que había un gran énfasis en la comunión de dos vías entre el Señor y su pueblo. Ellos escribieron acerca de no solo pasar tiempo alabando y dando gracias a Dios o incluso haciéndole peticiones sino también pasar tiempo solamente esperando en su presencia y escuchando su voz. La comunión con Dios es más que solo asistir a la iglesia los domingos, es cuestión de pasar tiempo a solas con Dios.

No tenemos mejor modelo para esto que el mismo Jesús quien «solía retirarse a lugares solitarios para orar» (Lucas 5:16). Aunque era el Hijo de Dios, Jesús sentía la necesidad de pasar tiempo a solas con Dios en oración para discernir lo que Dios quería que él hiciera. ¿De qué otra forma podía saber cuánto tiempo quedarse en Capernaúm o en Jerusalén a menos que lo escuchara de parte de Dios? Jesús, sin dudas, no hablaba ni le hacía peticiones a Dios durante todas esas horas en las que estaba solo. En cambio, escuchaba a su Padre en busca de dirección y para el contenido de sus enseñanzas: «Pero estas palabras que ustedes oyen no son mías sino del Padre, que me envió» (Juan 14:24).

Jesús estaba en comunión con el Padre cuando fue dirigido a escoger a doce hombres para que fueran sus seguidores. «Subió Jesús a una montaña y llamó a los que quiso, los cuales se reunieron con él. Designó a doce, a quienes nombró apóstoles, para que lo acompañaran y para enviarlos a predicar y ejercer autoridad para expulsar demonios» (Marcos 3:13-15). Es interesante observar el primer motivo que da Marcos para elegir a los Doce: para que lo acompañaran. Cuando Jesús llamaba a alguien, la comunión estaba primero que el ministerio.

Sin embargo, a diferencia de los apóstoles, nosotros no podemos pasar tiempo con Jesús en una montaña ni irnos juntos a pescar. Para nosotros la comunión solo puede ocurrir mediante la persona del Espíritu Santo.

En Efesios, Pablo dice que mediante Jesús tanto judíos como gentiles «tenemos acceso al Padre por un mismo Espíritu» (2:18). Es decir, gracias al sacrificio de Jesús en la cruz ahora tenemos al Espíritu que nos lleva a la presencia de Dios. La obra activa del Espíritu Santo hace que la comunión con Dios sea una experiencia real y abundante que produce fortaleza en nuestras almas.

Mis peores días en la vida no ocurrieron porque perdí mi relación con Dios sino porque no tuve tiempo para la comunión, comunión mediante la Palabra, comunión en la oración, para esperar en Dios, hablar con Dios y escuchar a Dios. Cuando andamos de un lugar a otro nos debilitamos, tenemos menos fe, menos gracia y más estrés. Hay algo en estar con Jesús, estar en la presencia de Dios, que nos ayuda a tener más paz y gozo.

Él despierta mi oído para escuchar

Cuando pasamos tiempo con Dios, debiéramos desear algo más que solo presentar una lista de peticiones, necesitamos escuchar su voz. Alguien dijo una vez: «¿Qué es más importante, decirle a Dios nuestras peticiones, las cuales él ya conoce antes de decírselas, o escuchar su voz, escuchar lo que está en *su* corazón?»

Sé que algunas personas no creen que todavía podamos escuchar la voz de Dios. «En la Biblia ya él dijo todo lo que iba a decir». Estas personas alegan que escuchar a Dios es un fanatismo religioso o una forma de sentimentalismo espeluznante.

Pero la historia de la iglesia cristiana niega por completo dicha creencia. ¿De qué manera, entonces, personas como el misionero británico Hudson Talyor, quien mientras pasaba tiempo con el Señor sintió que Dios ponía en su corazón un llamado para ir a China, hubieran llevado el evangelio a los pueblos no alcanzados de Asia?

Aunque todos sabemos que la Biblia ya está completa, Dios todavía habla.

De hecho, ¿cómo un misionero que alguna vez hiciera algo grande para Dios hubiera sabido hacerlo a menos que Dios se lo comunicara primero? No hay versículo en la Biblia que diga: «¡Ve a Bangladesh!»

Aunque todos sabemos que la Biblia ya está completa y que Dios no habla para reemplazar la doctrina ni para comunicarse como lo hizo en las Escrituras, él todavía habla. Él puede ofrecer palabras vitales de advertencia o mensajes que convencen de pecado que tienen una aplicación personal. A veces es una palabra de dirección, la dirección en la que debemos movernos. Ese tipo de dirección solo la escuchan un oído atento y un corazón que oye.

Uno de mis pasajes favoritos se encuentra en Isaías.

> El Señor omnipotente me ha concedido tener
>   una lengua instruida,
>   para sostener con mi palabra al fatigado.
> Todas las mañanas me despierta,

y también *me despierta el oído, para que escuche* como los discípulos.

Isaías 50:4 (énfasis del autor).

Isaías estaba diciendo que el Señor era quien le enseñaba qué decir, especialmente palabras que sostuvieran al fatigado. Pero eso solo sucedía porque en la mañana sus oídos espirituales estaban despiertos para escuchar. Aunque Isaías describió su propia experiencia, la historia ha demostrado que amas de casa, maestros y choferes de camión —cualquiera que pertenezca al Señor— pueden disfrutar la bendición de este tipo de comunión con un oído atento.

Samuel, otro profeta, era un chico cuando pensó que había escuchado la voz de su maestro Elí llamándole por su nombre. En realidad era el Señor, pero todavía Samuel no conocía la voz del Señor. Después que Samuel le preguntara a Elí tres veces, Elí le ordenó a Samuel que dijera: «Habla, Señor, que tu siervo escucha». Más adelante todo Israel acudía a Samuel para escuchar la palabra del Señor que él recibía mediante su comunión con Dios. Fue mediante la comunión con Dios que Moisés recibió los Diez Mandamientos y los planes para construir el tabernáculo. Después, al escuchar, David recibió instrucciones para construir el templo que su hijo Salomón edificaría. Dios habla a aquellos que le escuchan.

«Habla, Señor, que tu siervo escucha».

En la era del Nuevo Testamento un creyente sencillo llamado Ananías recibió instrucciones de Cristo para encontrarse con el recién convertido Saulo de Tarso y ministrarle. Él no era profeta, pero escuchó un mensaje de parte de Dios, no era una nueva doctrina, era una instrucción personal. ¿Por qué el Espíritu Santo iba a negarse a seguir guiando al cristiano de hoy?

Cuando pasamos tiempo escuchando a Dios, aprendemos qué decir y recibimos las palabras para ese día. A veces tendremos una sensación general o una sección de las Escrituras que preparará nuestro corazón para las cosas que enfrentaremos pronto. Es posible que en otras ocasiones Dios quiera darnos un versículo específico, una palabra de sabiduría o de ánimo que luego podremos transmitir a otra persona con quien nos encontraremos durante el día. Pero ese oído atento y esa lengua instruida solo vienen cuando tenemos un tiempo de comunión con el Señor. Viene cuando escuchamos y no cuando hablamos.

Un hombre que escuchaba

Durante semanas me estuve fijando en un hombre alto y apuesto que estaba asistiendo a nuestras reuniones de oración los martes en la noche. Le había visto de pasada en la iglesia y había escuchado algo sobre su historia. Sabía que todos los días viajaba una gran distancia para venir y servir de voluntario en la iglesia, pero en esas reuniones de oración lo veía acurrucado en una esquina, a veces sentado contra una pared, a veces de rodillas, pero siempre esperando. Incluso, él seguía allí después que todos se iban. Yo oraba con las personas o incluso solo, esperando en Dios, y seguía viendo a este joven allí, pero no sabía lo que estaba pasando. Por su postura y su actitud de oración sentía que era tierno y que escuchaba. ¿Qué era lo que quería escuchar? ¿Qué estaba buscando? Entonces escuché toda su historia y supe que este joven tenía un corazón atento para escuchar.

Todd Crews, proveniente de un pueblo pequeño en el sur de Indiana, creció en una familia amante del baloncesto. Durante la mayor parte de la secundaria a él le interesaron más las fiestas que la religión, pero cuando su madre le entregó su vida a Jesús, se transformó toda la familia. Todd se hizo cristiano en su último año de secundaria. Sabía que quería ir a la universidad, pero dos meses antes de la graduación todavía no había decidido adónde ir. Oró al respecto y sintió que Dios le guiaba a asistir a una universidad cristiana. Hizo la solicitud y lo aceptaron en la universidad Palm Beach Atlantic de Florida.

Cuando estaba en el segundo año de la universidad, Todd visitó la ciudad de Nueva York. Él cuenta: «Oí de una iglesia, el Tabernáculo de Brooklyn, que tenía filas de personas que doblaban la esquina para poder entrar. Nunca antes había visto algo así, de manera que fui a ver esto». Mientras estaba en un servicio de adoración conoció personas y sintió un amor que conmovieron a Todd. «Estaba abrumado por la presencia de Dios y estando allí sentí que Dios me hablaba. No sabía que el Espíritu de Dios se moviera así en una iglesia. No era una producción. No era cuestión de entretenimiento. Era simplemente gente adorando y anhelando más de Dios».

El verano anterior a su último año en la universidad Todd lo pasó orando y buscando la voluntad de Dios para su vida. Mientras que sus amigos contemplaban posibles trabajos, Todd no sabía con seguridad qué hacer o adónde ir. «A mediados de mi carrera universitaria supe que Dios me llamaba al ministerio a tiempo completo, pero no sabía cómo», cuenta Todd. «Yo estaba completamente abierto, le decía a Dios que haría lo que él quisiera, iría a donde él quisiera que yo fuera o me quedaría y trabajaría en el ministerio en el que ya estaba trabajando». Una vez más, dos meses antes de la graduación, Todd escuchó a Dios. Fue durante una intensa experiencia de búsqueda de la voluntad de Dios para su vida, mientras oraba y lloraba en la playa, que Todd escuchó a Dios decir: «Ve a Brooklyn y sirve».

«Eso fue todo. Era algo muy vago y no había detalles. No podía evitar preguntarme si era yo quien inventaba esto», decía Todd. «Había estado en el Tabernáculo en aquella ocasión, durante mi visita a Nueva York hacía tres años, y sabía que no era el tipo de iglesia que pusiera ofertas de trabajo en línea. Así que no le conté a nadie lo que había escuchado y seguí orando y preguntándole a Dios si esto realmente venía de él».

Unas semanas después Todd estaba de vuelta en Indiana en un torneo de baloncesto con su papá. Casi se iban cuando una persona al azar les ofreció boletos para el juego de esa noche de los Pacers de Indiana. El juego empezaba en quince minutos. Aceptaron los boletos y se fueron para el estadio. Una vez que encontraron sus asientos, Todd entabló una conversación con el hombre que estaba sentado a su lado y supo que el hombre se llamaba Richie McKay. Era el entrenador principal del equipo de baloncesto de la Universidad de New Mexico, y también era cristiano.

> No le conté a nadie lo que había escuchado y seguí orando y preguntándole a Dios si esto realmente venía de él.

Durante el juego hablaron de muchas cosas, pero en un momento dado Richie le preguntó a Todd:

—¿Qué vas a hacer cuando te gradúes?

—Bueno, hay una iglesia en Brooklyn y he estado pensando en ir allá y ver si puedo ayudar de alguna manera.

—¿Cómo se llama la iglesia?

—El Tabernáculo de Brooklyn.

—¿De veras? Tengo un buen amigo que trabaja ahí y de hecho ahora está en Indianápolis. Ustedes dos deben conocerse.

Al día siguiente Todd conoció a Craig Holliday, uno de los miembros de nuestro equipo. «Yo solo le conté lo que estaba en mi corazón», cuenta Todd. «Le dije que quería ser parte de lo que Dios estaba haciendo allí y que iría y hasta limpiaría los baños si eso significaba que pudiera ser parte de todo».

—¡Estupendo! —dijo Craig y le dio a Todd su tarjeta—. Llámame cuando estés allá.

«Yo sabía que eso no era una oferta de trabajo, pero me confirmaba que esto venía de Dios y que no era algo que yo había inventado en mi cabeza».

De vuelta en Florida, Todd se graduó, empacó las cosas en su auto y manejó hasta la ciudad de Nueva York. Sus padres vivían en West Point, hacia el norte de Nueva York, así que se fue a vivir con ellos. Al día siguiente de llegar llamó a Craig y concertaron una cita para reunirse a almorzar en Brooklyn. Era un viaje de ochenta kilómetros que podría tomar dos horas y media en cada sentido. «Fui a almorzar con él pero no había ninguna oportunidad de trabajo. En cambio, Craig ofreció presentarme y me invitó a un servicio». Todd estaba desilusionado, pero aceptó la oferta de Craig y conoció a algunas de las personas que forman parte de la iglesia. Con el tiempo le ofrecieron un trabajo de voluntario en la biblioteca del Centro de Aprendizaje que la iglesia tiene en el centro de la ciudad.

«No era limpiando los baños, pero tenía que ponerle una etiqueta a cada libro de la biblioteca», cuenta Todd. «Era una habitación bastante grande y llena de libros, y allí me pasaba el día yo solo, poniendo etiquetas durante ocho horas». Pero Todd usó bien el tiempo. Escuchaba sermones en la computadora, oraba y escuchaba a Dios. «Comencé a conocer personas y estas comenzaron a darme más responsabilidades». Todd también comenzó a dar clases y a enseñar alumnos en el centro.

Después de pasar tres meses, dando viajes diarios de dos horas y media en cada sentido para un trabajo como voluntario, Todd se desanimó. «Me preguntaba qué hacía allí y si alguna vez llegaría a ser algo más». En esa época mi yerno, el pastor Brian Pettrey, escuchó lo que Todd había estado haciendo y lo invitó a vivir con su familia. Al principio Todd se negó porque no quería molestar a nadie, pero Brian no aceptaba un no y por fin Todd se mudó con ellos.

«Me quedé con su familia durante siete meses», cuenta Todd. «Esa resultó ser una de las mejores experiencias de mi vida porque fue una gran oportunidad de aprendizaje. Pude verle ser pastor, padre y esposo y ver cómo una familia funcionaba con Cristo como su centro».

Un día, durante aquella época, llamé a Todd a mi oficina porque al fin yo tenía una oportunidad para él. Quería que trabajara con mi hija Susan reorganizando nuestro ministerio infantil BT Kids. Pude ver la desilusión en sus ojos. Después él me dijo: «Me encantan los niños, pero no quería trabajar en el ministerio infantil. No creía tener las habilidades y sin dudas no tenía el deseo de trabajar con niños».

Unas semanas después volvió a verme y me preguntó si podía hacer otra cosa, pero no teníamos ninguna otra oportunidad disponible y yo realmente podía ver el impacto que él estaba causando, así que le pedí que siguiera. Todd seguía buscando al Señor y tratando de escuchar su voz. De nuevo, al esperar y escuchar, Todd escuchó a Dios hablar. «Sentí como si me dijera que debía hacerlo tanto tiempo como fuera necesario porque eso me haría más semejante a él». Pero algo más sucedió en el camino. Dios le dio a Todd pasión por los niños. «Comencé a volcar mi vida en eso y realmente me apasioné por los niños».

Durante los meses siguientes Todd también sirvió como voluntario en el ministerio de adultos jóvenes. «Realmente sentía pasión por eso». Después, cuando se fue el pastor que estaba dirigiendo ese ministerio, le pedí a Todd que asumiera el liderazgo. «Realmente me sorprendió», dijo Todd. «Es para personas de 19 a 30 años, y en aquel momento yo solo tenía 23. Era joven e inexperto, pero me encantaba servirles».

Todd oró, esperó y escuchó durante mucho tiempo antes de encontrar el lugar que Dios tenía para él. Pero todo llegó a concretarse gracias a que escuchó y obedeció. «Hubo muchas ocasiones en las que me sentí desanimado, pero Dios producía una impresión en mí que me hacía quedarme quieto. "Aquí es donde yo te quiero, y no te preocupes porque todo se aclarará"».

> **El Espíritu pudo hacer grandes cosas mediante él porque tenía un espíritu paciente y fácil de enseñar.**

Todd te diría que todas esas experiencias de espera, aunque en el momento fueron algo difíciles, resultaron ser las experiencias más preciosas que él ha tenido jamás. «Mientras impartía esas clases conocí a mucha gente maravillosa. Los viajes de cinco horas diarios me dieron tiempo para procesar aquellas reuniones, orar por las personas y llorar por las cosas que ellos pasaban».

Luego de saber más acerca de Todd y ver cómo se desenvolvía

su historia, supe por qué se quedaba hasta tan tarde en aquellas reuniones de oración. Él sentía la necesidad de estar en comunión con Dios, esperar en él y escuchar su voz calmada y apacible. Luego de haber servido de manera humilde y fiel en las sombras, ahora Todd Crews ocupa un rol de liderazgo estratégico en nuestra iglesia. El Espíritu pudo hacer grandes cosas mediante él porque tuvo un espíritu paciente y fácil de enseñar, y le permitió al Señor que preparara su corazón para lo que vino después.

El amor del Padre

Martín Lutero, el sacerdote del siglo dieciséis que inició la reforma protestante, al principio le temía a Dios porque creía que el Señor era un juez santo pero enojado. Eso fue lo que el legalismo de su época le enseñó a creer. Martín fracasaba, a pesar de lo mucho que trataba de agradar a este Dios santo, sentía que Dios lo condenaba y experimentaba la culpa de su pecado. Algunos de nosotros tenemos esas mismas batallas: estamos frente a un dios que es una especie de rey duro y austero que se deleita en castigarnos. Pero Dios no es así. Él es un padre amoroso, lleno de misericordia y paciencia. Es imposible tener una vida de comunión íntima sin una comprensión adecuada de quién es él.

Me encanta pasar tiempo con mi nieto Levi. Disfruto tenerlo en mi regazo y estar con él. Él no tiene que hacer nada, no necesito que actúe ni que cante para que me dé gran alegría. De la misma manera el Señor es este tipo de Padre que se deleita en su familia. Él quiere que vayamos a su presencia porque nos ama y quiere pasar tiempo con sus hijos.

En Romanos 8:15-16, Pablo dice: «Y ustedes no recibieron un espíritu que de nuevo los esclavice al miedo, sino el Espíritu que los adopta como hijos y les permite clamar: "¡*Abba*! ¡Padre!" El Espíritu mismo le asegura a nuestro espíritu que somos hijos de Dios». ¡Qué pasaje tan importante! Pablo nos dice que el Espíritu le sirve de testigo a nuestro espíritu, a lo más íntimo de nuestro ser, que somos *hijos de Dios* y él es *nuestro Padre*. Mediante la obra del Espíritu Santo podemos saber por experiencia que Dios nos ama. No tenemos que sentir miedo. Él no es simplemente el creador omnipotente y el gobernador del universo. Es también Abba, Padre, el papá más tierno y cariñoso que cualquiera pudiera tener.

El Espíritu nos asegura que Dios es nuestro Padre amoroso. Él no siente ira contra nosotros aunque pecamos y le fallamos muchas veces. Nuestro castigo bien merecido lo llevó Jesús por completo en la cruz. A su vista no hay ni una sola mancha en contra nuestra. Como Padre amoroso él disciplinará a sus hijos, pero no de manera judicial. Él nos disciplina con amor y lo hace por nuestro bien, para que seamos como Cristo en cada aspecto de nuestras vidas.

En los momentos tranquilos de comunión el Espíritu Santo hace que el amor de Dios sea real, no solo en nuestras cabezas sino también en nuestros corazones. Cuando el Espíritu de Dios se mueve, tenemos descanso y paz. Sabemos que no tenemos que luchar por una justicia personal que nos ayude a ganar aceptación delante de Dios. Estamos seguros de lo que Cristo hizo por nosotros en la cruz y podemos acercarnos a Dios con valentía.

Comunión rota

Sin embargo, hay ocasiones en las que no estamos en sintonía con Dios, cuando no tenemos el tipo de comunión que él anhela y que nosotros necesitamos. Durante esos momentos me acuerdo de la iglesia en Laodicea. Jesús les dijo: «Mira que estoy a la puerta y llamo. Si alguno oye mi voz y abre la puerta, entraré, y cenaré con él, y él conmigo» (Apocalipsis 3:20). Cuando Jesús pidió compartir una comida con ellos, estaba hablando de su deseo de comunión con la iglesia de Laodicea, pero por alguna razón él estaba afuera de la puerta tratando de entrar. ¡Imagina la tragedia de Cristo fuera y separado de los creyentes por quienes murió en la cruz! ¿Cuál fue el remedio para ellos y para nosotros? Cristo les indicó que se arrepintieran de todo lo que había levantado una pared entre él y ellos. Eso les permitiría abrir sus corazones para disfrutar de una dulce comunión con el Salvador.

Me encanta este extracto de un viejo libro de mi biblioteca. El autor describe el deseo de comunión que Dios tiene y cómo podemos perder esa intimidad si dejamos que nuestros corazones divaguen y se vuelvan fríos:

> La iglesia es la gloria, corona y plenitud de Cristo. Él es Señor de ella de una manera especial, a él le gusta habitar en ella, como en su «propia casa», y cuando cualquiera de las piedras

vivientes que componen este templo espiritual se reúne en su nombre, allí aparece él, «estoy en medio de ellos».

Pero al igual que de una manera individual podemos caminar en vías que le entristecen y, por lo tanto, podemos perder el sentido de su presencia en nuestras almas, también podemos deshonrarlo en colectivo si descuidamos su Palabra y no dependemos de su Espíritu hasta el punto en que nuestras reuniones sean impotentes y muertas. Dejaremos de experimentar la presencia viva de Cristo y perderemos por completo la comunión con él.

Debemos estar seguros de esto, si deseamos estar conscientes de la presencia del Señor con nosotros cuando nos reunimos, cada uno de nosotros debe cultivar la comunión con él en nuestros corazones y en nuestros hogares. Entonces veremos que la mejor manera de garantizar una reunión feliz con los santos será estar feliz con el mismo Señor en privado.

Por lo tanto, cuando nuestras reuniones sean frías y sin espíritu, preguntémonos si nuestros corazones no han estado antes alejándose del Señor, porque si la mayoría de nosotros trae corazones fríos y mundanos, nuestra reunión colectiva participará de la mortandad de aquellos que la componen en su mayoría.[1]

Si deseamos tener una relación más íntima con Dios, nos animará recordar la historia del hijo pródigo. Después de romper la comunión con su padre y malgastar el dinero en una vida desenfrenada, el hijo regresó humildemente al hogar y pidió ser un siervo simple y vivir en el granero. Pero el padre no lo aceptó. En cambio, le puso una túnica, un anillo en el dedo y sandalias para sus pies. El padre no quería hacer demasiado hincapié en los errores pasados del hijo, él solo quería recibirle en la casa, sentarlo a la mesa del banquete y comer con él.

Eso es lo que el corazón de Dios desea para todos nosotros hoy. Él envió a su Hijo para lavar nuestros pecados y ahora el Espíritu ha sido enviado para darnos la invitación del Padre. «Ven a la casa, siéntate a mi mesa y come conmigo».

Imagina sentarte a cenar con nuestro Señor, ¡qué velada tan íntima y gloriosa sería! Robert Murray M'Cheyne, un ministro de la Iglesia de Escocia durante la primera mitad del siglo diecinueve, dijo:

«Una hora en calma con Dios vale toda una vida con el hombre». No tenemos que imaginar cómo sería esa cena. Ese tipo de comunión está a nuestra disposición en cualquier momento de cualquier día mediante el Espíritu. Solo tenemos que pedirlo.

[Capítulo 15]
UNA VIDA DE TERROR Y ANHELO DE COMPAÑERISMO: LA HISTORIA DE TERRY

Terry Khem tuvo la desgracia de nacer en Cambodia a principio de los años 1970, justo cuando el régimen de los Jemeres Rojos estaba en marcha y matando a mucha gente, como se muestra en la película *The Killing Fields* [Los gritos del silencio]. Quiero advertirte que partes de su historia son increíblemente difíciles de leer, no puedo ni imaginar cuán difícil debe haber sido vivirlas. Durante los momentos más penosos de su vida el anhelo de Terry era que su padre la quisiera, pero su ambiente ya estaba tan envenenado con las atrocidades que la rodeaban que ella nunca encontró ese tipo de amor. Sin embargo, a pesar de sus protestas el Espíritu seguía atrayéndola hacia la luz, hasta que experimentó una nueva vida en Cristo y la aceptación que siempre anheló. Vale señalar que Terry ha podido perdonar todas las atrocidades que se cometieron en su contra y mediante el poder del Espíritu ha vencido sus temores. Hoy ella desea usar el amor y la comunión que ha encontrado en Cristo para ayudar a otros que estén en situaciones similares.

Terry
Solo llevábamos un año de guerra en Cambodia cuando mi padre

desapareció. Se enfermó y unos hombres dijeron que lo llevarían a un hospital, pero no lo hicieron. Lo mataron o lo dejaron en medio de la jungla para que se muriera. No sé lo que pasó porque nunca lo volvimos a ver. Yo nací en algún momento entre 1970 y 1972.

En mi país la gente no sabe la fecha de su nacimiento a menos que venga de una familia muy rica, pero sí sé que en 1975 fue cuando mi padre desapareció.

Las autoridades también se llevaron a muchos de los niños de nuestro pueblo. Los hombres decían que si un niño podía comer, caminar y hablar, también podía trabajar. Un día vinieron y se llevaron a tantos niños como pudieron a las montañas, a un campo de trabajo forzado. Por suerte, mi madre fue muy astuta y cuando los militares vinieron, nos escondió a mi hermanita y a mí para que no nos llevaran.

Durante el día, mientras los adultos trabajaban, venían los inspectores para ver si alguien escondía comida. Mi hermana y yo nos escondíamos en el ático. Allí, en silencio, pasábamos la mayor parte de nuestro día. Después que los inspectores se iban, podíamos bajar del ático y jugar. En las noches podíamos andar libremente por el pueblo porque no nos descubrían mezcladas con los otros niños que no se habían llevado.

Los hombres y las mujeres tenían que trabajar desde las cuatro de la mañana hasta casi la media noche. Desde 1975 hasta 1979 no hubo un día que la gente de nuestro pueblo durmiera lo suficiente. Y nunca había comida suficiente. Los obreros recibían un gran tazón de agua, un poco de arroz y una piedra de sal. Pero los que no trabajaban no comían. Mi hermana y yo teníamos que esperar a que nuestra madre regresara a casa y nos diera su comida.

En la noche, después que los obreros regresaban, por lo general las autoridades hacían una reunión. Si durante sus inspecciones los oficiales encontraban que alguien tenía comida robada, oro escondido o que habían desobedecido las órdenes, le daban un castigo aleccionador.

Las autoridades reunían a todo el mundo en el centro del pueblo, incluyendo a los niños, y nos obligaban a ver cómo crucificaban a la gente, literalmente los clavaban en cruces. Recuerdo ver cómo crucificaron a una pareja porque se negaron a casarse. Yo era niña y eso era difícil de ver, pero esa no era la peor forma de ejecución. La que más me horrorizaba era cuando hacían a la gente cavar un hueco y

UNA VIDA DE TERROR Y ANHELO DE COMPAÑERISMO: LA HISTORIA DE TERRY | [Capítulo 15]

luego los tiraban en él, o tiraban un montón de gente y los enterraban vivos. La gente arañaba y raspaba la tierra para tratar de salvarse de lo inevitable.

Nos decían que no podíamos llorar y que no podíamos sentir compasión. Si uno se ponía mal al ver la tortura, lo mataban ahí mismo. Si un bebé lloraba, se lo quitaban a su madre. En el mejor de los casos los padres nunca más veían a su hijo, pero en el peor, los soldados mataban al niño ahí delante de su madre. En las calles siempre había cadáveres. La muerte estaba por todas partes, pero nos volvimos indiferentes porque nos entrenaron para no tener sentimientos.

Yo vi a otros niños, amigos míos, morir de hambre. La chica de al lado se mordía a sí misma porque se moría de hambre. Estaba tan delgada y con tanta hambre que se mordisqueaba el tobillo. Con el tiempo se mordisqueó hasta morir. Vi a gente matar a sus esposas e hijas solo para comer la carne. Sabíamos que de cualquier modo nuestro destino sería la muerte, entonces, ¿qué importaba si llegaba más rápido? Nunca sufríamos por la pérdida de una vida, el único dolor que sentíamos era el dolor del hambre.

> **Nunca sufríamos por la pérdida de una vida, el único dolor que sentíamos era el dolor del hambre.**

En un momento dado los soldados nos obligaron a dejar nuestras casas y vivir en la jungla. Después de tres meses todo el gobierno y las fuerzas militares desaparecieron inesperadamente. Regresamos a casa, pero los oficiales también se habían ido de allí. Entendimos que la guerra tenía que haber terminado. ¡Éramos libres!

Pero la comida también había desaparecido. Si íbamos a sobrevivir, teníamos que llegar a la ciudad. La gente venía de la ciudad en carretas a buscar a sus familiares para llevarlos de regreso. Conseguimos viajar con la primera esposa de mi padre. De alguna manera mi madre mantuvo la amistad con ella incluso después de casarse con mi padre.

El día en que nos fuimos de nuestra casa había cadáveres apilados en la calle. Al mirarlos más de cerca descubrí que algunos todavía no estaban muertos. Solo que no podían caminar, estaban tan enfermos o heridos que no podían continuar. Mientras me subía a la carreta, escuché a un bebé. Estaba en el suelo junto al camino, llorando. Era tan pequeña.

—Mamá, ¿podemos llevar al bebé? —le pregunté.

—No, cariño. No es nuestra carreta. Necesitamos escapar y la carreta ya está llena. Tal vez la madre regresará por el bebé.

Mientras la carreta se alejaba me llené de un odio e ira increíble al comprender cuán desesperado era el futuro de ese bebé y cuán impotente era yo para hacer algo. El bebé seguía llorando. Algo dentro de mí murió. A partir de ese momento dejé de hablar. La gente pensaba que era muda. Durante los años siguientes yo solo respondía sí, no o está bien.

Cuando llegamos a la ciudad, hacía tres meses que se había acabado la guerra, sin embargo, nadie tenía el control. Se le había enseñado a la gente a considerar tan poco la vida que seguían matando. La ciudad estaba en un caos total. No había comida. Las mujeres y los niños que no tenían un hombre que los protegiera corrían el mayor riesgo de morir de hambre. Bajo el régimen comunista había muchas mujeres solteras y viudas con hijos, habían matado a sus esposos o los dejaban morir por exceso de trabajo. Así que los hombres que quedaban andaban como locos. Tenían cuatro o cinco esposas. «Si no te casas conmigo, mataré a tus hijos», amenazaban a las mujeres.

Un día, mientras mi madre estaba fuera buscando comida entre la basura, un hombre se le acercó.

—¿Quieres comida?

—¡Sí! —dijo mi madre—. Tengo dos hijos que necesitan comer.

—Te casas conmigo y te salvaré la vida, pero si no, te mataré a ti y a tus hijos.

—Ni siquieras sabes donde yo vivo.

—No te preocupes, lo averiguaré.

Mi madre huyó de él, pero más tarde ese día, se apareció adonde nosotras vivíamos. Ella no tuvo más alternativa que «casarse» con él. Al principio mi hermana y yo estábamos emocionadas. Nos habían quitado a nuestro padre, ¡pero ahora volveríamos a tener un papá! Nuestro papá era amable y compasivo, yo siempre supe que él nos quería. ¡No podía creer la buena suerte que teníamos! Pero pronto supe que nuestro nuevo padrastro no se parecía en nada a nuestro papá. Golpeaba a mi madre, a mi hermana y a mí, nos quitaba cualquier cosa que pudiera para satisfacer su hábito de beber. A cualquier hora traía a casa hombres borrachos y además tenía otra esposa en otro lugar.

Después de un tiempo nuestro padrastro se metió en problemas con el nuevo gobierno e iban a meterlo en la cárcel. Unos días después vi que mi madre y padrastro estaban empacando las cosas. Entonces, durante la noche, mi madre nos despertó. «Nos vamos. Agarren sus cosas, tenemos que irnos».

Amarramos las pertenencias que podíamos cargar y salimos de la casa. El plan era cruzar por la jungla hasta Tailandia. Habíamos oído hablar de un refugio de la Cruz Roja en el lado tailandés de la frontera para refugiados de guerra. No teníamos zapatos ni ropa abrigada y era la época de la lluvia, así que a menudo estábamos empapados y con frío en las noches. A veces caminábamos por el agua a la altura de la rodilla, en otras ocasiones hasta el cuello. Hubo días en los que no teníamos ni comida ni agua.

Mientras más caminábamos, más nos uníamos a otros grupos y más grande se hacía la multitud. Parecía como si todo el país estuviera escapando. ¡Y había tantas minas! Era como si cada diez minutos alguien pisara alguna y escuchábamos una ruidosa explosión.

A veces me despertaba y veía pedazos de cadáveres de las minas que llenaban el lugar. Un día íbamos caminando detrás de una familia que tenía una carreta tirada por una vaca. De repente explotaron. La vaca, la carreta, las personas… todo explotó en el aire y cayeron en pedacitos sobre nosotros como lluvia. Después de la explosión escuché disparos que venían de atrás. «¡Disparos! ¡Están disparando!», gritaba la gente. Como estábamos en el medio, tuvimos tiempo para correr a los arbustos y escondernos de los francotiradores.

> Yo pensaba que si podía escribir mi historia, podría dar a conocer a generaciones la vida que habíamos vivido.

De alguna manera llegamos al campamento en Tailandia. Nos quedamos en aquel campamento y durante tres días vivimos debajo de un árbol hasta que nos transfirieron a un segundo campamento. Aquel lugar se llenó y de nuevo nos transfirieron. En el tercer campamento nos dieron una cabaña de cemento que compartíamos con otra familia. Era simplemente una habitación cuadrada grande construida por encima del suelo. El suelo se usaba para cocinar.

Aquel campamento también tenía una escuela para niños. No era gran cosa, pero enseñaban el abecedario camboyano y los números. Aunque todavía yo no hablaba, ya tenía doce años y tenía muchos deseos de aprender. Quería ser periodista para poder denunciar lo que había sucedido en mi país. Todavía ardía el odio dentro de mí y pensaba que si podía escribir mi historia, podría dar a conocer a generaciones la vida que habíamos vivido.

Pero mi madre tuvo otro hijo y yo no pude seguir yendo a la escuela. Tenía que quedarme en casa y ayudar a cuidar el bebé. El director de la escuela vivía al lado. Era un hombre muy educado y todo el mundo lo admiraba. A diferencia de mi padrastro, también era bondadoso con su familia. En las noches les daba lecciones a sus hijos en la casa. Así que todos los días, sin que me invitaran, yo iba allí y le escuchaba enseñar a su familia. Él dejaba que mi hermana y yo participáramos de las lecciones, era la única educación que yo tenía.

Una noche el campamento presentó una obra teatral y la mayoría de los adultos y los niños fueron a verla. Yo estaba sola en casa y también lo estaba el director que vivía al lado. Fui a su casa porque quería aprender. Él me preguntó:

—¿Quieres sentir cómo es tener un padre? ¿Cómo un padre ama a su hija?

Yo todavía no hablaba así que solo asentí. Estaba desesperada por sentir el amor de un padre. Él me llevó a su casa.

—Te lo voy a mostrar, pero será nuestro secreto. Solo entre tú y yo.

Entramos y él comenzó a usarme sexualmente. A partir de ese momento buscaba oportunidades para que su casa estuviera vacía. Cuando no había nadie, me buscaba. Y como yo no hablaba, no le decía nada a nadie. Él sabía que yo no lo haría. Se volvió algo tan frecuente que llegó a ser una parte normal de mi vida hasta que patrocinaron a su familia para dejar el campamento y mudarse a los Estados Unidos.

Después, a medida que el campamento llegaba al máximo de capacidad, otro esposo y esposa se mudaron a nuestra cabaña. La casa estaba dividida por una tela que nosotros colgábamos, pero aun así podíamos escuchar al hombre golpeando a su esposa. Un día yo estaba sola y no me di cuenta que el hombre estaba del otro lado de la tela. Yo estaba limpiando nuestro lado de la cabaña cuando él me agarró y me haló para su lado. Me metió un caramelo en la boca y me susurró al oído: «Si haces el más mínimo ruido, te mato». Y yo sabía que lo haría. Yo sabía lo que venía y en lo único que pensaba era: *Termina ya*. Mi pesadilla de abuso sexual continuó.

Cuando él terminó, corrí al templo budista que habían construido en el campamento. Entraba al templo y me acercaba al dios, una estatua de Buda, y decía: «No sé lo que he hecho para merecer una vida así». Movía el puño y seguía: «nunca aceptaré que hay un dios en este mundo y nunca me someteré a ningún dios. De hoy en adelante mi vida es mía y yo me ocuparé de mí misma». Fue la primera vez que dije palabras en voz alta luego de muchos años. Yo odiaba a los hombres. Odiaba a mi padre por haberme abandonado. Odiaba a mi padrastro y otros que me habían usado. Odiaba la vida. Me volví insensible y fría, y ya ni siquiera respondía con un sí, un no o un está bien. Mi padrastro me golpeaba y yo me quedaba ahí sentada, como si nada. Ni siquiera lloraba, lo cual le molestaba todavía más. Mientras él me golpeaba yo dejaba que la amargura creciera.

En 1985 nos mudamos por diversos campamentos, acercándonos cada vez más a los centros poblados, hasta que por fin nos transfirieron a Nueva York. A mí me emocionaba venir a Norteamérica, era un sueño hecho realidad. Yo pensaba: *¡Ahora voy a tener la oportunidad de estudiar y de hacer todo lo que quiero!* Sin embargo, todo sería muy diferente. El idioma era diferente y también el clima. Yo había visto algunas personas blancas, pero nunca tantas. Y nunca antes había visto una persona negra. Todo el mundo era tan alto y confiado que me asustaba. Y nunca los golpeaban. Cuando yo caminaba por las calles de mi país, los hombres golpeaban a sus esposas y a sus hijos, pero en los Estados Unidos nadie hacía eso.

En la escuela tenía que hablar si quería aprender, así que por primera vez en diez años yo respondía las preguntas. Por esa época tomé una clase de salud y allí hablaban del abuso sexual. Fue la primera vez que supe lo que me había pasado con aquellos hombres. Me habían *violado*.

En la casa mi padrastro seguía bebiendo y golpeando a mi madre. La única manera de escapar era casarme porque en nuestra cultura ese es un motivo aceptable para irse de la casa. Así que busqué un chico cantonés con el que pudiera casarme y lo encontré. Era más o menos apuesto y cuando le dije que quería irme de mi casa, él dijo que se casaría conmigo.

Yo tenía como quince años y nos escapamos juntos. Una vez que dormimos juntos nuestras familias reconocieron que era un matrimonio aunque nunca tuvimos una boda. Mientras estábamos en la escuela mi padrastro seguía golpeando a mi madre. A veces regresábamos a casa y la encontrábamos ensangrentada por las golpizas que había recibido. Mi esposo y yo no sabíamos qué hacer. En nuestra cultura no se llamaba a la policía. Así que guardábamos silencio y nos mudamos a casa para ayudar a mi mamá.

Con el tiempo abandoné la escuela secundaria y comencé a trabajar ilegalmente por dinero en efectivo. Ahora que ganaba dinero podía comprar un lugar más grande para mi esposo y para mí, y para mi mamá y mis hermanas. Pero mi padrastro nos encontraba y regresaba a golpearnos a mi mamá, a mí y hasta a mi esposo. Yo nunca pude entender por qué. Me sentía impotente para detenerlo.

Entonces salí embarazada y mi mundo se derrumbó.

Acostada en la cama del hospital luego de dar a luz, la enfermera dijo:

—¡Felicitaciones, tienes un hijo varón!

—No, no tengo un hijo varón. Tengo una hija.

—No, querida, tienes un...

—Yo no quiero ese hijo. Búscame una hija. ¡No quiero un hijo!

En lo único que yo pensaba era en lo que significaba tener un hijo varón: *Tengo un monstruo. Va a crecer y violará a alguien. Va a abusar de alguien. Tengo que matarlo.* Pensamientos muy malos inundaron mi mente.

Por supuesto, la enfermera no podía entender y quería arreglar las cosas.

—Voy a buscarlo para que lo veas.

La enfermera lo trajo y lo puso en mis brazos. A pesar de mi amargura sentí amor por él y experimenté la euforia de ser madre por primera vez. Pero, al mismo tiempo, de alguna manera lo odiaba. No podía aceptar que fuera varón porque yo odiaba a los hombres. Entonces decidí que la única respuesta era que ambos muriéramos.

Poco después que él naciera comencé a escuchar voces en mi cabeza. Oía a mi padre hablándome. Mis pensamientos malignos aumentaron. Tenía regresos al pasado, recordaba los rostros explotando, los cadáveres y los hombres que me metían en sus camas. Los pensamientos y las voces iban y venían. Yo no sabía qué era un trastorno postraumático. Pensaba que la única salida era suicidarme y me detestaba lo suficiente como para hacerlo.

Fui a la farmacia y compré pastillas sin receta para dormir. Me tomé cincuenta. Mi familia me encontró y me llevaron a la emergencia. Me internaron en un hospital psiquiátrico durante un tiempo y luego me dieron de alta. La segunda vez que traté de matarme me tomé cien pastillas. Todavía no fue suficiente.

Mi esposo era el mejor hombre del mundo. Era muy amable y

nunca me golpeó. Nunca discutía y aunque yo discutía con él, él ni siquiera alzaba la voz. Pero aún así yo sentía que no podía seguir viviendo.

Más o menos cada seis meses yo hacía otro intento de matarme. A menudo trataba de hacerlo cerca del Día de las Madres. Siempre me deprimía en mayo. La última vez que lo intenté me tomé 300 pastillas para dormir. Cuando mi madre me encontró, me salía sangre por los ojos, por la nariz, la boca, las orejas... por todas partes. Ella pensó que yo estaba muerta. Me llevaron para el hospital y tres días después me desperté. Yo no podía creerlo. Todavía estaba viva.

Me quedé en el hospital durante tres meses. Quería morirme pero no me dejaban. ¿Por qué me odiaban tanto? Yo no entendía los Estados Unidos. ¿Qué le pasaba a este país? En mi país si alguien decía que quería morirse, todo el mundo decía: «¿Y qué esperas? ¿No sabes cómo hacerlo? Nosotros te ayudaremos». Pero aquí me llevaban corriendo para el hospital. Yo creía que este era un país libre, pero ¿qué libertad tiene uno si no puede morirse cuando quiere?

Ni la muerte parecía quererme. Tenía que intentar otra cosa. Durante esa época oí hablar en la televisión de la epidemia del SIDA, así que pensé: *Si me infecto con esa enfermedad, me podré morir.*

Así que me volví infiel a mi esposo.

Me acostaba con cualquiera. Cuando salía embarazada, me hacía un aborto, pero tampoco adquirí la enfermedad.

Cuando mi hijo cumplió cuatro años yo había tratado de matarme seis veces y me había hecho nueve abortos. Después del último intento, mi hijo Ricky preguntó:

—Mami, ¿por qué te odias a ti misma? ¿Por qué te quieres morir?

—No lo sé —le contesté—. No lo sé.

—Mami, tú eres linda. Quiérete y querrás vivir.

Después de eso dejé de tomar sobredosis de pastillas, pero seguí con la infidelidad. Todavía no era una madre amorosa para Ricky. Era fría y casi carente de toda emoción. Yo no sabía cómo dar ni recibir afecto. Un día le dije a mi esposo: «No creo que te ame. E incluso si es así, no sé cómo hacerlo. No soy buena y no sé cómo cambiar. Tenemos que separarnos».

Él no quería hacerlo, pero dijo: «yo te amo, pero si así lo quieres, nos separaremos».

Yo sola no podía pagar el alquiler así que le alquilé una habitación a una madre mexicana con dos hijos grandes. Ricky vivía conmigo, pero alternaba entre su padre y yo. Como ocho meses después conocí a un hombre casado y empezamos a salir juntos.

La familia mexicana a quienes les alquilé era cristiana así que decidí intentar convertirlos al budismo, la tradición religiosa en la que yo había crecido. Pero la madre seguía hablándome de Jesús. Ella sabía la situación con mi esposo y que también estaba saliendo con un hombre casado. Aunque era muy amable y gentil, me decía: «Lo que estás haciendo está mal».

Yo no la entendía y pensaba que no tenía derecho a meterse en mi vida. A partir de ese momento yo trataba de evitarla, pero como también trabajábamos juntas, era difícil.

Un domingo por la tarde llegué a casa arrastrándome luego de haber estado fuera toda la noche. Cuando llegué, la familia estaba en la cocina hablando y cantando.

—¿Dónde estabas? —preguntó la madre.
—Por ahí. ¿Qué has hecho tú?
—Fuimos a la iglesia y estuvo muy bueno. —Entonces ella me hizo una invitación—: Tienes que venir con nosotros. No tienes nada que hacer, ¿por qué no vienes? Si no te gusta, no tienes que regresar.

—Muy amable de tu parte, pero no, gracias.

Me fui rápido a mi habitación y juré que me esforzaría más por evitarlos.

Pero lo mismo sucedió el miércoles por la noche. Ellos estaban en la cocina cuando yo llegué. Habían estado en el culto de la iglesia y todavía alababan a Dios. Me preparé la cena y terminé.

—Adiós —les dije mientras ellos se levantaban para irse a su habitación—. Ah, por cierto, el domingo quiero ir con ustedes a la iglesia.

¿Por qué dije eso? Traté de arrepentirme, pero no podía. En cuanto la madre me oyó decirlo, empezó a dar saltos.

«¡Aleluya!»

Yo corrí a mi habitación y comencé a caminar de un lado a otro. ¿Por qué hiciste eso?

Desde donde yo vivía llevaba dos horas llegar a su iglesia en Queens. Cuando entramos a la iglesia ellos querían sentarse al frente, pero yo insistí en quedarnos al fondo. Yo temblaba como una hoja. No quería estar allí. *Si los budistas supieran dónde estás ahora mismo, te meterías en tremendo lío. Ya tienes suficientes problemas.*

Decidí orar a Buda. *Buda, yo te amo de veras. Nací budista y me moriré budista.* Pero decidí que también hablaría con Jesús. *Jesús, yo no sé quién eres y quiero que sepas que no estoy aquí porque esté buscando algo. Estoy aquí porque estoy aburrida. No tengo más nada que hacer. Estoy aquí para perder el tiempo. No vine aquí a buscarte, pero veo a toda esta gente y ellos dicen que tú eres Dios. Si lo eres, me lo vas a tener que demostrar.*

Después del servicio la familia dijo:

—Te llevaremos a la hora de compañerismo.

—¿No podemos irnos ya para la casa?

Pero ellos insistieron. En el salón todo el mundo era agradable, pero parece que yo no me veía bien porque la gente se acercaba y decía: «Debemos orar por ella, parece enferma». En cuanto terminaron yo salí corriendo por la puerta.

—¡Espera! —gritó la hija—. Mi mamá ya está vieja y no puede caminar tan rápido.

Pero yo tenía que salir de allí. Estuve callada todo el camino a casa. Estaba brava con ellos y conmigo misma. Pero ellos estaban tan contentos. Yo no lo podía entender. ¿Por qué la gente iba y escuchaba la música y al pastor y luego regalaban el dinero que con tanto trabajo ganaban? Recordé a mi madre diciendo que la gente de la iglesia solo te quita el dinero.

Ese miércoles volvió a pasar lo mismo. Llegué y estaban todos sentados en la cocina alabando a Dios. Yo me escuché decir:

—Ah, por cierto, el domingo iré a la iglesia con ustedes.

Terry, ¡cállate!, pensé. *Tú no quieres ir a la iglesia.*

—Oh, lo siento tanto —dijo la madre—. No podemos ir a la iglesia este domingo.

> **Toda esta gente dice que tú eres Dios. Si lo eres, me lo vas a tener que demostrar**

—No importa —dije yo—. Solo dame la dirección.

Llegó el sábado y me dije a mí misma: *¡No voy!* Sin embargo, me levanté, me vestí y me fui a la iglesia. Esa vez sentí la necesidad de sentarme al frente. Me senté justo cuando comenzaban a cantar. Entonces, por algún motivo, recordé al bebé en la calle de Cambodia mientras pasábamos en la carreta. Empecé a llorar. No había llorado desde el día en que dejamos a ese bebé atrás, hacía más de 20 años. *Tú no lloras, Terry. Tú no puedes llorar. ¡Eso es debilidad!* Pero no podía controlarlo. Sollozaba.

Dentro de mí todo dolía. Era como si mi corazón se hubiera roto en un trillón de pedacitos. ¿*Por qué estoy tan vacía? ¿Tan sola? ¿Tan herida?*

De pronto fue como si Jesús estuviera sentado junto a mí. Me incliné sobre su hombro y derramé todo mi dolor mientras sus brazos parecían envolverme. Lloré durante todos los cantos y toda la predicación. No presté atención a nada de lo que sucedía a mi alrededor. Solo quería dejar mi cabeza enterrada en su hombro.

El pastor hizo una última oración y todo el mundo cantó. Cuando terminaron, todos comenzaron a irse, pero mi vida había cambiado. Yo tenía paz, una paz que nunca antes había conocido. No tenía más lágrimas y no había más dolor en mi corazón. Todo había desaparecido.

La gente que me rodeaba no tenía idea de lo que había sucedido dentro de mí. Solo sonreían y decían: «Que Dios te bendiga» o «Que tengas un buen día».

Cuando llegué a casa la familia estaba en su habitación. Golpeé su puerta y les pregunté en alta voz:

—¿Qué me pasó?

—Cálmate —dijo la madre—. ¿Qué pasó?

Yo les expliqué todo.

Entonces, la madre y la hija me explicaron acerca de Jesús y su amor por mí.

Esa noche acostada en mi cama de algún modo sentí que había concebido un hijo en uno de mis encuentros sexuales. Diez días después supe que tenía razón, pero esa noche escuché una voz dentro de mí que decía: «Terry, yo estoy aquí y siempre te he amado». Eso me consoló.

Al domingo siguiente me levanté y fui a la iglesia. Y al otro. Y al siguiente. Iba a la iglesia vacía y regresaba a casa llena. Nunca me había sentido tan segura y confortada porque nunca antes había conocido el amor de Jesús. En enero lo confesé como mi Salvador y un año después me bauticé. Mi vida comenzó a cambiar. Ahora en lugar de querer morir, quería vivir.

Sin embargo, durante casi un año oculté a mi familia el hecho de que estaba yendo a la iglesia. No quería que supieran los cambios que estaban ocurriendo dentro de mí. Pero no podía ocultar mi embarazo. Ya había tenido nueve abortos y pensaba en también deshacerme de este bebé, pero por alguna razón no podía hacerlo. La mujer que vivía conmigo me animaba a tenerlo.

«No, no puedes hacerte un aborto. ¡Lo que está creciendo dentro de ti es un bebé!» Decidí tener el bebé. Cuatro meses después nació una hija preciosa.

Al comprender mejor a Jesús y cómo él obra, comencé a analizar mi vida y ver cómo Dios había estado allí, protegiéndome incluso durante los peores momentos de mi vida, cuando traté de quitarme la vida. Pero tenía mucho de lo cual sanar porque era mucho el daño ocurrido. Con el tiempo mi esposo y yo nos divorciamos y cada cual tomó su camino.

Me mudé con mi madre. Ahora yo era la única cristiana viviendo en una casa llena de budistas y eso causaba tirantez. A veces, la única comunión cristiana que tenía era con Dios. Comencé a asistir al Tabernáculo de Brooklyn y con el tiempo mi hija también aceptó al Señor.

Dios me quitó el corazón destrozado, cada dolor que yo hubiera sentido jamás. No soy perfecta, pero el Señor me está cambiando y dependo de él cada día. Descubrí que soy una buena cocinera y ahora trabajo como chef privado para una familia de Manhattan. En la iglesia soy la cocinera principal de un ministerio para desposeídos y Dios usa mi habilidad de cocinera para su gloria.

Por la gracia de Dios he perdonado a los que me hicieron daño cuando joven y ahora, mediante el poder del Espíritu, quiero alcanzar a las jóvenes en Cambodia y Tailandia que son víctimas del comercio sexual. He estado orando y trabajando para recaudar fondos. Espero regresar un día y dar mi testimonio de Jesús y lo que él ha hecho para cambiarme y sanarme. Mis cicatrices ya no son recordatorios de una vida dolorosa sino flechas que cada día me apuntan a Jesús. No cambiaría mi pasado por nada porque de no haber tenido ese pasado, no amaría a mi Señor como lo amo ahora.

[Capítulo 16]
VENCEMOS EL TEMOR

Un equipo de filmación y yo estábamos en Brooklyn Heights Promenade, un paseo para peatones con vista a East River en el centro de Brooklyn, para filmar el DVD que acompañará a este libro. Pero teníamos un tiempo extra mientras esperábamos que oscureciera y las luces del extremo sur de Manhattan se hicieran visibles. Mientras el equipo de filmación arreglaba las luces y ponía las cámaras en posición, me fijé que un pequeño grupo de personas se había detenido a observar. Tal vez pensaban que estábamos filmando un comercial o quizá se preguntaban si yo era alguien famoso. Se quedaron allí esperando, algunos comían helado en barquillas, mientras nosotros nos preparábamos para filmar el próximo segmento.

El centro de Brooklyn se ha convertido en un lugar muy a la moda y como sucede a menudo con los lugares a la moda, no son lugares exactamente «cristianos». Incluso, algunos pudieran llamarle impíos debido a la hostilidad de muchos de los vecindarios para con las iglesias cristianas y su mensaje. Mientras esperaba la señal para empezar, yo sabía que mis próximas oraciones hablaban de cómo la vida no funciona a menos que conozcamos a Jesucristo como Salvador y que el Espíritu Santo nos dé poder. Yo nací y me crié en Brooklyn, y percibía muy bien que a aquellos espectadores no les emocionaría mucho lo que yo iba a decir.

El hecho de que sea pastor no significa que sea diferente a los demás. Tengo el mismo deseo de caerle bien a la gente, de encajar con los demás. No soy inmune a la tentación ni al temor. En aquel momento, mientras pensaba en lo que diría y en que la multitud no iba a querer escuchar, me sobrevino una presión silente pero fuerte. No quería que se burlaran de mí y me tentaba la cobardía. Pero luché contra ella. Le pedí ayuda al Señor. «Dios, no permitas que no hable por ti debido a la posible hostilidad de estas personas».

Se encendieron las luces de la cámara, el directo hizo el conteo regresivo: «Tres, dos, uno», y me hizo la señal. Empecé a hablar.

Mis bocadillos solo demorarían dos minutos, pero la reacción de la multitud demoró menos que eso. En cuanto mencioné a Jesús algunos bajaron la cabeza y se fueron. Cuando mencioné la salvación, otros me miraron insolentemente como si dijeran: «¿Estás loco?» Cuando terminé de hablar no quedaba ni una persona en la multitud. Pero dije las palabras. Hablé con audacia acerca de Jesucristo como el Salvador del mundo.

Lidiar con el temor

El temor se presenta a sí mismo de muchas maneras: temor al rechazo, a la oposición, al sufrimiento y al fracaso, entre muchos otros. Pero aparte de las maneras en que encontremos al temor en nuestras vidas, el Espíritu Santo puede ayudarnos a vencerlo.

TEMOR AL RECHAZO

El centro de Brooklyn no es el único lugar reacio al evangelio. Como cristianos podemos encontrar hostilidad dondequiera que vayamos. Esa oposición puede hacer que nos volvamos temerosos o tímidos. En ocasiones todos le tememos al rechazo. Tenemos miedo de que si defendemos a Cristo, si hablamos por Cristo, tal vez no encajemos en nuestra familia, amigos o compañeros de trabajo. Es por eso que las Escrituras nos advierten la importancia de la confesión pública de nuestra fe en Cristo. No podemos tenerlo todo, le damos la espalda a Jesús para escapar del ridículo o abrazamos nuestra fe sin tomar en cuenta la reacción de los demás. «Si alguien se avergüenza de mí y de mis palabras, el Hijo del hombre se avergonzará de él cuando venga en su gloria y en la gloria del Padre y de los santos ángeles» (Lucas 9:26). Saber que Jesús pudiera *avergonzarse* de algunos de nosotros cuando regrese a la Tierra, nos pone a pensar.

Esta necesidad de valentía aplica incluso a los chicos que crecen en un hogar cristiano. Van a la iglesia, asisten a la Escuela

Dominical o a los campamentos cristianos y tienen amigos que son cristianos. Pueden hablar de cosas espirituales sin experimentar mucha resistencia. Pero las cosas cambian cuando llegan a la secundaria y luego se van a la universidad. De pronto descubren que si hablan de Dios el Creador, o peor, de que Jesús murió por los pecados del mundo, enseguida los señalan. Los profesores les dicen ignorantes, los alumnos los califican de intolerantes. Los alumnos cristianos enseguida aprenden que hablar de su fe puede volverlos malmirados, así que algunos guardan silencio por temor al rechazo de sus compañeros.

Cuando los alumnos cristianos salen de la escuela y entran a la fuerza laboral, encuentran una hostilidad similar. Ahora aprenden que mencionar el nombre de Jesús hasta puede costarles el perder oportunidades en su carrera. De nuevo, por temor, algunos se convierten en cristianos encubiertos.

Vivimos en un ambiente espiritual hostil y no hace falta ser joven para enfrentar la presión de ceder ante el temor o la timidez. Es verdad tanto para los ministros como para la gente que se sienta en el banco. Es por eso que esta promesa de la Biblia es tan importante para nosotros: «Pues Dios no nos ha dado un espíritu de timidez, sino de poder, de amor y de dominio propio» (2 Timoteo 1:7). Dios ha prometido darnos, mediante el Espíritu Santo, valor e incluso intrepidez para nadar contra la corriente y para hablar por Cristo aunque es posible que se burlen de nosotros.

TEMOR A LA OPOSICIÓN

Tenemos muchos creyentes en nuestra congregación que una vez vivieron vidas bastante alocadas. Tal vez estuvieron involucrados en actividades delictivas, drogas u otros comportamientos destructivos. Lo interesante es que parece haber un patrón en muchas de sus historias. Mientras llevaban un estilo de vida destructivo, sus familias los apoyaban. Pero una vez que pusieron su fe en Jesús y se convirtieron en cristianos, a menudo las familias se han puesto en su contra. Cuando no vivían para Dios, cuando usaban drogas, malgastaban el dinero, los arrestaban y quién sabe qué más, sus familias nunca los molestaron. Pero una vez que comenzaron a seguir a Cristo y asistir a la iglesia regularmente, sus familias comenzaron a ejercer presión emocional sobre ellos.

«¿Qué? ¿Te crees mejor que nosotros?»

«La iglesia solo quiere tu dinero».

«¿En qué te metiste, en una secta?»

Un gran pastor de otra zona de la ciudad durante un tiempo fue un drogadicto de clase media hasta que Cristo transformó su vida. Qué sorpresa se llevó cuando muy emocionado le dijo a un tío:

—¡Encontré a Jesús!

Y el tío le respondió con cinismo:

—¿Ah, sí? Yo no sabía que se había perdido.

En el capítulo anterior Terry Khem contó su dramática historia para llegar a ser cristiana. Creció en una familia budista y durante el primer año de su nueva fe se lo ocultó a la familia. Tenía miedo al rechazo. Entonces, cuando venció su temor y por fin se los contó, enfrentó una gran oposición como la única cristiana en una casa llena de budistas. A veces se sentaba en su auto a orar solo para evitar las batallas que enfrentaba en su casa.

Pero no hace falta ser un inmigrante budista ni un drogadicto recuperado para enfrentar la oposición a nuestra fe dentro de nuestros hogares. Sucede de un lado a otro de este país, todos los días, en hogares estables y por lo demás amorosos. Y eso para no mencionar la oposición que nos aguarda cuando nos vamos de la casa. Sin valor e intrepidez de parte del Espíritu Santo, no se puede ganar la batalla. La fortaleza invisible, pero poderosa, del Espíritu nos ayudará a vivir una vida digna de nuestro Señor.

Con la ayuda del Espíritu Santo podemos experimentar el mismo valor que Dios les dio a los primeros cristianos. Las mismas autoridades que prepararon la crucifixión de Jesús los amenazaron. Cuando salieron de la cárcel, se reunieron con otros creyentes en una reunión de oración (algo que siempre es una buena idea cuando enfrentamos un ataque a nuestra fe). «Después de haber orado, tembló el lugar en que estaban reunidos; todos fueron llenos del Espíritu Santo, y *proclamaban la palabra de Dios sin temor alguno*» (Hechos 4:31, énfasis del autor). ¡Alabado sea Dios! Sentían la presión, pero mediante un tiempo de oración experimentaron una plenitud fresca del Espíritu y un nuevo valor.

TEMOR A SUFRIR

Pero, seamos honestos, además de pasar por el sufrimiento emocional del rechazo o la oposición, en Norteamérica no hay mucho sufrimiento por Cristo. Al menos no el tipo de sufrimiento que enfrentó la iglesia primitiva, pero en otros lugares del mundo la cosa es muy diferente.

Hace poco me invitaron a participar en una conferencia de liderazgo en Hong Kong. Cientos de líderes de iglesias en China asistieron a la conferencia. Fue un evento singular en muchos sentidos y los participantes estaban allí para recibir ánimo, instrucción en la Palabra de Dios y lecciones sobre técnicas de apologética.

Durante mucho tiempo el régimen comunista había tratado de barrer el cristianismo. De hecho, a menudo han intentado borrar cualquier mención de Dios. Pero durante décadas en China ha crecido milagrosamente un movimiento de iglesias. A pesar de las amenazas y del peligro, allí el cuerpo de Cristo se ha vuelto fuerte y vibrante. Ahora hay decenas de millones de cristianos en China.

Dirigir una iglesia china requiere mucho valor e intrepidez. Me dijeron que probablemente la mitad de los participantes habían estado presos, ¡solo por servir a Cristo! Mientras los escuchaba adorar y los veía orar, me sentí indigno de estar allí.

Una mañana, antes de que me tocara hablar, ellos elevaron sus voces en Mandarín para cantar alabanzas a Dios. Yo los vi derramar sus corazones en canción. Entonces, mi intérprete me tradujo algunas de las palabras. La esencia del coro era más o menos así:

> Ya que tú moriste por nosotros,
>   ahora nos ofrecemos para morir por ti.
> Ya que tú te diste a ti mismo en la cruz,
>   ¿cómo podemos hacer menos que darnos a nosotros
>   mismos por ti?
> Así que, pase lo que pase,
>   ya sea que vivamos o que muramos por ti,
>   te pertenecemos a ti.

Esa no es una típica canción de alabanza y adoración que cantamos los domingos en Norteamérica, ¿verdad? Cantar esas palabras y hacerlo en serio requieren gran coraje. Las cantaron líderes cristianos que sabían el significado de sufrir por Cristo. Algunos de los creyentes más valientes de hoy están en países asiáticos y musulmanes donde sufrir por Jesús es una posibilidad real. Piensa en aquellos creyentes paquistaníes que mencioné antes. Las amenazas y el odio los asedian diariamente; ¿cómo es que los cristianos bajo semejante oposición defienden tan valientemente al Señor Jesucristo? Lo logran solo mediante el Espíritu Santo, quien fue dado a la iglesia para que pudiera darse un testimonio valiente de Cristo, sea lo que fuera que viniera.

TEMOR AL FRACASO

Muchos de nosotros nos sentimos impulsados a hacer algo para Dios, pero nos cohibimos porque nos da temor fracasar. El temor al fracaso nos impide comenzar aquello que el mismo Dios ha puesto en nuestros corazones. Pudiera ser unirnos a un ministerio en nuestra iglesia (o incluso comenzarlo), leer por teléfono un pasaje bíblico a alguien o tal vez comenzar una reunión de oración. Sabemos que ese impulso viene del Señor pero implica salir de nuestra zona de comodidad y dar un paso en terreno desconocido.

Piensa en la construcción del templo de Jerusalén. El rey David quería crear un templo magnífico para Dios, pero el Señor le dijo que él no sería quien lo haría. En cambio, el Señor escogió a Salomón, el hijo de David. Todos los oficiales de Israel se reunieron en Jerusalén y David anunció el plan de Dios. «De entre los muchos hijos que el Señor me ha dado, escogió a mi hijo Salomón para que se sentara en el trono real del Señor y gobernara a Israel. Dios me dijo: "Será tu hijo Salomón el que construya mi templo y mis atrios, pues lo he escogido como hijo, y seré para él como un padre"» (1 Crónicas 28:5-6).

> **Muchos de nosotros nos sentimos impulsados a hacer algo para Dios, pero nos cohibimos porque nos da temor fracasar.**

La elección de Dios estaba clara. Parece sencillo, ¿verdad? David ya había recibido los planes para la construcción de parte del mismo Dios y había recolectado la mayoría de los materiales necesarios. Lo único que Salomón tenía que hacer era *comenzar*. Pero muchas veces ahí es donde ocurre el fracaso. David entendía el desafío que su hijo enfrentaba. A lo largo del capítulo le vemos animando a Salomón: «¡Anímate y pon manos a la obra!» (v. 10). Y: «Además, David le dijo a su hijo Salomón: "¡Sé fuerte y valiente, y pon manos a la obra! No tengas miedo ni te desanimes, porque Dios el Señor, mi Dios, estará contigo. No te dejará ni te abandonará hasta que hayas terminado toda la obra del templo"» (v. 20).

Aunque Salomón era el escogido de Dios y quien tenía todas las instrucciones y todos los materiales que necesitaba, todavía tenía que dejar atrás el temor que nos paraliza.

En el versículo 10 la Biblia nos dice: «Así que, ¡anímate y pon manos a la obra!» Nadie dice que no habrá oposición ni problemas, pero es mediante la fe y la audacia que el Espíritu nos imparte que podemos ser valientes y seguir adelante con la obra que Dios nos ha llamado a hacer.

Dios nos ha llamado a todos a hacer algo. ¿Recuerdas lo que Jesús dijo acerca de su regreso? «¡Estén alerta! ¡Vigilen! Porque ustedes no saben cuándo llegará ese momento. Es como cuando un hombre sale de viaje y deja su casa al cuidado de sus siervos, *cada uno con su tarea*, y le manda al portero que vigile» (Marcos 13:33-34, énfasis del autor). Pero por causa del temor no siempre hemos salido a cumplir con esta tarea. Solo porque cada uno tenga una tarea no quiere decir que se realizará automáticamente. Ni tampoco quiere decir que será fácil.

Todos hemos enfrentado desafíos por parte del temor, ya sea para construir un templo, dirigir una iglesia clandestina ante la oposición del gobierno o sencillamente para decir la verdad frente a una multitud en Brooklyn. Pero el Espíritu Santo es mayor en poder que nuestra timidez o apocamiento. Y él es mayor que nuestro temor al rechazo o el fracaso. Su poder hace que el más débil sea valiente como un león (Proverbios 28:1).

Sé valiente en el Espíritu

Pablo le escribió a un joven pastor llamado Timoteo acerca de la promesa de un cristianismo audaz y sin temor mediante el Espíritu. Timoteo provenía de una familia de creyentes. Tanto su abuela como su madre fueron cristianas antes que él (2 Timoteo 1:5), así que Timoteo provenía de un origen lleno de fe. Él fue el hijo espiritual del apóstol Pablo y con el tiempo entró al ministerio. Es evidente que Timoteo disfrutó de grandes privilegios espirituales precisamente desde el día de su conversión.

Pero a pesar de todas esas ventajas tempranas y ejemplos piadosos, faltaba algo en el ministerio de Timoteo. Así que Pablo lo desafió: «Por eso te recomiendo que avives la llama del don de Dios que recibiste cuando te impuse las manos. Pues Dios no nos ha dado un espíritu de timidez, sino de poder, de amor y de dominio propio» (2 Timoteo 1:6-7).

Pablo le recuerda a Timoteo, y a todos nosotros, que podemos ser sinceros en nuestra fe y no obstante desviarnos de una posición espiritual valiente por el miedo y la timidez. Hasta los cristianos que aman al Señor y estudian la Biblia pueden ser temerosos y tímidos cuando se presentan oportunidades para hablar de Cristo. Aunque es triste, parece que en algunas situaciones podemos hablar de cualquier cosa menos de nuestro Salvador.

Entonces, ¿qué le dijo Pablo que hiciera? ¿Le dijo que se esforzara más o que buscara algo más profundo en su ser?

No.

Pablo le dijo a Timoteo que el Espíritu Santo era el único antídoto contra el virus del temor en su vida. Había que avivar el fuego del Espíritu, cuidarlo y prestarle atención porque cuando el Espíritu de Dios flameara habría una valentía que reemplazaría la aparente inclinación natural que tenía Timoteo hacia la timidez. Y ahora, dos mil años después, la historia de la iglesia ha demostrado con claridad que cuando el Espíritu de Dios se mueve, cuando los creyentes y las iglesias se encuentran con Dios de una manera nueva, la gente se vuelve valiente y radical para Jesucristo. No es algo que enseñe un ministro cristiano. El valor espiritual solo viene directamente del Espíritu Santo.

¡Anímate!

El valor espiritual hoy es la mayor necesidad para muchos de nosotros. Tal vez hayamos escuchado grandes enseñanzas y leído varias traducciones de la Biblia, pero lo que necesitamos es «avivar» la obra del Espíritu dentro de nosotros. Debemos entregarnos nuevos a Dios en oración, lectura de la Biblia y una nueva rendición al Espíritu Santo. Además, debemos separarnos de pensamientos, palabras y acciones que impidan el fluir del Espíritu. Como dice la Escritura: «Acérquense a Dios, y él se acercará a ustedes» (Santiago 4:8).

Si con humildad nos acercamos para tener una nueva intimidad con Dios, ¿nos rechazará él? ¿Nos negará las bendiciones que pedimos? Si él nos dio a Jesús cuando todavía éramos pecadores, ahora que es nuestro Padre celestial, ¿rechazará nuestras peticiones para tener más de la valentía y el valor del Espíritu? ¡Eso negaría todo lo que sabemos de él por las Escrituras!

¿Cuántos creyentes llegan al final de sus vidas y sienten como si de alguna manera se hubieran perdido la plenitud del plan de Dios para sus vidas? Creen que tal vez Dios tenía algo más planeado, pero se les escapó. Es triste. Pero si permitimos que el Espíritu se mueva a través de nosotros, veremos sus planes y propósitos cumplidos. No llegaremos al final de nuestras vidas lamentando tantas oportunidades de haber hecho más para Cristo.

Cuánto permitamos a Dios el Espíritu Santo obrar en nosotros y a través de nosotros lo determinará nuestro futuro. Podemos vivir nuestros días con una duda temerosa y cuestionándonos, o podemos soltar las riendas y dejar que Dios obre. El plan de Dios para nosotros no es cuestión de quién somos y qué talentos tengamos. Es cuestión de los recursos y la gracia que Dios nos ha prometido.

«Así que podemos decir con toda confianza:

"El Señor es quien me ayuda; *no temeré*.
¿Qué me puede hacer un simple mortal?"»

Hebreos 13:6, énfasis del autor

[Capítulo 17]

PODEMOS SACUDIR EL REINO CON NUESTRAS ORACIONES

Era exactamente antes del amanecer de un día frío en Palestina hace dos mil años. Los discípulos estaban profundamente dormidos, agotados por las actividades del día anterior: manejar grandes multitudes que se habían apiñado a su alrededor, animar a los oyentes a creer las palabras del Maestro e incluso probar ellos mismos el orar por algunos de los enfermos y abatidos. Pero mientras disfrutaban el necesario descanso, alguien ya se movía. Aunque todavía no había salido el sol, Jesús se levantó y salió de la villa donde se estaban quedando. Se dirigía a un lugar desierto y cercano para orar.

¡Qué cuadro tan maravilloso! Se repitió muchas veces durante los tres años en que los discípulos se quedaron con Jesús. El Hijo del Dios viviente no podía enfrentar el día sin oración.

Normalmente Jesús ofrecía oraciones, a veces «con fuerte clamor y lágrimas» (Hebreos 5:7). Sus oraciones le permitían tomar decisiones y enfrentar los desafíos y ataques demoníacos que lo confrontaban cada día. Aquí no estamos hablando de un nuevo creyente en Cristo, ¡es el mismo Jesucristo, el Santo! Si él sentía la necesidad de hablar con su Padre, cuánto más necesario debe ser para nosotros... si tan solo lo entendiéramos.

Como escribiera Samuel Chadwick, un gran predicador metodista en la Inglaterra de fines del siglo XIX y principios del XX: «Dios y la oración son inseparables... La enseñanza del Antiguo Testamento está llena del tema de la oración. En todas partes hay mandatos e incentivos a orar, y las grandes historias de liberación y victoria, de experiencia y visión, son ejemplos de una oración que prevalece... Hay muchos problemas relacionados con la oración, pero están fuera del hecho y la experiencia de la oración, y *sin orar* ninguno de estos tiene solución».[1]

La persona que realmente ora no tiene problemas en reconciliar la soberanía de Dios con una petición sincera. Insisto, recuerda que las Escrituras declaran: «No tienen, porque no piden» (Santiago 4:2). No era que Dios no quisiera dar una respuesta o que tuviera algún decreto divino en contra nuestra. Si nos perdíamos algo era porque no teníamos la fe, el tiempo y el temperamento espiritual para hablar con nuestro Padre.

Nuestras oraciones insistentes pueden salvar a otros

¿Recuerdas la historia de Abraham y su sobrino Lot? Se separaron en Canaán porque sus rebaños eran tan grandes que no podían alimentarse y nutrirse todos en la misma zona. Abraham dejó que el joven escogiera primero la tierra que quería. Lot rápidamente decidió irse al este, hacia las llanuras fértiles cerca de Sodoma y Gomorra. Lot debió haber orado por la voluntad de Dios en el asunto, pero sus ojos lo traicionaron. Pronto descubriría que las buenas apariencias pueden ser engañosas.

Un tiempo después Abraham se encontró con el Ángel del Señor y supo que la maldad grotesca de Sodoma había llegado al cielo. El juicio parecía inevitable y el corazón de Abraham se volvió rápidamente a la situación difícil de su sobrino Lot. Entonces, en una de las porciones más increíbles de la Biblia, (Génesis 18:16-33), Abraham, este gran hombre de fe, comenzó a negociar con el Señor (en las Escrituras del Antiguo Testamento se identifica al Ángel del Señor con la deidad) para que Sodoma fuera librada de la destrucción. Por supuesto, tenía a Lot en su mente pero Abraham nunca mencionó su nombre. «¿De veras vas a exterminar al justo junto con el malvado?» le preguntó Abraham. «Quizá haya cincuenta justos en la ciudad» (vv. 23-24). El Señor escuchó la súplica de Abraham porque estuvo de acuerdo en tener piedad de la ciudad si había cincuenta personas justas.

Pero Abraham no había terminado. «¿Y si hay cuarenta y cinco?» Entonces pidió misericordia para Sodoma si se encontraban cuarenta personas. ¿Por qué el Señor simplemente no le dijo que ya él había predestinado el futuro de Sodoma y de Lot junto con ella? En cambio, el Ángel del Señor estuvo de acuerdo con la súplica persistente del hombre. Por último, Abraham redujo el número a diez justos. Este tipo de oración insistente parece un poco atrevida, ¿no crees? Pero el Señor, en lugar de molesto, parecía complacido con el argumento de Abraham.

Sin embargo, era demasiado tarde para Sodoma. Dos ángeles fueron enviados al lugar y descubrieron cuán horribles y fuera de control estaban las cosas (Génesis 19:1-13). Los ángeles, con gran énfasis, le advirtieron a Lot y a su familia que salieran de la ciudad inmediatamente. No había tiempo que perder, el juicio era inminente. Pero entonces Lot comenzó a vacilar y a dudar. Era difícil para él dejar todas las cosas buenas que había acumulado. Los seres angelicales se vieron obligados a tomar las manos de Lot, su esposa y sus dos hijas y sacarlos de la zona cero. La familia de Lot estaría a salvo en un pueblo cercano, Zoar, pero tenían que darse prisa y huir porque el ángel no podría hacer nada hasta que él llegara allí (Génesis 19:22).

El final de la historia es triste, pero tiene un rayo de esperanza: «Al día siguiente Abraham madrugó y regresó al lugar donde se había encontrado con el Señor. Volvió la mirada hacia Sodoma y Gomorra, y hacia toda la llanura, y vio que de la tierra subía humo, como de un horno».

Así arrasó Dios las ciudades de la llanura, *pero se acordó de Abraham y sacó a Lot de en medio de la catástrofe* que destruyó a las ciudades en que había habitado» (Génesis 19:27–29, énfasis del autor).

¿Por qué los ángeles sacaron por la fuerza a la familia de Lot de la Sodoma condenada? ¿Por qué no podía darse la orden de destrucción antes que Lot estuviera a salvo? De seguro que no fue porque Lot y su familia fueran sensibles espiritualmente ni devotos, el hombre casi rechazó a los dos ángeles que estaban tratando de rescatarlo. No, la lección de toda esa extraña historia es esta: Dios recordó y honró las oraciones de Abraham por su sobrino y por ellas, él salvó a Lot de la catástrofe. La familia de Lot fue librada por una sola razón: un anciano oró por él y convenció al Dios Todopoderoso.

Las oraciones nos vinculan con el poder

Esta historia parece muy extraña con relación a lo que la mayoría de la gente piensa en cuanto a la oración. Lamentablemente hemos concebido nuestras ideas no a partir de las Escrituras, que iluminan el Espíritu Santo, sino más bien por lo que hemos visto y experimentando en nuestras iglesias. Y a menudo ese no es un modelo muy inspirado en la fe que podamos seguir. Al igual que descuidamos a la persona del Espíritu Santo, también descuidamos o le quitamos importancia a la idea de que la oración puede asegurarnos respuestas de Dios. Decimos: «Es un concepto de otra época, de otro tiempo».

Sin embargo, cuando consideramos la vida de oración de Jesús y la asombrosa liberación que se logró mediante la intercesión de Abraham, entendemos con facilidad por qué Satanás hace un blanco de la oración en grupo e individual. A él no le gusta vernos reunidos para cantar alabanzas, estudiar la Palabra de Dios y tener comunión juntos. Pero si nos comprometemos a entregarnos a la *oración verdadera*, del tipo que mueve montañas... bueno, entonces todas las armas poderosas del enemigo apuntarán hacia nosotros. A fin de cuentas la oración nos vincula con las promesas y el poder del Todopoderoso.

Esta poderosa herramienta en nuestra guerra espiritual se menciona por primera vez en Génesis cuando «se comenzó a invocar el nombre del Señor» (Génesis 4:26). Miles de años después el apóstol Pablo declaró que el Señor «bendice abundantemente a cuantos lo invocan, porque "todo el que invoque el nombre del Señor será salvo"» (Romanos 10:12-13).

La oración nos vincula con las promesas y el poder del Todopoderoso.

Clamar a Dios amenaza el reino de Satanás porque trae las bendiciones del cielo a la tierra y concede salvación a los impíos.

Oswald Chambers dijo: «La oración del santo más débil que viva en el Espíritu y que está bien con Dios es un terror para Satanás. Los poderes de las tinieblas se paralizan con la oración, no hay sesión de espiritismo que pueda triunfar en presencia de un santo humilde que ora. No es de extrañar que Satanás trate de mantener nuestras mentes recargadas de trabajo hasta que no podamos pensar en la oración».

Es fácil entender cómo puede impedirse la oración en escuelas públicas llenas de alumnos y maestros incrédulos. Pero otra cosa es que el mismo pueblo de Dios y las iglesias cristianas tengan poco o ningún tiempo sin la oración. ¡Los ángeles deben llorar cuando ven nuestro desinterés en la oración! ¿Nos damos cuenta que estamos perdiendo el derecho a la ayuda y la fortaleza que un Dios fiel prometió a aquellos que sencillamente se toman el tiempo de pedirlo? La iglesia primitiva se dedicaba a la oración (Hechos 2:42) e incluso sacaron a Pedro de la cárcel mediante la oración la noche antes de su ejecución (Hechos 12). La primera vez que persiguieron a los creyentes se reunieron en una oración colectiva y «alzaron unánimes la voz» (Hechos 4:24). Dios les respondió al concederles una plenitud fresca del Espíritu Santo y una valentía para testificar por Cristo.

Después que Saulo quedara ciego por el encuentro que tuvo con Jesús en el camino a Damasco, Ananías lo visitó. Mediante una visión el Señor le informó a Ananías que Saulo, el enemigo acérrimo de la iglesia, se había convertido al camino. Pero Ananías todavía sentía miedo, así que Dios le dio una prueba definitiva de la salvación de Pablo al decirle: «pregunta por un tal Saulo de Tarso. Está orando...» (Hechos 9:11). A veces parece que Dios divide a la humanidad en dos categorías sencillas, los que le oran a él y los que no.

Elevar nuestros corazones a un Dios que es digno de confianza

Creo que la mayoría de nosotros estamos conscientes de que Jesús insistió que sus seguidores «debían orar siempre, sin desanimarse» (Lucas 18:1). Y aunque sus discípulos nunca le pidieron lecciones sobre cómo predicar, sí le pidieron: «Señor, enséñanos a orar» (Lucas 11:1). Ellos estaban conscientes de lo que pudiéramos llamar el «secreto espiritual» de la vida y ministerio de Jesús. Cuando pidieron su ayuda para orar creo que estaban preguntando no solo cómo era la oración, qué decir, sino también que pudieran estar inspirados a hacerlo y perseverar en ello. Ellos querían practicar la oración cada día, al igual que su Maestro. Es demasiado fácil admirar desde lejos el poder de la oración y entender las promesas ligadas a estas sin experimentar jamás su realidad en nuestras vidas.

En su esencia, la oración no es cuestión de las palabras que se dicen. Más bien se trata de alzar nuestros corazones a un Dios que es digno de confianza. No se trata de frases que suenen religiosas sino de lágrimas y gemidos que a menudo reciben las respuestas más fuertes. Es algo primitivo y del corazón, lo cual le hace inaceptable para muchos creyentes e iglesias refinados y orgullosos en el sentido intelectual. En su forma más pura la oración tiene un fervor y una fe que convencen a Dios y aseguran respuestas que de lo contrario serían imposibles.

Como hemos aprendido «ámense unos a otros» y «alégrense siempre» solo se puede obedecer mediante el poder del Espíritu Santo. Como de manera magistral dijera una vez Andrew Bonar, un ministro escocés del siglo diecinueve: «Todo mérito está en el Hijo; todo poder es por el Espíritu». Nuestra aceptación y salvación son siempre mediante la gracia de Cristo y su cruz pero, al mismo tiempo, toda obediencia a Dios solo es posible mediante el Espíritu. Y eso también se cumple para el tipo de oración que vemos en las Escrituras, el Espíritu Santo la hace posible. Para ver eso solo tenemos que comparar nuestros hábitos superficiales de apenas «decir oraciones» con las peticiones atrevidas de Elías, la intercesión de Moisés por los israelitas o los dolores de Pablo como una madre que da a luz.

Al testificar a un incrédulo, muchos dependemos del poder del Espíritu para que abra la mente y el corazón del oyente. Entonces, ¿por qué no descansamos en ese mismo Espíritu cuando oramos? «¿Por qué supones tú que se hace tan poco énfasis en la influencia del Espíritu en la oración cuando se dice tanto de su influencia en la conversión?», preguntó Charles Finney. «Muchas personas tienen un temor asombroso de dejar fuera la influencia del Espíritu. Hacen gran énfasis en la influencia del Espíritu para convertir a los pecadores; pero, ¡cuán poco se dice, cuán poco se publica sobre su influencia en la oración! ¡Cuán pocas quejas de que las personas no aprovechan, tanto como pudieran, la influencia del Espíritu para dirigir a los cristianos al orar según la voluntad de Dios! No olvidemos nunca que ningún cristiano ora bien a menos que lo guíe el Espíritu».[2]

Oración que el Espíritu hizo posible

El apóstol Pablo, escritor de la mayor parte del Nuevo Testamento, hizo una extraordinaria confesión en Romanos: «Así mismo, en nuestra debilidad el Espíritu acude a ayudarnos. No sabemos qué pedir, pero el Espíritu mismo intercede por nosotros con gemidos que no pueden expresarse con palabras» (8:26). Observa las frases clave:

- «*No sabemos qué pedir*». Eso está escrito en primera persona del plural, ¡Pablo mismo se incluyó! ¿Acaso no sabía cómo orar adecuadamente el apóstol más poderoso de la historia?
- «*en nuestra debilidad el Espíritu acude a ayudarnos*». ¿En verdad somos todos tan frágiles en el sentido espiritual que necesitemos ayuda de Dios para sencillamente orar de la manera correcta?
- «*el Espíritu mismo intercede por nosotros*». Todo poder está en el Espíritu Santo, incluyendo la gracia para orar bien de manera que Dios pueda escuchar y responder.

El Espíritu nos *ayuda a orar*, a alejarnos de la agitación de la vida y estar a solas con Dios. Él revela nuestra necesidad crucial de gracia cotidiana al comparar la fortaleza de Dios con nuestra fragilidad humana. Nos recuerda con ternura nuestra vulnerabilidad ante la tentación, nuestra cobardía y nuestras reacciones insensibles para con las personas y las situaciones. Él nos lleva suavemente a nuestra Fuente y ayuda a que nuestros corazones se inclinen, crean y hagan peticiones con sinceridad en el trono de Dios. El Espíritu reajusta nuestras prioridades de acuerdo a los valores eternos y al ayudarnos a tener una mente espiritual, nos convence de nuestra necesidad abrumadora de hablar con nuestro Padre.

Todos sabemos que hay cosas por las que nunca debiéramos orar porque deshonran a Dios o no están acorde a sus instrucciones santas. Sería completamente tonto orar: «Dios, ¿debo hacer fraude en mi formulario de declaración de ingresos? Guíame en el camino que debo seguir». Pero, ¿qué de preguntas complejas que no tienen respuestas en las Escrituras? Muchas veces enfrentamos situaciones en la vida que son bastante complicadas y no estamos seguros de cómo orar, no existe una opción buena o mala que sea evidente. Tal vez se presenta una oportunidad para un viaje misionero a corto plazo, un hijo rebelde se busca problemas con la justicia o un equipo pastoral se enfrenta a la posibilidad de mudarse a un edificio mayor y eso implica recaudar millones de dólares. ¿Cuál es la voluntad de Dios en esas situaciones? ¿Cómo debemos orar? Ahí es cuando el Espíritu Santo nos ayuda al revelarnos la voluntad de Dios y otorgarnos la fe para orar en el sentido correcto.

> **El Espíritu reajusta nuestras prioridades de acuerdo a los valores eternos.**

La oración de fe mueve montañas (Marcos 11:23-24; Santiago 5:15). El Espíritu solo hace que el poder de Dios sea tan real para nuestro ser que podamos pedir, buscar y llamar con una seguridad atrevida. Esta es otra razón por la que las verdades más profundas y los secretos de la oración nunca puedan aprenderse en conferencias, en enseñanzas grabadas ni en libros (¡incluyendo este!). La oración se aprende orando y por lo general el corazón aprende más rápido que la cabeza. «Así que la fe viene como resultado de oír el mensaje, y el mensaje que se oye es la palabra de Cristo» (Romanos 10:17). El Espíritu Santo une la oración con la fe dentro de nosotros y los resultados transforman la vida.

Dejar que el Espíritu sople

El Espíritu Santo *es* el espíritu de la verdadera oración, es tanto su origen como su alma. Por eso debemos ser cuidadosos, en el aspecto individual y colectivo, de no contristarlo.

Hace un tiempo hablé en un gran congreso de liderazgo donde se reunieron hombres y mujeres sinceros para recargar sus baterías espirituales. Yo sentí la unción de Dios mientras predicaba su Palabra y luego terminé haciendo un llamamiento al frente de aquellos que desearan que una gracia fresca le ayudara a cumplir con sus llamamientos. Cientos respondieron y pronto se sintió el sobrecogimiento ante la presencia del Espíritu. Peticiones fervientes, sinceras y humildes se mezclaban con las lágrimas y los gritos audibles que se elevaban al cielo. Era el tipo de oración que a través de los siglos produjo la renovación espiritual en las iglesias, el tipo que reemplaza la tibieza con un deseo ardiente de ser semejante a Cristo y de sacrificarlo todo por él. ¡El Espíritu Santo había venido para ayudarnos a orar! Nadie miraba sus relojes para ver la hora porque en la presencia de Dios, de cierto modo, el tiempo se detiene.

Al final tuve que dejar la plataforma para hablar con un compañero pastor que había estado muy enfermo. Mientras salía la gente estaba sentada, arrodillada, de pie o postrada en el piso... la postura física es irrelevante cuando los corazones se encuentran con Dios en oración. Pero en medio de toda esa oración ferviente alguien, de pronto, tomó el micrófono y mandó que todos regresaran a sus asientos. «Antes que concluya el servicio el coro y la orquesta cerrarán con dos himnos ¡que los dejarán pasmados!» Fue un entretemimiento del elemento humano en la obra gentil del Espíritu. Debe haber sido como un piñazo en el estómago para aquellos que estaban perdidos en la dulce presencia de Jesús. Los himnos y las canciones tienen su lugar, pero no cuando el Espíritu está ayudando a los hijos de Dios a suplicar un nuevo poder. Existe un tiempo para todo debajo del sol pero la sabiduría debe ayudarnos a saber lo que requiere cada momento.

He observado que cada vez más los servicios de las iglesias y las reuniones en los congresos son dirigidos (y con mucho orgullo) por «horarios muy apretados» mientras tratamos de imitar al mundo corporativo de los Estados Unidos. Una canción por aquí, anuncios por allá, pasemos a esto y cumplamos con el horario, por favor. Por sobre todas las cosas, evitemos cualquier tiempo de inactividad sin nadie en el micrófono. ¡Dios nos libre de atrevernos alguna vez a confiar el servicio o el congreso al viento del Espíritu y no saber qué paso dar después! La Biblia nos advierte que no contristemos al Espíritu: ofenderlo, molestarlo, fastidiarlo o entristecerlo. En aquel congreso de liderazgo donde hablé sin dudas nos pareció a muchos que el Espíritu Santo quedó entristecido porque los himnos del coro en el horario de un congreso tuvieran mayor prioridad que seguir su ministerio soberano, dulce y tan necesario.

Orar en el Espíritu

Pablo les dijo a los efesios: «Oren en el Espíritu en todo momento, con peticiones y ruegos» (Efesios 6:18). ¡Qué frase y descripción gráfica tan interesantes! *Orar en el Espíritu*. Orar en, mediante y por el Espíritu Santo ¡que es Dios mismo! Es una verdad vital y probablemente uno de los temas que menos se enseñan del Nuevo Testamento. Además de esa referencia en Efesios, hay otras: «¿Qué debo hacer entonces? Pues orar con el espíritu, pero también con el entendimiento; cantar con el espíritu, pero también con el entendimiento» (1 Corintios 14:15). Observa que Pablo ora no solo con su mente sino también con su espíritu, incitado e impulsado por el Espíritu de Dios.

¿Dónde más obraría el Espíritu fundamentalmente sino en nuestros espíritu humanos? Además, para combatir a aquellos que dividen el cuerpo de Cristo, aquellos que «se dejan llevar por sus propios instintos, pues no tienen el Espíritu», les dijo Judas a sus líderes, «[edifíquense] sobre la base de su santísima fe *y orando en el Espíritu*

Santo», mientras esperan que nuestro Señor Jesucristo, en su misericordia, les conceda vida eterna. (Judas 20, énfasis del autor).[3]

Todas esas instrucciones sobre la oración inspiradas por el Espíritu Santo pudieran parecer una especie de fanatismo emocional para algunos. Les parece que eso es para «otros» los que siempre cantan alto y alzan las manos en la iglesia cada seis segundos. Ellos dicen: «Así no me crié yo en la iglesia». ¿Acaso importa un comino cómo nos criamos y lo que vimos en nuestras denominaciones? ¿No nos dio Dios la Biblia para que pudiéramos en oración y con humildad investigar sus profundidades y experimentar lo que esta promete? ¿Se evaporó de alguna manera el poder del Espíritu Santo para inspirar la oración después del libro de Hechos? ¿Nos ayudará el Espíritu menos hoy, sobre todo cuando más lo necesitamos? No suena como algo que haría un Dios misericordioso.

A menudo, cuando hablo en algún congreso para pastores, luego de mi presentación tenemos una sesión de preguntas y respuestas. La pregunta más común siempre es algo así: «¿Cómo puede mi iglesia llegar a ser más una casa de oración?»

Al responder trato de ayudar a mis oyentes a entender que ser una verdadera «casa de oración» está relacionado directamente con el grado en que se honre al Espíritu Santo. ¿Cómo oraremos atrevidamente con fe si el Espíritu Santo no nos ayuda? ¿No resulta asombroso que algunas de las iglesias donde mejor se enseña la Biblia al mismo tiempo carezcan casi por completo de oración? Sin una comprensión y una sed del Espíritu, la oración nunca crecerá como una fuerza dinámica para obtener las bendiciones de Dios.

Lo mismo sucede contigo y conmigo en el aspecto personal. Solo en la medida en que el Espíritu dirija e inspire llegaremos a un nuevo nivel en la oración que prevalece. Entonces las fortalezas *caerán*, la gracia de Dios *visitará* a nuestros seres queridos y la gente a nuestro alrededor *recordará* que Cristo es un Salvador vivo y no un simple concepto teológico. Samuel Chadwick escribió hace mucho tiempo: «Nunca seremos verdaderos hombres [y mujeres] de oración en el mejor sentido hasta que estemos "llenos del Espíritu Santo"».[4]

Hace poco conocí a una chica casi adolescente en nuestro programa infantil. Aunque es bonita e inteligente, apenas me miraba cuando me la presentaron.

—¿Qué te pasa? —le pregunté. Ella no esperó ni un segundo para responder:

—Estoy enojada con mi madre, con mi padre, con mi escuela, con Dios, con Jesús, ¡estoy enojada con todo el mundo!

Supe que los miembros de una pandilla estaban tratando de reclutar a esta preciosa chica que ya tenía luchas suficientes. Vivía en un vecindario difícil que se tragaba a niños como ella. Además, en su casa tenía una vida difícil y desafiante. Nadie conversaba con ella ni trataba de entender cómo se sentía. De la mejor manera que pude le hablé del amor de Jesús y de su plan para su vida, pero parecía que no llegaba a nada.

Aunque había hablado y orado con montones de personas aquel domingo, no podía sacarme a la jovencita de mi mente y mi corazón. Sin siquiera proponérmelo, oraba todos los días por ella con gran preocupación, como si fuera mi propia nieta.

Con tantos pedidos de oración en una iglesia como la nuestra, ¿cómo crees tú que esa chica se convirtió en el tema principal de mis peticiones e intercesiones? ¿Podrían Satanás, mi naturaleza carnal o el espíritu de este mundo egoísta estar detrás de ellos? Para nada. Por alguna razón el Espíritu Santo hizo que yo la conociera y luego puso una carga de oración en mí para que pudiera luchar por una chica a quien Cristo ama y por quien murió. Yo no lo pedí. No estaba en busca de otro proyecto de oración personal, pero aunque su batalla está muy lejos de terminada, ya estoy comenzando a ver respuestas a mis peticiones.

¿Y tú? ¿Te preocupa un ser querido que está viviendo demasiado cerca de Sodoma? Abraham se paró entre Dios y su sobrino Lot a quien él amaba. ¡Qué liberación tan maravillosa produjeron las oraciones de Abraham! ¿Tienes un pariente o amigo que está enfrentando una eternidad sin el Salvador? Tal vez conozcas a un padre, madre o un hijo que parece ser más duro cada día y te preguntas qué hacer. Probemos seguir las instrucciones de Dios, ¡oremos!

Dios nos está recordando que *nada* es demasiado difícil para él. Solo necesitamos creyentes que se rindan a la influencia del Espíritu para que la oración que trastorna al reino de las tinieblas pueda ofrecerse para la gloria de Cristo.

Señor, enséñanos a orar y que sea una oración en el Espíritu Santo.

[Capítulo 18]

UNA RESPUESTA A LA ORACIÓN: LA HISTORIA DE ANNES

Hace un tiempo nuestra iglesia comenzó un nuevo ministerio para niños que requieren una atención diferente y también para sus padres. Annes Mogoli ha sido la pasión que impulsó dicho ministerio, ella contribuyó con la energía, el tiempo y la emoción para hacerlo despegar y mantenerlo. Aunque tiene pocos recursos ha hecho un trabajo notable en un ministerio que cada semana presenta nuevos desafíos físicos y emocionales. Pero Annes se va cada domingo preguntándose qué más puede hacer para servir a esos niños y sus familias. Eso es algo extraordinario si tenemos en cuenta que Annes tiene un trabajo a tiempo completo y es una madre soltera que está criando a seis hijos.

La pasión incansable de Annes fluye del desborde de su agradecimiento a Dios por responder a sus oraciones, junto con las de otros en nuestra iglesia, cuando ella y sus hijos más lo necesitaban.

Annes

Yo tenía 24 años, estaba soltera y embarazada. No quería criar a mi hijo bajo las mismas influencias negativas que yo tuve en la infancia. Eso significaba que tenía que irme de Granada. Mis padres eran alcohólicos. Mi padre hasta me obligaba a comprarle alcohol cuando yo todavía estaba en la escuela. A veces me decía cosas crueles y yo no se lo impedía. Yo era la callada en la familia y no me defendía. Pero para mi bebé yo quería algo más que el tipo de vida con que había crecido. Decidí venir a los Estados Unidos con la esperanza de que mi bebé y yo pudiéramos tener un nuevo comienzo. Alguien me compró un pasaje en avión para Nueva York y mi prima y otra amiga me ayudaron a encontrar trabajo y establecerme. Unos meses después tuve un hijo varón y le llamé Alex. Encontré un apartamento y conseguí trabajo como asistente de enfermera. Estaba decidida a hacer lo que fuera necesario para que mi nueva vida tuviera buenos resultados para mi hijo y para mí.

En el apartamento de abajo vivía Roses, una mujer cristiana que era enfermera. Conversábamos del trabajo pero ella también empezó a hablarme del Señor. Ella y su hija me preguntaban si quería ir con ellas a la iglesia. Al principio me negaba, pero a medida que mi hijo crecía decidí que sería bueno para él ir a la Escuela Dominical. Iba a una iglesia pequeña en Linden Boulevard, en Queens. El primer día que estuve allí me acerqué a Jesús. Quisiera decir que desde entonces he caminado con el Señor, pero no fue así. Iba a la iglesia un tiempo y después dejaba de ir, luego regresaba y después dejaba de ir otra vez.

Por aquella época conocí a un hombre muy apuesto de Nigeria y comenzamos a salir juntos. Con el tiempo él se mudó a vivir conmigo. Enseguida hubo dos embarazos. Tuve un hijo al que llamé Melvin y luego una hija a la que llamé Ngozi. Después del nacimiento de Ngozi mi amiga Roses me visitó enseguida.

—No te me vas a escapar —me dijo ella—. No me importa cuánto frío haya. El domingo abrigas bien a esa bebé porque te voy a recoger y te voy a llevar a la iglesia.

Aunque era más frío que lo usual para un domingo de noviembre, dentro de la iglesia estaba cálido, cálido por el amor de las personas. Comencé a asistir regularmente.

Al aprender más de la Biblia, me di cuenta que tenía una relación pecaminosa con mi novio. Encima de eso, él abusaba de mí verbalmente. A menudo decía cosas como: «Eres tan fea. Y estás gorda». Sus palabras hirientes me traían recuerdos de mi padre y su constante abuso verbal me arrancaba la autoestima. Pero la iglesia era diferente, la gente me abrazaba y me quería. Y según iba creciendo supe que había llegado el momento de hacer un cambio. Oré y le pedí a Dios que me ayudara a salir de la vida que estaba llevando.

Pero antes que pudiera hacer un cambio, volví a salir embarazada y tuve mi cuarto hijo, una hija a la que llamé Ije. Sabía que en ese momento no podía dejar a mi novio. Además, ¿quién iba a quererme? Roses vio lo desanimada que yo estaba y sugirió que comenzáramos a asistir a las reuniones de oración en el Tabernáculo de Brooklyn.

Yo trabajaba cerca de la iglesia, así que los martes le pagaba más a la niñera para que se quedara con los niños mientras yo iba a la reunión de oración. En aquellas reuniones yo le abría mi corazón al Señor y le suplicaba por mi vida. Los domingos iba a los servicios habituales y llevaba conmigo a los niños para que asistieran a los programas infantiles. Una vez más supe que la manera en que estaba viviendo no le agradaba al Señor y necesitaba hacer algo al respecto. Pensé que tal vez si lograba un compromiso de parte de mi novio las cosas se arreglarían.

—No puedo seguir viviendo así —le dije—. No está bien que viva con un hombre si no estoy casada con él.

—Está bien, entonces nos casaremos —dijo él.

Yo estaba muy contenta pensando que por fin arreglaría las cosas ante Dios. Y de veras pensaba que una vez que nos casáramos las cosas mejorarían entre nosotros, pero nada cambió. Aunque ahora él era mi esposo, siguió despreciándome y vejándome.

Un día llegó a la casa y dijo que había encontrado un trabajo en New Jersey. Quería vivir allí durante la semana para estar más cerca de su oficina. Los fines de semana vendría a casa. Yo estaba preocupada. Así no funcionaban la mayoría de los matrimonios y menos con cuatro niños y un trabajo a tiempo completo, yo dependía de su ayuda en las raras ocasiones que él la ofrecía. Pero él estaba decidido y yo solo podía estar de acuerdo con su decisión. Así que trabajaba y me ocupaba yo sola de los niños durante la semana.

Por lo menos seguía cerca de mi iglesia. Fue mi fe lo que me sostuvo durante aquellos días agotadores. Dios me dio fortaleza interior y me guió para ser una buena madre a pesar de que nunca tuve un buen modelo de quien aprender. Por ejemplo, su Espíritu me guió a leerles a mis hijos y hablarles de Jesús. Y cada vez que la puerta se abría en la iglesia, allí estábamos. Dios usó a la gente del Tabernáculo de Brooklyn para bendecirme espiritualmente y de vez en cuando también de manera financiera.

Salí embarazada otra vez, pero en esta ocasión algo salió muy mal durante el parto. Llamé a la casa de mi esposo y a su oficina en New

Jersey pero no pude encontrarlo, así que me fui sola para el hospital. Yo sentía que algo no estaba bien, sin embargo, los médicos procedieron y me indujeron el parto. El bebé era enorme y cuando descendió, lo hizo tan abajo que ya no podían hacer una cesárea y ahora estaba trabado, era demasiado grande para pasar por el canal del parto por sí solo. Yo estaba acostada en la mesa, oraba y clamaba a Jesús.

Más o menos en ese momento cambió la canción que sonaba en el salón de parto y se oyó una nueva canción. Era *We Come Rejoicing* [Venimos regocijándonos], ¡cantada por el coro del Tabernáculo de Brooklyn! Fue una señal. *Señor, yo sé que estás aquí conmigo.* Seguí orando en silencio. Por fin escuché al médico decir: «Tenemos una emergencia. No podemos sacar a este bebé».

«¡Jesús!», fue lo único que alcancé a decir mientras el dolor se hacía más fuerte.

Con el rabillo del ojo pude ver una figura en el pasillo. Entró al salón y pidió unos guantes. Yo me estremecí por el dolor pero de alguna manera el

Fue mi fe lo que me sostuvo durante aquellos días agotadores. Dios me dio una fortaleza interior.

médico logró llegar hasta el bebé y moverlo para que saliera. Elías pesó once libras y una onza. Pero algo había salido mal durante el parto. En cuanto salió comenzó a tener convulsiones. Alguien preguntó si yo había usado drogas. «Nunca he usado drogas», les dije. Pero no me escucharon y se llevaron a Elías.

Yo tenía cuatro hijos en casa con una niñera, mi esposo no aparecía, ¡y ahora ellos decían que yo era drogadicta! Hice lo único que sabía hacer: oré. *Padre, tú conoces mi corazón y tú eres mi Libertador. Te necesito ahora mismo. Dios, te voy a dedicar este bebé. Cuando lo pongan en mis brazos, voy a consagrarlo a ti aquí mismo en el hospital.*

Se habían llevado a Elías para hacerle pruebas de drogas, pero regresaron en breve. Todas las pruebas eran negativas. «Ya puedes ver a tu bebé», dijo una enfermera.

Cuando vi a Elías por primera vez parecía un jugador de fútbol americano. ¡Era enorme! Toqué su cabeza y oré por él. Le dediqué al Señor su cabeza, manos, pies y todo en él.

En aquel momento no sabían con seguridad qué había provocado las convulsiones. Después supe que su nacimiento inusual provocó traumas. Se le dañó el hombro durante el parto y todo su lado izquierdo tenía daños. Meses después un médico le diagnosticó parálisis de Erb.

Alguien en el hospital me aconsejó que llamara a un abogado antes de salir del hospital. «Aquí pasaron muchas cosas», me advirtieron. Yo no tenía idea de a quién llamar, pero el Espíritu Santo me impulsó a llamar a la iglesia. Ellos me recomendaron que hablara con una mujer que cantaba en el coro. Su nombre era Esther y era abogada.

Esther presentó una demanda contra el hospital y se demoró mucho tiempo antes de que por fin llegaran a un acuerdo. Pero mientras tanto, yo seguía orando por mi hijo. Durante los primeros cinco años de su vida nunca dijo ni una palabra, solo emitía sonidos y se babeaba. Las manos se le viraron hacia adentro y no podía estirar los dedos. Yo oraba y tenía a otras personas orando por Elías. Y Dios respondió a nuestras oraciones. El Espíritu Santo usó a otras personas para dirigirme al centro médico Mount Sinai, uno de los mejores hospitales del mundo. Después de mucha terapia, una cirugía y mucha oración, el daño fue revertido. ¡Hoy Elías es un chico de doce años saludable que no deja de hablar! Está en séptimo grado y saca excelentes calificaciones y crece en todos los sentidos. Ahora, al mirar atrás, veo cómo Dios usó ese tiempo con Elías para prepararme para lo que vendría después.

De nuevo salí embarazada. El enemigo confundía mi mente y me decía cosas como: «Nunca podrás tener este bebé. Mira todos los problemas que ya tienes. Piensa en cómo tu esposo te trata. ¿Cómo puedes tener otro hijo?»

Una mañana en la iglesia entré al servicio con la cabeza gacha. *No puedo dejar que sepan que estoy embarazada otra vez.* Pero de repente, durante el mensaje, el pastor Cymbala dijo: «Aquí hay una mujer a quien el enemigo le está atacando la mente por su embarazo. Pero el Señor quiere que sepas que si tienes ese bebé, serás bendecida». Esa era la señal que yo necesitaba. Levanté otra vez mi cabeza mientras salía de la iglesia. En lugar de sentir pena de mí misma, pasé todavía más tiempo en oración, a menudo cerraba la puerta del baño mientras lloraba y clamaba al Señor.

Lloré de alegría porque Dios había respondido a mi oración.

Un poco después de un año de nacido Elías, di a luz a mi sexto hijo, Joel. Dios continuó usando la iglesia para bendecirme. Una noche yo quería ir a la reunión de oración como nunca antes, pero no tenía dinero para regresar a casa. Decidí caminar, puse a Joel en el coche e hice que Elías se parara en la parte de atrás del coche. Así podría llegar pero, ¿cómo regresaría? Sería demasiado peligroso caminar tanto en la noche. Por todo el camino yo oraba: «Señor, yo quiero ir a la iglesia. Facilítame una manera de regresar a casa».

Esa noche el pastor dijo: «Sé que esta noche hay personas aquí que tienen necesidades financieras muy grandes. Si ese es tu caso, ponte en pie para que la iglesia pueda orar por ti». Me puse en pie y alcé mis manos. Una señora que estaba del otro lado del salón vino adonde yo estaba y me dio veinte dólares.

—El Señor me dijo que viniera y te diera esto —dijo ella.

Lloré de alegría porque Dios había respondido a mi oración. Nunca antes había conocido a esa señora y ni siquiera supe su nombre aquella noche, pero sí observé que tenía una trenza larga que le colgaba por la espalda.

El tiempo pasaba y nosotros sobrevivíamos por la gracia de Dios. Joel tenía casi dos años y Ngozi, mi hija mayor, tenía nueve cuando una mañana de enero me llamó desde su cuarto:

—Mami, mami, ven pronto. ¡No puedo caminar!

Corrí a su cuarto y traté de ayudarla a levantarse del piso, pero en verdad ella no podía caminar. La noche anterior había estado bien, pero esa mañana estaba paralizada por completo. ¿Qué había pasado? ¿Qué debía hacer yo ahora? Ya yo me sentía abrumada. Los médicos todavía estaban tratando de ayudar a Elías, a Joel le habían diagnosticado asma y en una ocasión casi se muere, y mi esposo no ayudaba en lo absoluto. ¿Y ahora Ngozi sin poder caminar? Agarré el teléfono y llamé a la iglesia. Yo siempre llamaba a la iglesia antes de llamar al médico.

También llamé a Esther, que para entonces ya era como parte de la familia. Ella también era una guerrera de oración increíble. Llamó al pastor Cymbala y juntos trataron de encontrar un médico que ayudara a Ngozi. ¿Sería una lesión física? ¿Tal vez alguna especie de problema emocional? En nuestro hogar habíamos tenido mucho estrés últimamente.

Saqué una cita con un reumatólogo en el Mount Sinai, el centro que tanto ayudó a Elías, y le hicieron un conjunto de pruebas. El médico le hizo una ecografía de todo el cuerpo, pero no encontraron la causa de la parálisis. Estaban perplejos.

Ngozi comenzó a faltar mucho a la escuela. Con el tiempo la junta de educación comenzó a cuestionarme. Después, bienestar social para niños comenzó a hacer preguntas. Nadie podía creer lo que estaba pasándole a Ngozi porque había estado perfectamente bien y saludable y de pronto no podía caminar. Cuando su situación empeoró, la escuela tuvo que facilitar un bus para niños minusválidos que la llevaría y la traería de la escuela. Durante el día le asignaban una asistente que la llevaba de un aula a otra y al baño cuando era necesario.

El estrés de la enfermedad de Ngozi comenzó a hacerse sentir en mi matrimonio. Mi esposo venía a casa y decía cosas raras como: «¿Para qué tuvimos todos estos hijos?» Yo no podía entender lo que pasaba por su mente. Durante esa época él venía a casa cada vez menos. Con el tiempo se mudó definitivamente a New Jersey y se divorció de mí.

Yo oré: *Señor, te necesito mucho. Ahora estoy sola. Tienes que ayudarme a ser una buena madre y tienes que ser el Padre de mis hijos. Y tú vas a sanar a Ngozi. Tú tienes que sanarla.* No sé cómo me volví tan atrevida en mis oraciones, excepto por el hecho que yo estaba desesperada. *Señor, estoy aferrada a ti, yo sé que tú puedes hacer esto.* Le suplicaba a Dios que nos ayudara a pasar todo lo que estábamos enfrentando.

Seguimos viniendo a la iglesia, aunque era más difícil con la incapacidad de Ngozi para caminar. Durante la semana yo economizaba muchísimo y entonces, los domingos por la mañana, vestía a todos los niños y agarraba el dinero que había ahorrado y pedía un taxi. El taxi nos dejaba y un hombre de la iglesia, Big Willy, levantaba a Ngozi en sus brazos y la llevaba hasta el salón de los niños. Cuando llegaba la hora de regresar a casa, Willy llamaba un taxi, recogía a Ngozi del lugar de los niños, la traía y con mucho cuidado la ponía en el taxi. El Espíritu Santo siempre me mandaba justo las personas que necesitaba.

Pero con el tiempo me cansé. Me cansé mucho. Trabajaba a tiempo completo como asistente de enfermera y dos veces por semana llevaba a Ngozi a las terapias en el centro Mount Sinai. Era importante que siguiéramos con la terapia en sus piernas para que no se atrofiaran. Los músculos que no se usan pueden hacer que el pie se gire hacia adentro y eso estaba comenzando a pasar. Sin embargo, la terapia no parecía estar ayudando mucho y los médicos todavía no sabían qué le había causado la parálisis. Los trabajadores sociales todavía sospechaban algún tipo de trauma escondido. Cuidar de ella era agotador en el aspecto emocional y físico.

Una mañana de un viernes de julio Esther me llamó y me dijo:

—Ella caminará otra vez. Ella va a ser sanada.
—Estoy tan cansada, Esther —le dije tratando de contener las lágrimas. Habían pasado seis meses desde la parálisis de Ngozi y yo podía sentir que mi fe desfallecía. Yo había pasado horas incontables en mi baño, llorando y orando para que Ngozi fuera sanada.

Esther percibió la tensión que yo tenía y me dijo:
—Hoy no puedo dejarte sola. Me doy cuenta de lo cansada que estás. —El Espíritu Santo la impulsó a llamar a sus clientes y cancelar todas las citas—. Yo te llevaré al hospital hoy.

Una pocas horas después Esther nos recogió y nos llevó al centro médico. Yo me daba cuenta de que ella oraba fervientemente por Ngozi mientras manejaba. Cuando nos detuvimos en el estacionamiento, Esther dijo:

—Siento que el Señor quiere que estacione el auto y que yo lleve a Ngozi caminando alrededor de la cuadra.

Yo me quedé mirándola fijamente. Estaba demasiado cansada como para discutir. Esther se bajó del auto y abrió la puerta de atrás. Tomó las manos de Ngozi e increíblemente le vi mover un poco la pierna.

—¡Esther! ¡Su pierna se está moviendo!

Esther alabó a Dios. Entonces, sujetando a Ngozi por la mano, caminó por la cuadra con Ngozi muy despacio, pasito a pasito. Entonces la llevamos al piso de arriba para ver al reumatólogo. Le contamos lo que había sucedido pero él no tenía explicación.

Después de la cita con el médico regresamos al auto de Esther y manejamos hasta la iglesia. Yo quería reunirme con el Equipo de Oración, un grupo de hombres y mujeres que se reúnen en la iglesia todos los días para orar por las necesidades de las personas en esta.

—Annes —me dijo Esther—, Dios la va a sanar.
—Yo lo sé —le dije yo. Y lo creía. En la iglesia llevamos a Ngozi a donde estaba el Equipo de Oración reunido. El pastor Ware estaba allí. Él le impuso las manos y dijo:

—¡Vas a caminar en el nombre de Jesús!

Entonces me miró y me dijo:
—Yo no sé lo que ha pasado, pero ella está liberada. Las cadenas están rotas. Lo que sea que Satanás estaba tratando de hacer, hoy se rompe.

Los miembros del Equipo de Oración pusieron sus manos sobre las piernas de Ngozi y clamaron a Dios para que sanara su cuerpo.

Era una oración tan ferviente que yo me emocioné mucho. Observé el rostro de Ngozi y por primera vez vi esperanza en sus ojos. Aunque ella no quedó sana en ese momento, mi fe aumentó con las oraciones de ellos. Ella caminaría otra vez, solo que yo no sabía cuándo.

El martes llevé a Ngozi a la reunión de oración de los niños. Mientras estábamos allí, el líder explicó a los niños que Ngozi no podía caminar.

«Las cadenas están rotas. Hoy se rompe lo que sea que Satanás estaba tratando de hacer».

—¿Ustedes creen que si oramos esta noche Ngozi podrá venir caminando el domingo? —les preguntó. Los niños vitorearon y luego inclinaron sus cabezas y oraron por mi hija. Su preciosa fe me tocó. Tal vez Ngozi no mostrara mejoría, pero sus oraciones me fortalecieron.

A la mañana siguiente, mientras preparaba a los niños para la escuela, Ige, que tenía cinco años, vino por detrás y me dijo:

—Mami, tenemos que orar por Ngozi ahora mismo.

En algún lugar dentro de mí recibí un empujoncito del Espíritu Santo que me decía que sí, que teníamos que orar *en ese momento*. Yo estaba cansada y trataba de preparar a los niños para la escuela. Llevábamos meses orando intensamente durante seis días y nada había sucedido. *Señor, ¿por qué quieres que vuelva a orar ahora?*

Pero llamé a todos los niños a la sala y les dije:

—Señor Jesús, estoy cansada. Y yo sé que tu plan es sanar a Ngozi. ¿Pudieras hacerlo ahora? —Algo dentro de mí me dijo que la tomara de las manos y la ayudara a ponerse en pie. Me agaché y la tomé por las manos.

En cuanto Ngozi se dio cuenta de que yo iba a ayudarla a ponerse en pie, me dijo:

—No, mami, no puedo.

—Sí, sí puedes. Tú vas a caminar.

Yo sabía que decirlo era algo tonto. Sus músculos estaban débiles y sus pies estaban virados hacia adentro. Incluso si podía caminar, necesitaría mucha terapia para corregir la posición de sus pies. Pero lo dije de nuevo:

—Tú vas a caminar *hoy*.

¡De repente sus pies se viraron y se enderezaron! ¡Yo no podía creerlo! Los niños miraban mientras yo la tomaba de la mano y lentamente ella se puso en pie. De pronto los niños comenzaron a reírse de manera nerviosa.

—¡Ngozi se está levantando! —gritaban.
Pero Ngozi se cayó al piso. La volví a tomar de las manos y las sostuve mientras ella se levantaba de nuevo. Esta vez ella se quedó en pie por sí sola. Los niños comenzaron a reírse y a dar brincos. Entonces Ngozi comenzó a caminar sola. Sus pies estaban perfectamente derechos mientras ella ponía uno delante del otro. Los niños no podían contener su emoción. Melvin saltaba sobre el sofá mientras todos gritaban y se reían alegres. Yo lloraba, ¡no podía creer que estuviera viéndola caminar! Agarré el teléfono y llamé a Esther.

—¡Está caminando! ¡Está caminando de verdad!

Yo podía escuchar a Esther llorando del otro lado del teléfono. Sabía que era un milagro. Entonces llamé a la iglesia y les dije lo que había sucedido. Ese domingo Ngozi entró caminando sola al servicio de los niños. Ver la emoción en los rostros de los niños que tanto habían orando fue un momento que nunca olvidaré.

Pero mis bendiciones no terminaron ahí. Ngozi había perdido casi dos meses de escuela, pero cuando regresó se puso al día de inmediato. La evaluaron para el programa de alumnos talentosos y la aceptaron en uno de los mejores programas para escuelas intermedias en Brooklyn. Allí ella sobresalió y se convirtió en líder de sus compañeros. Cuando se graduó ¡le dieron un cheque por trescientos dólares! Una consejera de la escuela la nominó para un programa de becas y Ngozi quedó entre los tres alumnos finalistas. La aceptaron en Emma Willard, una de las escuelas más antiguas y prestigiosas para chicas, ¡donde obtuvo una beca completa por más de 34 mil dólares al año! El verano pasado ella pasó dos semanas jugando baloncesto en un programa de liderazgo en Earth University en Costa Rica, ¡una chica que había pasado un tiempo sin poder caminar ahora lideraba a otros y jugaba baloncesto! Ahora asiste a la universidad St. Lawrence con una beca completa.

Los demás niños son felices y también tienen éxitos, pero tal vez los cambios más grandes ocurrieron en mí. Ya no trabajo como asistente de enfermeras, ahora soy trabajadora asistente en las escuelas y ayudo a niños que requieren atención diferenciada. En la iglesia, mientras servía en el ministerio infantil, me sentía atraída a los que requieren atención diferenciada y tenían problemas cuando estaban en grupo. Con el tiempo recluté a otros que se me unieron para comenzar una clase de ministerio para niños que requieren atención diferenciada. Los padres agotados ahora se sienten cómodos al dejar a sus hijos mientras asisten a los servicios para que el Señor los refresque.

Con una proporción de un adulto por cada niño, hemos podido ver cosas maravillosas. Un año representamos la historia de la Navidad y mientras sus padres lo observaban, un niñito que no podía hablar dijo su primera palabra: «Aleluya».

Amo a esos niños. Sobre todo amo a los que son un desafío porque sé que ellos tienen más necesidad del Espíritu Santo. A veces llamo a los padres a la casa y les digo: «Yo sé por lo que están pasando. No sé por qué Dios sanó a mi hija y no sanó al de ustedes, o no lo ha sanado todavía. Pero voy a orar con ustedes y apoyarlos». Las oraciones de muchas personas me ayudaron a pasar esos días difíciles cuando estaba tan cansada. Ahora tengo un llamamiento en mi vida para ayudar a otros.

Un día estaba preparándome para salir de la iglesia y una señora que se llama Carol y que trabaja en el ministerio de familia me pasó por el lado. Cuando vi su larga trenza balanceándose en su espalda recordé de repente una noche hacía mucho tiempo.

—¡Carol! —le dije.

Ella se volvió y me miró.

—¿Por qué estás llorando Annes?

Nosotras nos conocemos pero yo nunca la había asociado a ella con aquella noche en la reunión de oración.

—El Señor acaba de recordarme algo. ¿Te acuerdas hace años cuando le diste a una mujer un billete de 20 dólares?

—Sí, claro que sí. ¿Qué le pasó a aquella mujer? ¿La conoces?

A esas alturas yo estaba llorando tanto que tuve que tragarme las lágrimas para poder sacar las palabras.

—Yo era esa mujer.

Dios responde oraciones grandes, como sanar a un niño, y oraciones pequeñas, como proporcionar el dinero para pagar un taxi de vuelta a casa. A menudo el Espíritu Santo mueve a otras personas a ayudar. Ahora mi esperanza es que yo sea una respuesta a la oración de padres que están cansado y que luchan por sus hijos lo mejor que pueden.

[Capítulo 19]
YA NO SOMOS ESPECTADORES

La mayoría de nosotros no está consciente de un suceso en la Biblia que es muy probable que cambiara la historia de la iglesia cristiana. Entender qué sucedió en aquel momento nos ayudará a entender al Espíritu Santo. La historia se encuentra en Hechos y el escenario fue Antioquía. Después de la conversión de Saulo en el camino a Damasco, él viajó un poco, hizo una visita corta a Jerusalén con los apóstoles antes de regresar a su ciudad natal, Tarso. Después Bernabé fue allí y persuadió a Saulo para que lo acompañara a ayudar a la iglesia de Antioquía donde la gracia de Dios era tan evidente (Hechos 11:19-26). Los dos se unieron a otros profetas y maestros dotados y ministraron allí durante varios meses, fortaleciendo la fe de los creyentes en Jesús.

Entonces llegó el momento crucial. Mientras los líderes de la iglesia en Antioquía se acercaban a Dios deliberadamente (con adoración y ayuno), Dios se acercó a ellos tal y como lo promete (ver Santiago 4:8). Lucas cuenta la historia de una manera directa, lo cual nos da cierta visión en cuanto a las prácticas espirituales de los primeros líderes cristianos. Es posible que hayan tenido algún indicio profético de que el Señor planeaba cambios entre ellos. Aguzaron sus oídos para escuchar su voz, y Dios respondió.

«Mientras ayunaban y participaban en el culto al Señor, el Espíritu Santo dijo: "Apártenme ahora a Bernabé y a Saulo para el trabajo al que los he llamado". Así que después de ayunar, orar e imponerles las manos, los despidieron» (Hechos 13:2-3).

Los creyentes oyeron al Espíritu ordenarles «apártenme ahora a Bernabé y a Saulo» para que pudieran ser enviados a hacer algún trabajo nuevo y específico para Dios. No estamos seguros de cómo se transmitió ese mensaje. ¿Sería mediante algún don profético del Espíritu? Los detalles se omiten, pero fue algo dramático e inconfundible. Nadie pareció particularmente sorprendido con la instrucción del Espíritu a Pablo y a Bernabé para que se entregaran a este llamamiento un tanto impreciso. El Espíritu estaba revelando su intención y el liderazgo de la iglesia respondió. Ayunaron y oraron un poco más, les impusieron las manos y los enviaron (v. 3).

Entonces, ¿qué tiene ese momento de significativo? Ese fue el comienzo del primer viaje misionero de Saulo. Sus viajes cambiaron todo el curso de la iglesia cristiana. De hecho, fue durante su primer viaje que el nombre de Saulo se cambió a Pablo, y él dio el paso para tomar la iniciativa a medida que Dios lo usaba de maneras todavía mayores que a su compatriota Bernabé, quien era un poco mayor que él. A partir de ese momento el libro de Hechos cambia de rumbo. Ya no se enfoca en los hechos de Pedro, Santiago y Juan en Jerusalén; en cambio, se enfoca en Pablo y sus viajes. Aunque él no fue uno de los apóstoles originales, se convirtió en el más grande de todos. También se convirtió en un modelo de ministro para los líderes cristianos a través de las edades al predicar, enseñar y fundar iglesias por todo el mundo.

Separados para un llamamiento ilógico

Cuando el Espíritu de Dios se mueve, echa a andar un proceso continuo de separar a los creyentes y enviarlos a trabajar para Cristo. Y no está reservado solo para aquellos que están en el ministerio de manera formal. A veces se nos pide que dejemos nuestra casa y vayamos a animar a un vecino o tal vez que nos unamos a un ministerio de nuestra iglesia para educar a niños. Tal vez tengamos que ir a viajes misioneros a corto plazo o entregarnos al tipo de oración intercesora que transforma vidas. Cuando el Espíritu se mueve y cedemos la vida a sus influencias, se vuelve tanto emocionante como lleno de los desafíos que solo Dios puede atender. Nadie se queda para ser un simple espectador.

La definición contemporánea de lo que es una iglesia parece dejarlo todo al clero profesional mientras que todos los demás se sientan y miran. Pero eso va en contra del plan de Dios de que todos somos parte del mismo cuerpo y que él tiene un propósito específico para cada miembro (1 Corintios 12:12-27). El cristianismo no debe limitarse a llenar nuestras cabezas con más conocimiento bíblico que nunca ponemos en práctica. Es cuestión de escuchar el llamado del Espíritu, rendirse a él y luego entregarnos por completo a la obra que él pone ante nosotros. Implica grandes esfuerzos, una fe que venza el desánimo y la perseverancia, sea como sea.

Por extraño que parezca a Dios le gusta escoger a las personas menos prometedoras, inexpertas e imperfectas para lograr cosas asombrosas. Abraham mintió cuando estuvo bajo presión, Moisés mató a un hombre antes de convertirse en el libertador de Israel, la familia del rey de David solo lo consideraba un pastor de ovejas, y el apóstol Pedro era un pescador sin formación religiosa formal. Desde entonces la historia de la iglesia nos da ejemplos innumerables de esta verdad alentadora:

> Hermanos, consideren su propio llamamiento: No muchos de ustedes son sabios, según criterios meramente humanos; ni son muchos los poderosos ni muchos los de noble cuna. Pero Dios escogió lo insensato del mundo para avergonzar a los sabios, y escogió lo débil del mundo para avergonzar a los poderosos. También escogió Dios lo más bajo y despreciado, y lo que no es nada, para anular lo que es, a fin de que en su presencia nadie pueda jactarse. (1 Corintios 1:26-29)

Observa que esas palabras se escribieron para una congregación de creyentes en Jesús, no para el clero. En caso que te sintieras insuficiente e inexperto cuando el espíritu te llame, por favor, recuerda que por lo general esta es la manera que Dios usa para tener la garantía de recibir toda la gloria.

Para que Dios use a gente ordinaria los planes humanos fuertes y firmes tienen que ceder el paso. Lo que pensamos es lógico, lo que más sentido tiene para nosotros siempre tiene que ceder ante el llamamiento del Espíritu Santo.

Piensa en Felipe, el diácono que a través del Espíritu Santo se convirtió en evangelista. Acabó predicando el evangelio a grandes multitudes en Samaria y Dios llevó un despertar espiritual a esa ciudad. Aunque seguramente no tenía sentido para Felipe dejar la cruzada que estaba liderando y salir de la ciudad a un camino desértico solitario, eso fue justo lo que el ángel del Señor le dijo que hiciera

(Hechos 8:26). Mientras estaba allí apareció un eunuco etíope (en breve leerás por qué quiero tanto a los etíopes) que estaba leyendo el libro de Isaías en su carruaje. «El Espíritu le dijo a Felipe: "Acércate y júntate a ese carro"» (v.29). Al estar cerca del carro se entabló una conversación que le permitió a Felipe exponerle el evangelio y llevar al eunuco a Cristo.

Observa cómo el Espíritu Santo dio instrucciones específicas, casi intrascendentes: «Acércate y júntate a ese carro». Es probable que el Espíritu le dijera eso a Felipe con una voz quieta que él reconoció en su corazón. No fue algo que se añadió a las Escrituras. Fueron instrucciones detalladas que el Espíritu Santo le dio a un creyente y como resultado el evangelio se difundió al continente de África.

Si insistimos en hacer las cosas a nuestra manera, en nuestro propio tiempo y nos rehusamos a cuando Dios «separa», nos perderemos la parte extraordinaria en que Dios «envía». Ninguno de nosotros tiene cómo saber por adelantado lo que Dios quiere hacer con nuestras vidas. No hay dudas de que nunca nadie hubiera podido predecir que Saulo, el perseguidor de la iglesia, se convertiría en Pablo, el más grande de todos los apóstoles.

El evangelista poco probable

Pablo era judío, entrenado como fariseo y un experto en la enseñanza del Antiguo Testamento. Nadie estaba mejor capacitado para llevar las buenas nuevas al pueblo judío. Pero no fue ahí donde Dios puso a Pablo. En cambio, ¡lo usó para difundir el evangelio entre los gentiles! Por lógica, Pedro hubiera sido una mejor opción, pero los caminos de Dios *no* son los nuestros. (¡Pedro se convirtió en el apóstol a los judíos!) Cuando el Espíritu de Dios se mueve, sus propósitos se revelan y se logran de una manera que no hay comité, examen de personalidad o programa computarizado que lo pueda entender.

Para que Dios use a gente ordinaria los planes *humanos* fuertes y firmes tienen que ceder el paso.

D.L. Moody es un gran ejemplo de eso. Nadie hubiera esperado nunca que él fuera uno de los más grandes evangelistas de todos los tiempos. Moody comenzó vendiendo zapatos y básicamente carecía de toda educación. Era un hombre bajito y con sobrepeso, y no muy apuesto. Tenía un ligero problema en el habla y cuando hablaba lo hacía muy rápido. Después de convertirse en cristiano comenzó a trabajar con niños en las calles de Chicago, trabajaba con la YMCA [Asociación cristiana para jóvenes varones, por sus siglas en inglés] y después repartió tratados durante la guerra Civil. Aunque nunca fue al seminario, su labor rindió frutos y con el tiempo lo invitaron a Inglaterra a predicar.

Allí, pastores bien instruidos y de un hablar aterciopelado escucharon asombrados su predicación. Muchas de sus iglesias estaban muertas y el reino no se estaba expandiendo. Pero apareció Moody y las multitudes le siguieron. La bendición de Dios era evidente, a pesar de sus limitaciones. El hombre ni siquiera podía pronunciar Daniel de manera correcta. Decía Danil. ¿Y nombres más difíciles como Nabucodonosor? Ni pensarlo.

Un hombre solo conocido como el Sr. Reynolds una vez describió su primer encuentro con Moody:

> Lo vi por primera vez en una reunión que se celebró en una barraca pequeña y vieja que había abandonado un dueño de bar. El señor Moody buscó el lugar para celebrar una reunión por la noche. Llegué un poco tarde y lo primero que vi fue a un hombre parado, con unas pocas velas a su alrededor, sujetando a un chico negro y tratando de leerle la historia del hijo pródigo. Como no podía pronunciar muchas de las palabras, las saltaba. Yo pensé: *Si alguna vez el Señor puede usar un instrumento así para su honra y gloria, me quedaré sorprendido.* Cuando se terminó la reunión, el señor Moody me dijo: «Reynolds, solo tengo un talento: no tengo educación, pero amo al Señor Jesucristo y quiero hacer algo para él, y quiero que usted ore por mí». Desde ese día no he dejado de orar, día y noche, por ese soldado cristiano tan devoto.[1]

En cierto sentido Moody era casi analfabeto. Una vez vi una carta escrita por él que reprodujeron en el libro *Love Them In: The Life and Theology of D.L. Moody* [Atráigalos con amor: La vida y teología de D.L. Moody], de Stanley N. Gundry.[2] Cualquier chico de sexto grado podría hacerlo mejor. No había mayúsculas y muy pocas comas y puntos.

Hoy, en que juzgamos el ministerio por la brillantez del discurso y no por el poder espiritual, se hubieran burlado de él. Sin embargo, este

A veces la obra de Dios implica misiones que cambian al mundo; en otras, es algo mucho más personal y cercano a casa.

hombre predicó a millones de personas sin equipo de audio y se convirtió en uno de los evangelistas más reconocidos de la historia del cristianismo. Llevó a miles al Señor y fundó tres escuelas y una universidad.

No todos somos llamados a ser un D.L. Moody. Pero aparte de cómo seamos llamados, es responsabilidad de Dios prepararnos. Y en el caso de Moody, ¡cómo lo hizo!

El Espíritu llama a cristianos de todo tipo a trabajar para él. A veces la obra implica misiones que cambian el mundo, como en el caso de Moody. En otras, es algo mucho más personal y cercano a casa.

Una sed que ella no podía saciar

Mi hija Susan y su esposo Brian saben un poco al respecto. Su familia estaba completa. Tenían un hijo y una hija que desde hacía rato no usaban pañales, pero luego de una visita a Haití, que hizo a los diecisiete años, Susan sintió una inquietud recurrente en su corazón para adoptar.

Ella se casó joven, pero por algunos problemas físicos le dijeron que quizá no tendría hijos y que si los tenía, habría muchas complicaciones. Pero eso nunca sucedió. A los 23 años tuvo a Luke, su primer hijo, y poco después llegó Claire, su hija. Pero cuando Claire tenía cinco años, Susan y Brian querían tener otro hijo. Sin embargo, en esta ocasión ella lo perdió inesperadamente.

La pérdida reavivó su viejo anhelo de adoptar. «En aquel momento casi me pareció egoísta querer más hijos biológicos», dijo Susan. Brian estaba de acuerdo con la idea de adoptar, pero quería estar seguro de que realmente el Espíritu los estuviera guiando.

Andaban en un viaje misionero por las Filipinas y uno de los habitantes del lugar mencionó que una familia acababa de tener una hija, pero como no tenían recursos para cuidarla pensaban venderla. Susan se puso en acción. «¡Yo me la llevo!», dijo enseguida sin saber nada acerca de las leyes internacionales para la adopción.

Un amigo que andaba con ellos en el viaje llevó a Brian y a Susan al lugar remoto donde vivía la familia. Dentro de la choza estaba una madre muy enferma acostada con su bebé recién nacida. La familia rápidamente confirmó que quería regalar su bebé.

Susan y Brian no tenían idea de que el asunto era algo ilegal. Un abogado hizo el papeleo y Susan y Brian le pagaron y firmaron los formularios. Tomaron la niña y le pusieron Emily. La dejaron al cuidado de una pareja de la iglesia donde estaban ministrando y prometieron regresar pronto para llevar a Emily a casa.

Pero Susan, de regreso en los Estados Unidos, investigó las leyes de adopción y pronto descubrió que algo andaba mal. «¡Esto es completamente ilegal!», le dijo a Brian. A partir de ahí comenzaron una trayectoria dolorosa de dos años tratando de encontrar conexiones políticas, legales y humanitarias tanto en las Filipinas como en los Estados Unidos que pudieran ayudarles a traer a Emily a los Estados Unidos. Pero nada funcionaba.

Con el tiempo todo el mundo comenzó a darse cuenta de que Brian y Susan no podrían traer a Emily a casa. Durante ese tiempo la familia de las Filipinas que cuidaba a Emily se encantaron con ella. Con mucha alegría se comprometieron a adoptarla y a criar a Emily como si fuera de ellos.

A pesar del dolor, todavía Susan sentía en su alma el deseo de adoptar. Aunque estaba lista para seguir adelante, Brian fue más cauteloso. Ya habían pasado mucho dolor.

«No resultó con Emily», dijo Brian un día, «tal vez no se supone que nosotros adoptemos». Susan quería honrar a su esposo. Oraba para que el deseo de adoptar se fuera si no se suponía que ellos adoptaran, pero por el contrario se hizo más fuerte. Algo dentro de ella no la dejaba olvidar el asunto de traer otro hijo a su familia.

En la Internet supo de una agencia cristiana de adopción con un programa en Etiopía. Habló con Brian acerca de llamarlos, pero todavía él estaba temeroso y quería estar seguro de que eso era lo que Dios quería. Después de unas pocas semanas de conversación, Susan ya no podía seguir esperando.

«Voy a llamarlos hoy para comenzar el proceso».

Esa mañana, cuando ambos se dirigían a sus oficinas en el Tabernáculo de Brooklyn, Susan se debatía en su interior. «Yo quería llamar a la agencia aquel día, pero también sabía que Brian no estaba convencido de que Dios quería esto. ¿Tendría razón? Mis hijos tenían diez y doce años. Y en muchos sentidos ya yo había terminado. Se valían por sí solos y yo era independiente otra vez. Hacía mucho tiempo que no andaba con un bolso para pañales. Y lo que era más loco aún, hacía tres años que yo había asumido el liderazgo del ministerio infantil del Tabernáculo de Brooklyn. Entre mi trabajo y mis hijos en casa, cualquiera pensaría que yo no quería más niños, pero mi deseo de adoptar solo había aumentado. Mucha gente me decía: "¿Qué estás haciendo?" Y yo pensaba: *No lo sé. Pero por mucho que la idea les asuste, a mí me encanta».* Dios había puesto algo en el corazón de Susan y ella no podía dejarlo ir. «Era una sed en mí que no se satisfacía. La idea me consumía». Pero era evidente que todavía Brian no sentía lo mismo.

Esa mañana Susan estaba ocupada en reuniones y no fue hasta media tarde que tuvo oportunidad de regresar a su escritorio y ver en su celular un mensaje de Terry, una miembro de la iglesia.

Terry es una mujer respetada en nuestra iglesia a quien Dios a veces usa con los dones del Espíritu. «Yo había oído hablar de ella, pero nunca había conversado con ella», cuenta Susan. «Yo soy cautelosa con la gente que es usada en los dones del Espíritu, pero siempre respeté a Terry. Creo que lo de ella es en serio y que en verdad escucha a Dios». *¿Cómo consiguió el número de mi celular?* Se preguntaba Susan.

Escuchó el mensaje: «Susan, Dios te ha puesto en mi corazón», decía Terry. «He estado orando por ti todo el día. Siento que Dios me ha dado una palabra para ti y tengo temor de dártela. Quiero tener cuidado con que esto venga de Dios, pero es lo que creo que él me está diciendo. Él quiere decirte que no falta mucho y que uses sabiduría al proceder».

Dios había puesto algo en el corazón de Susan y ella no podía dejarlo ir.

Susan se quedo petrificada. Este era el día en que se suponía que ella llamara a la agencia y ya antes, ese día, Brian le había dicho que necesitaba oír de Dios. Y así era. Susan llamó a Brian. «¡Recibiste tu palabra! Nunca vas a creer lo que pasó». Le contó sobre la llamada telefónica de Terry. Brian estuvo de acuerdo en que esa era la señal que él necesitaba, así que Susan llamó a la agencia y comenzó el proceso.

Entraron a la lista de espera en agosto y el 22 de enero recibieron una llamada de la agencia diciendo que había un bebé varón esperando por ellos. Le pusieron Levi. Los detalles de la vida de Levi eran tristes. Su mamá murió de malaria durante el parto. El papá de Levi sabía que no podía ocuparse de su nuevo hijo, además de los otros cuatro que ya tenía. En la remota zona donde vivía la familia de Levi y sin la leche de una madre, Levi hubiera tenido muy pocas probabilidades de sobrevivir.

Algunos padres que no podían alimentar a sus hijos los dejaban morir, pero el papá de Levi quería algo más para su hijo. Así que aquel padre afligido viajó ocho horas en bus para llevar a Levi al orfanatorio. Semanas después, cuando Susan, Brian y sus dos hijos llegaron a Etiopía, el padre hizo el mismo viaje de ocho horas para finalizar la adopción en la corte. Mediante un intérprete el padre les dijo que esperaba que Levi se hiciera médico y que algún día regresara a Etiopía con una cura para la malaria.

Gracias a que estas personas siguieron las señales del Espíritu, ¡ahora yo tengo el nieto más increíble! En mi escritorio tengo un cuadro de 8 x 10 pulgadas con una foto de Levi cuando tenía un año. Me encanta su rostro apuesto y el brillo travieso de sus ojos café oscuro. Cuando entra a una habitación, la gente observa la luz que hay dentro de él.

Yo creo que fue el Espíritu Santo quien inspiró a Susan durante todos esos años anteriores y quien continuamente seguía moviendo la idea de la adopción a la que ella no podía renunciar. Terry te contaría que fue el Espíritu Santo quien aquel día la hizo llamar a Susan y dejar un mensaje a pesar de que se sentía incómoda y no estaba segura de por qué lo hacía. Y Brian sintió paz solo después de la confirmación del Espíritu. Fue también el impulso del Espíritu Santo quien llevó al padre de Levi a hacer ese largo viaje para poner a su bebé en manos de los obreros de adopción.

El Espíritu Santo obró mediante muchas personas, durante muchos años, para traer a Levi a nuestra familia. Y aunque Levi es una alegría especial, Susan te diría que él no ha hecho su vida más fácil. Brian es un pastor asociado increíblemente ocupado en nuestra iglesia. Tienen otros dos hijos y viven en la zona metropolitana de Nueva York, un lugar difícil para criar una familia. Pero Susan también te diría que Dios nos pone en situaciones difíciles para que nos volvamos más dependientes de él y para que podamos experimentar su poder en formas todavía mayores. Lo que el Espíritu nos lleva a hacer no siempre es fácil, no siempre tiene mucho sentido, pero a quien Dios llama, él capacita. Y en este caso, ¡me alegra tanto que lo hiciera! Después de todo yo soy el único pastor polaco-ucraniano en el centro de Brooklyn que tiene un nieto etíope.

Respuestas rápidas

Cuando Dios nos separa y nos envía, no siempre es para predicar o para ser un misionero o misionera. Existen innumerables ejemplos de personas en nuestras iglesias a quienes el Espíritu Santo ha llamado a comenzar un nuevo ministerio, a evangelizar en las calles, a discipular y cuidar ancianos, a enseñar la Biblia a jovencitos o a servir a su pueblo de muchas otras maneras. Al igual que cada miembro del cuerpo humano funciona diferente a los demás, el Espíritu nos da energía, a cada uno, en el cuerpo de Cristo para cumplir con el propósito de Dios. Sin ejercitar el poder del Espíritu tendemos a sentarnos como espectadores, inactivos e insatisfechos. Y peor todavía, nos vemos tentados a criticar a los que sí están «en el juego», tratando de proclamar a Cristo y servir a su pueblo. Cualquiera puede criticar los esfuerzos de otro creyente, pero en el trono del juicio de Cristo solo responderemos por nosotros mismos, no por los demás.

Aunque Dios puede hablar a cualquiera en cualquier momento, si queremos descubrir lo que él nos ha llamado a hacer, será bueno que recordemos el «acercarse» de los líderes de Antioquía. Estaban «adorando al Señor» y dejando de comer durante un tiempo para ser más sensibles en el sentido espiritual al Espíritu de Dios. De algún modo el espíritu verdaderamente nombró a Bernabé y a Saulo. Él había estado siguiendo su crecimiento y entrega a través de los años. Mientras buscaban al Señor en oración, el Espíritu reveló una nueva tarea para ellos que daría como resultado increíbles bendiciones para innumerables personas. Este no fue el caso de dos hombres que escucharon voces extrañas que nadie más podía confirmar. Bernabé y Saulo tenían como testigos del llamamiento del Espíritu al liderazgo de la iglesia. Cuando el Espíritu Santo habla y dirige, la confirmación siempre viene de alguna manera, incluyendo el testimonio de otros creyentes maduros.

Cristo no murió en la cruz para que pudiéramos pasar nuestro tiempo como cristianos en la tierra simplemente sentados esperando su venida. Jesús dijo: «La cosecha es abundante, pero son pocos los obreros» (Mateo 9:37). El motivo actual de la escasez es que son demasiado pocos los que se rinden al Espíritu a quien Cristo nos envió. Pero todavía hay tiempo, y tenemos a un Salvador misericordioso y paciente de nuestro lado.

¿Quién sabe cómo Dios puede usarte si das el paso de fe y dejas que el Espíritu Santo tome el control? No hemos sido llamados a ser espectadores que observan desde las gradas cómo el príncipe de las tinieblas roba, mata y destruye (Juan 10:10). Jesús dijo que faltan obreros, pero el Espíritu de Dios, a través de *ti y de mí*, hará la obra haciendo cosas que ni siquiera podemos imaginar. Todo empieza cuando te ofreces para servir.

Y entonces podemos orar la oración del profeta Isaías: «Aquí estoy. ¡Envíame a mí!» (Isaías 6:8).

[Conclusión]

Y AHORA... ¿QUÉ?

A veces me pregunto cómo deber haber sido para los israelitas tener la presencia de Dios en medio de ellos: moró entre ellos y los guió mientras viajaban de Egipto a la Tierra Prometida. Aunque Moisés era el único que hablaba directamente con Dios, todos los israelitas podían ver una manifestación de la presencia de Dios: la columna de nube por el día y la columna de fuego por la noche.

Las columnas aparecieron por primera vez cuando los hebreos se acercaban al Mar Rojo. Después Moisés recibió de Dios los Diez Mandamientos en el Monte Sinaí. Junto con las instrucciones morales él recibió instrucciones detalladas de cómo los israelitas debían adorar a Dios. Con los planos que trajo Moisés los israelitas construyeron un tabernáculo. Este tabernáculo era un templo portátil o una estructura temporal que se podía recoger y llevar con ellos mientras viajaban por el desierto. Entonces, cada vez que se detenía, el tabernáculo se levantaba en medio del campamento. El tabernáculo servía como el centro de atención para la adoración sacerdotal y los sacrificios que se ofrecían a Dios.

Detrás del Lugar Santo, donde solo los sacerdotes ministraban cada día, había un lugar llamado el Lugar Santísimo, una habitación especial donde solo el sumo sacerdote podía entrar y solo una vez al año en el Día de la Expiación. En esa habitación estaba el arca del pacto, un baúl cubierto de oro y construido según las especificaciones que Dios le dio a Moisés. La cubierta era de oro sólido y se llamaba propiciatorio. Dentro del arca estaban las tablas de piedra donde estaban escritos los diez mandamiento.

Después que el tabernáculo se levantó por primera vez, sucedió algo asombroso. «En ese instante la nube cubrió la Tienda de reunión, y la gloria del Señor llenó el santuario» (Éxodo 40:34). Pero aquella nube no tenía nada de ordinario, era literalmente la presencia de Dios de una manera misteriosa. El Dios de Israel había venido a habitar entre su pueblo por encima del arca del pacto. Fue un momento tan extraordinario que «Moisés no podía entrar en la Tienda de reunión porque la nube se había posado en ella y la gloria del Señor llenaba el santuario» (Éxodo 40:35). Pero Dios hizo más que venir a estar en medio de ellos, él usó su presencia como una manera para guiarlos. Cuando la nube se levantaba de encima del tabernáculo y se movía, los israelitas recogían el campamento y la seguían. Dios no les dijo «vayan». Él primero les dijo «sigan». Cuando la nube se detenía, también lo hacían los israelitas.

«Siempre que la nube se levantaba y se apartaba del santuario, los israelitas levantaban campamento y se ponían en marcha. Si la nube no se levantaba, ellos no se ponían en marcha [...] la nube del Señor reposaba sobre el santuario durante el día, pero durante la noche había fuego en la nube, a la vista de todo el pueblo de Israel» (Éxodo 40:36-38).

> ¿Por qué nos hemos conformado con una vida cristiana anémica cuando el Espíritu viviente de Dios está disponible si lo pedimos?

¡Piensa qué maravilloso debe haber sido eso! Dios les había dado mandamientos morales que reflejaban su santidad y les había dado un sistema de sacrificios de ofrendas por el pecado, pero ahora les había dado *su presencia*.

La nube debe haber consolado grandemente a los israelitas. Esta les recordaba que Dios estaba allí, que los estaba guiando y protegiendo. Ellos no eran como los filisteos, los amorreos u otros pueblos cananeos. Ellos eran el pueblo escogido del Dios verdadero y viviente, cuya presencia habitaba entre ellos.

Imagina cuán horrorizados hubieran estado si un día, al levantarse, no hubieran visto la nube. Imagina el caos y el temor que se hubieran desatado si la nube de gloria, la misma presencia de Dios, no hubiera estado con ellos.

Pero eso fue exactamente lo que sucedió. Un día, la nube ya no estuvo allí. No sabemos cuándo se fue la nube ni por qué ya no era una señal visible de la presencia de Dios. La Biblia no nos da ninguno de esos detalles. No puedo evitar preguntarme qué pasó. ¿Se fue Dios porque ellos dejaron de obedecerle? ¿Por lo menos se dieron cuenta de que faltaba la nube? Y si así fue, ¿les importaba? ¿Hicieron algo para recuperarlo?

Desaparecido en combate

En este libro hemos estudiado la actividad, el poder y la presencia del Espíritu Santo en la iglesia cristiana primitiva. Cuando consideramos el movimiento del Espíritu y la gran obra que se logró para Cristo en la iglesia primitiva y lo comparamos con nuestras vidas y nuestras congregaciones de hoy, es difícil no preguntarse qué sucedió. ¿Por qué nos hemos conformado con una vida cristiana anémica y con rutinas eclesiásticas que carecen de vida cuando el Espíritu viviente de Dios está disponible si lo pedimos?

En los escritos de Jeremías aparece una fuerte palabra de amonestación de Dios para su pueblo. ¿Todavía podría aplicarse a muchos de nosotros hoy?

> ¡Escuchen la palabra del Señor, descendientes de Jacob,
>   tribus todas del pueblo de Israel!
> Así dice el Señor:
> "¿Qué injusticia vieron en mí sus antepasados,
>   que se alejaron tanto de mí?
> Se fueron tras lo que nada vale,
>   y en nada se convirtieron.
> Nunca preguntaron: '¿*Dónde está el Señor*
>   que nos hizo subir de Egipto,
>   que nos guió por el desierto,
>   por tierra árida y accidentada,
>   por tierra reseca y tenebrosa,
>   por tierra que nadie transita y en la que nadie vive?'"
>
> *Jeremías 2:4-6, énfasis del autor*

Israel había perdido la bendición y la presencia de su Dios y, sorprendentemente, a nadie parecía importarle. A pesar de la obra poderosa de Dios a favor de ellos en el pasado, nadie había tenido el valor espiritual ni el discernimiento para preguntar: «¿Dónde está el Señor?» Su idolatría y sus demás pecados habían agravado la presencia de Dios y luego perdieron el derecho a esta, pero la verdadera tragedia fue que nadie lo extrañó. La adoración en el templo prosiguió y los sacrificios de animales se ofrecían tal y como Moisés había mandado, pero hacía mucho tiempo que el Espíritu de Dios se había ido.

¿Es posible que eso esté sucediendo hoy? Se cantan himnos y coros, se predica un sermón con una doctrina bíblica sana, los servicios de nuestras iglesias tienen un tiempo y organización perfectos. Sin embargo, con mucha frecuencia hay muy poco de la presencia de Dios que produzca sobrecogimiento, convicción de pecado, gozo desbordante y un ministerio que transforme vidas. Es muy fácil conformarnos con «iglesia» en lugar de Dios. Y cada generación subsiguiente que se forma bajo ese modelo hace que sea más difícil para cualquiera preguntar: «¿Dónde está el Señor?»

Pero hay otro pasaje profético que trae esperanza a todos los que anhelamos un cambio espiritual radical en nuestras vidas, iglesias y nación:

> «Su pueblo recordó los tiempos pasados,
>   los tiempos de Moisés:
> ¿Dónde está el que los guió a través del mar,
>   como guía el pastor a su rebaño?
> ¿*Dónde está el que* puso
>   su santo Espíritu entre ellos?»
>
> *Isaías 63:11, énfasis del autor*

Ese pasaje habla del día en que el pueblo de Dios recordará el pasado. Recordarán cómo el Señor intervino a favor de ellos y su presencia fue gloriosa entre ellos. Inspirados por esos recuerdos, ellos clamarán: «¿Dónde está el que puso su santo Espíritu entre nosotros?» Entonces subirán al Señor peticiones todavía más fuertes: «¡Ojalá rasgaras los cielos, y descendieras! ¡Las montañas temblarían ante ti!» (Isaías 64:1).

Esta oración desesperada ha marcado cada avivamiento espiritual que Dios ha concedido. Los creyentes perciben su pérdida y no pueden seguir conformándose con simplemente ir a la iglesia. Quieren que el *mismo* Dios sea quien llene sus vidas.

Antes que Israel se estableciera en Canaán, Moisés llegó al corazón del asunto cuando le suplicó a Dios más ayuda para guiar al pueblo.

«—Yo mismo iré contigo y te daré descanso —respondió el Señor. —O vas con todos nosotros —replicó Moisés—, o mejor no nos hagas salir de aquí. Si no vienes con nosotros, ¿cómo vamos a saber, tu pueblo y yo, que contamos con tu favor? ¿En qué seríamos diferentes de los demás pueblos de la tierra?» (Éxodo 33:14-16).

¡Cuán asombrosa fue la oración de Moisés! Sobre todo cuando comparamos nuestra satisfacción con mucho menos de lo mejor que Dios tiene para ofrecernos. Moisés le dijo al Señor que ni siquiera los mandara a la Tierra Prometida a menos que fuera con ellos. ¿De qué otra manera otros conocerían la aprobación de Dios para con Moisés e Israel si no había una presencia gloriosa?

Esta marca distintiva hizo que los hebreos fueran diferentes de todas las demás naciones en la tierra, no fueron sus armas, ni sus canciones de victoria ni sus experiencias pasadas. La presencia del Señor los separó como la nación del pacto de Dios. De la misma manera la iglesia cristiana no solo se regocijaba en el hecho de que el Espíritu había sido dado pero también codiciaban la manifestación de su presencia entre ellos. Su meta era ver a los incrédulos visitar sus servicios y salir llenos de sobrecogimiento y declarando: «¡Realmente Dios está entre ustedes!» (1 Corintios 14:24-25).

Sin el Espíritu el cristianismo se reduce a conocimiento intelectual *acerca de* Dios, tradiciones vacías y una mentalidad de club social. Tenemos que pedirle a Dios que nos dé una revelación fresca de cómo debe ser *su iglesia*. Sin ese cimiento, acabaremos construyendo sobre la arena. Pero con él veremos épocas de renovación espiritual de parte del Espíritu Santo que producen un evangelismo fructífero y una atmósfera creciente de amor entre los creyentes.

Cómo llegar allá desde aquí

¿Y ahora qué hacemos, y cómo llegamos allá? Tenemos que comenzar por donde comienzan casi siempre los milagros: con reconocimiento y confesión. Si estamos lejos de Dios y de cómo él quiere que sean las cosas, no podemos vivir en negación o con racionalizaciones que sirven al orgullo. Ya sea para nosotros personalmente o para nuestras congregaciones, tenemos que pedir a Jesús una lectura acertada de nuestra temperatura espiritual. ¿Tenemos una fe tibia? Hace mucho tiempo Cristo revisó la temperatura de siete iglesias (Apocalipsis 2-3) y él también será fiel en amor para mostrarnos si nos hemos desviado o caído, nos llevará de regreso a la integridad y a la vitalidad espiritual si se lo permitimos.

Pero tiene que comenzar con un reconocimiento humilde y sincero de nuestra parte de que necesitamos la ayuda del Espíritu Santo. Tenemos que confesar eso abiertamente al Señor.

Además, tenemos que entregarnos a la comunión con Dios en la oración y a un estudio serio de su Palabra. La Biblia nos ayudará a orar con fe y la oración nos ayudará a entender las palabras de las Escrituras. Al confiar en Dios, él nos ayudará a manejar nuestro tiempo y nos dará autodisciplina. Entonces, a medida que una nueva luz emerja en nuestras almas, nos veremos obligados a confesar y abandonar todo pecado y hábito impío. El verdadero arrepentimiento nos aleja de la autocomplacencia y nos acerca a Dios. Vendremos quebrantados y débiles ante él, pero lo importante es que vendremos.

Tenemos que pedirle a Dios que nos dé una revelación fresca de cómo debe ser *su iglesia*.

¿Rechazará Dios nuestras peticiones de ayuda porque todavía tenemos defectos y somos inmaduros en ciertos sentidos? No, si deseamos vivir rectamente delante de Dios y experimentar más del Espíritu Santo. La humildad y un deseo sincero de agradarle siempre ganarán una audiencia en el trono de la gracia. No debemos seguir mirando dentro, a nuestras faltas y fracasos morales. Confesemos sinceramente todo lo que el Espíritu nos muestra y luego pasemos a cosas mejores, como poner nuestros ojos en Jesús (Hebreos 12:2). Es él quien prometió el Espíritu Santo a hombres que hacía poco le habían abandonado en un momento crítico. No fue su historial de justicia lo que les ganó la promesa, fue el amor de él y la gran necesidad de ellos.

¿Quiere el Espíritu hacer todo lo que hemos leído o no? Si no quiere, entonces la Biblia es un libro muy engañoso. Si lo quiere, entonces el hecho de que busquemos su ayuda, fortaleza, amor, sabiduría y dirección no es en vano. Cada vez que el Espíritu Santo nos impulsa a movernos en una nueva dirección, obedezcamos de inmediato. Esto nos ayudará a desarrollar una sensibilidad más profunda a su voz.

Y mientras esperamos por visitaciones frescas del Espíritu, seamos pacientes. Tan seguro como que a la noche le sigue la mañana, el Espíritu Santo *se moverá* de nuevas maneras entre nosotros. Dejemos el momento y las manifestaciones de esas cosas a Dios, cuyos caminos no son como los nuestros. Pero mientras esperamos, sigamos trabajando para Cristo y sirviendo a otros en su nombre. El avivamiento espiritual no está reservado para ermitaños escondidos en un desierto sino para creyentes que viven en el mundo real. Con Dios lo mejor siempre está por venir.

El Espíritu se ha movido en el pasado y ha logrado cosas extraordinarias que glorificaron a Jesús y extendieron su reino. Pero el mundo nunca ha estado más oscuro, más violento ni más sediento de algo que satisfaga el alma. Jesús es la respuesta y nosotros somos los mensajeros del Maestro que tenemos una misión. Él sabía cuáles serían nuestras necesidades y envió al Espíritu Santo para ayudarnos a escalar cada montaña y a pasar cada valle difícil. El Espíritu Santo no puede guardarse en una caja; él se mueve como el viento. Él sopla donde quiere y se manifiesta mediante las personas como solo él decide.

Cristo será glorificado cuando el Espíritu obre a través de gente rendida y llena de fe como tú y como yo. La iglesia será edificada. La Palabra de Dios será honrada. El reino de Dios se extenderá.

Porque para eso fue que él vino.

NOTAS

Capítulo 1: Interrupciones santas

1. Tarvernise, Sabrina, "Hate Engulfs Christians in Pakistan" [El odio envuelve a los cristianos de Pakistán], *New York Times*, August 2, 2009, http://www.nytimes.com/2009/08/03/world/asia/03pstan.html.

Capítulo 3: El cristianismo es inútil sin el Espíritu Santo

1. http://www.raptureready.com/resource/chadwick/chadwick30.html.
2. Torrey, R.A., *Power-Filled Living: How to Receive God's Best for Your Life*, Whitaker House, New Kensington, PA, 1998, p. 151.
3. Booth, William, *Salvation Soldiery: A Series of Addresses on the Requirements of Jesus Christ's Service*, International Headquarters, Londres, 1890, p. 141.

Capítulo 4: El Espíritu te controla

1. Torrey, *Power-Filled Living*, p. 225; cursivos del original.
2. Finney, Charles G., *Revival Lectures*, Fleming H. Revell, Grand Rapids, MI, 1995).

Capítulo 6: La Palabra cobra vida

1. *The Word: The Bible from 26 Translations*, ed. Curtis Vaughan, Mathis, Gulfport, MS, 1988, p. 2124.
2. Law, William, *Power of the Spirit: Selections from the Writings of William Law*, ed. Andrew Murray, Bethany Fellowship, Bloomington, MN, 1977, p. 96.

Capítulo 7: Hay señales y símbolos de renovación

1. Cita de la Biblia NVI, edición del 1999.

Capítulo 8: Hay gozo

1. Cita de la Biblia NVI, edición del 1999.

Capítulo 13: Hay señales y símbolos de renovación

1. Cita de la Biblia NVI, edición del 1999.
2. Cita de la Biblia NVI, edición del 1999.
3. Cita de la Biblia NVI, edición del 1999.

Capítulo 14: Nos atrae el compañerismo

1. Autor desconocido, *Crumbs for the Lord's Little Ones*, I, Londres, 1853, p. 205, http://books.google.com/books?pg=PR1&id=HmEE AAAAQAAJ#v=onepage&q&f=false.

Capítulo 17: Podemos sacudir el reino con nuestras oraciones

1. Chadwick, Samuel, *The Path of Prayer*, http://www.raptureready.com/resource/chadwick/chadwick1.html.
2. Finney, Charles G., *Lectures on Revivals of Religion*, 2nd ed. Leavitt, Lord & Co., New York, 1835 http://www.whatsaiththescripture.com/Voice/Revival.Lectures.2.html.
3. Cita de la Biblia NVI, edición del 1999.

4. Chadwick, *Path of Prayer*, http://www.raptureready.com/resource/chadwick/chadwick7.html.

Capítulo 19: Ya no somos espectadores

1. Goodspeed, Edgar Johnson, *A Full History of the Wonderful Career of Moody and Sankey, in Great Britain and America*, John O. Robinson, Londres, Ontario, Canadá, 1876, p. 25, http://books.google.com/books?id=TqgMAAAAIAAJ&dq=career%20of%20Moody%20and%20Sankey&pg=PA25#v=onepage&q&f=false.
2. Gundry, Stanley N., *Love Them In: The Life and Theology of D.L. Moody*, Moody, Chicago, IL, 1999).

Nos agradaría recibir noticias suyas.
Por favor, envíe sus comentarios
sobre este libro a la dirección
que aparece a continuación.
Muchas gracias.

vida@zondervan.com
www.editorialvida.com

www.ingramcontent.com/pod-product-compliance
Lightning Source LLC
LaVergne TN
LVHW031629070426
835507LV00024B/3399